实体门店向内转变

张克军　著

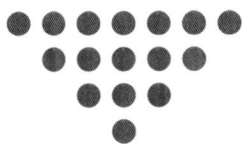

暨南大学出版社
JINAN UNIVERSITY PRESS

中国·广州

图书在版编目（CIP）数据

实体门店 向内转变/张克军著 . —广州：暨南大学出版社，2023. 10
ISBN 978 – 7 – 5668 – 3744 – 8

Ⅰ. ①实… Ⅱ. ①张… Ⅲ. ①商店—商业经营—研究 Ⅳ. ①F717

中国国家版本馆 CIP 数据核字（2023）第 125749 号

实体门店 向内转变
SHITI MENDIAN XIANGNEI ZHUANBIAN
著 者：张克军

出 版 人：张晋升
责任编辑：曾鑫华 张慧华 张馨予
责任校对：苏 洁 陈慧妍 黄晓佳 梁念慈
责任印制：周一丹 郑玉婷

出版发行：暨南大学出版社（511443）
电 话：总编室（8620）37332601
　　　　营销部（8620）37332680 37332681 37332682 37332683
传 真：（8620）37332660（办公室） 37332684（营销部）
网 址：http：//www. jnupress. com
排 版：广州市新晨文化发展有限公司
印 刷：广东信源文化科技有限公司
开 本：787mm×1092mm 1/16
印 张：15. 25
字 数：290 千
版 次：2023 年 10 月第 1 版
印 次：2023 年 10 月第 1 次
定 价：49. 80 元

序 1

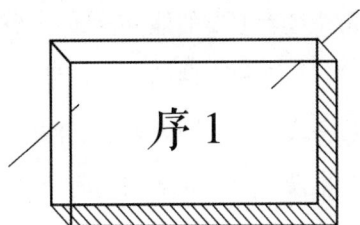

大幕已拉开，追梦正当时。本书的出版发行也正当时，非常符合广大实体门店的需求。中国经济全面进入高质量发展时期，中国市场的消费活力在不断释放，实体门店行业也需要高质量发展，以此来满足消费者的高标准需求。

2021年3月11日，十三届全国人大四次会议批准了《关于国民经济和社会发展第十四个五年规划和2035年远景目标纲要（草案）》。这是未来一个时期中国经济发展的总体纲领，对于实体经济来说有诸多积极的信号，也给予实体经济充足的信心与动力。

党的十九届五中全会提出，坚持把发展经济着力点放在实体经济上，坚定不移建设制造强国、质量强国、网络强国、数字中国，推进产业基础高级化、产业链现代化，提高经济质量效益和核心竞争力。党的十八大以来，习近平总书记在多个场合指出，"不论经济发展到什么时候，实体经济都是我国经济发展、在国际经济竞争中赢得主动的根基"，"要高度重视实体经济健康发展，增强实体经济赢利能力"，强调实体经济是立国之本。

本书从实体门店经营管理者的立场出发，奋力唤醒广大读者朋友向内转变，逻辑思维的转变才是核心的转变。作者从商业的客观角度，站在消费者与经营者的双向需求上进行系统性的输出，既详细阐述了经营者的痛点，又表达了消费者的内心需求。

本书对实体门店遇到的实际问题进行全面剖析，以经营人生的高度与格局来解读实体门店的相关问题，不仅有高度和深度，更有温度。作者以极其负责的初心，努力贡献自己的智慧；以长远发展的眼光，认真总结过去，积极面向未来，希望读者朋友们能够读懂作者纯粹的驱动力和分享的态度。

作者从人性的本质出发，从顶层逻辑到底层逻辑进行交互式分析，表述形式虽平实通透，但处处点到问题的核心，面面考虑到实操的落地，是站在了商业之上来看商业，并从问题的原点出发，深入浅出地对其进行解读，让实体门店的发展问题都可以在向内转变的过程中找到自己的答案。

逐梦的每个脚印都是人生最美的风景，带着欣赏世界的眼光去经营实体门店，将收获不一样的精彩。我相信《实体门店　向内转变》这本书一定会得到众多读者的喜爱与支持。借作者的一句话"心中有花朵，世界皆美丽"，带着这种美丽的心情去创造属于我们自己的梦想吧！不负青春年华，共享中华盛世的福祉，共圆中华民族伟大复兴的宏愿。

汤植城

（防城港市人大常委会原常务副主任、防城港市重大决策咨询委员会主任、防城港市中华文化促进会主席）

2023 年 2 月 22 日于防城港市

序 2

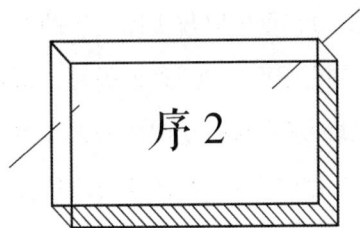

我很高兴应作者的邀请，为本书作序。

我自 1999 年在汕头大学开始从事"三创"（创意、创新、创业）教育工作，后转入暨南大学继续从事这一事业，在珠海校区、管理学院、创业学院接触过很多创业者，参与分享过很多创业的感人故事，其中有成功的，也有失败的，深知创业历程的不易与艰辛，正是因为创业的不易才使得我们意识到创业精神的可贵，只要还在奋斗，就有可能成为圆梦之人。

本书作者对商业有自己的理解，其核心思想是跳出商业来看待商业、看待商人、看待创业者，向内观心。作者之问——你的初心是什么，可以让创业者内心真正平静下来，保持理智和方向，不为小利而动摇。这一点便显示出作者的心境，对此我有同感。有人说创业是抓住机会，创业之学就是机会之学，但是机会常有，为何只有少数人能够成为大家？在很大程度上，就是这些人善于抓住"我的机会"。

在商不言商，我们更能客观读懂商业。向内转变是一种核动力，主动向内转变是一种自我的觉醒。作者在倡导和分享一种内驱力，向内观己心，向外拥世界。主动向内转变可以让我们更容易看到事物的本质。作者以实体店为对象，以自己的实践对看似传统的实体店进行规律性的认识，也许能够带给大家一个颠覆性的启发——实体店还有机会。

作者认为，实体门店的创业空间弹性很大，品类很全且领域繁多，实体门店给予创业者选择的机会和形式也非常多，创新成长空间更是上不封顶。年轻人的活力智慧可以与实体门店的发展无缝结合，实体门店既可以帮助年轻人实现创业梦想又可以找到兴趣爱好，这是两全其美的福祉。因此未来的实体门店一定是通过创新力来驱动市场的，实体门店的整体消费会不断呈现出多元化、个性化、细分化等特点。在任何阶段选择实体门店进行创业，都可以找到发挥才能的领域。实体门店的包容性非常强，年轻人更应该抓住这个时代的机遇去勇敢地追梦、筑梦、逐梦、圆梦。

实体门店是直接与人打交道的商业方式，在网络经济和人工智能越来越发达的时代，人与人之间的善意接触变得更加稀缺，用有创意的商业设计、持续向好的服务把小门店做成造福社会的事业，而且是大事业，绝非遥不可及之事。实体门店大有可为。

张耀辉

（暨南大学创业学院前院长，经济学博士、暨南大学教授、博导，广东创意经济研究会会长）

2023 年 2 月 20 日于广州市

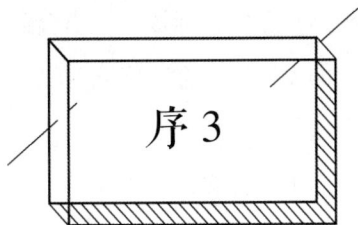

认识张龙（张克军）先生是在 2019 年 4 月 3 日五洲筑梦海外华人华侨防城港（东兴）联谊大会——暨侨批"东兴汇路"文化研讨会上，他给我的第一印象是思维非常敏捷，文化底蕴深厚，对文化有独到的见解，对商业富有远见卓识，性格沉稳，非常务实。

他对中华传统文化特别喜爱，这从后面的交往中多次得到验证。如这几年他创作肉桂微博馆、肉桂文创餐厅等，不仅为我市肉桂、八角产业的高质量发展建言献策，也为传统产业的高质量发展提出了很多创新的思想，从战略布局到战术落地，他的思路都非常清晰。

听闻张龙先生的大作《实体门店　向内转变》要公开出版发行，我非常开心，也非常荣幸受邀为本书作序。这本书的出版对于实体门店的经营者、管理者和从业者来说是一个好消息。他能将 20 年宝贵的经验积累全盘托出，无私分享，实属真挚奉献。

实体门店是与民生连接非常紧密的商业服务业，是服务民生的基础性配套，是直接提升广大市民幸福指数的基础性产业，并且可以提高城市发展的各项民生服务水平和便利指数。以工商服务业为主体的实体门店也解决了社会的就业压力，创造了很多就业机会，贴近时代发展趋势。年轻人可以结合当下的流行元素进行创新发展和差异化竞争，因此实体门店的前景将非常广阔。

任何事业的打拼都需要坚持不懈的精神，只有保持向优秀者学习的态度，向先进者取经的动力，然后不断精进自己，实体门店才能够稳步发展。创业者可以根据自己的实际情况做出合适自己的选择，因已施策；管理者也可以根据自己门店的发展阶段进行优化升级。每一个读者都能够在这本书中找到对自己有所帮助的内容。

本书内容丰富，涉及范围广，作者紧扣向内转变的中心思想，从实体门店经营的多个维度出发，作了全面详细的分析讲解。期待本书正式出版后能给读者带来经营实体门店的全新思想理念，特别是众多实体门店的从业人员能收获更多的启发。

中国经济即将进入一个全新的高质量发展时期，国民的消费活力和水平也在不断增强，这也对实体门店的经营者提出了更高的要求，必须与时俱进，跟上时代发展的脚步，创新务实地赢取未来。同时也希望更多的创业者敞开怀抱为梦想展翅高飞，为中华民族伟大复兴的中国梦贡献自己的力量。

吴　文

（东兴市政协原主席，防城港市原二级巡视员）

2023 年 2 月 19 日于东兴市

序 4

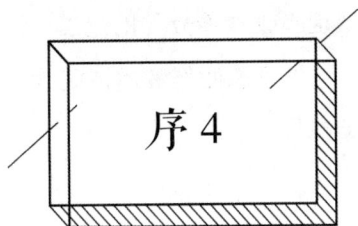

在商业这个广阔的世界中，实体门店是很多事业的基石，许多商业模式需要坚实的基础才能发挥其价值。这就好比一栋楼需要稳固的地基一样，如果基础不稳固，事业的发展必然会受到阻碍，有人形容为"承载力不足"。

本书作者能够真正向内观心来全面解读当下的实体门店，这是从一个非常有深度的角度进行论述的，并且结合了当下最热门最突出的现实问题，具有时代感的同时又很接地气，这在疫后时代给很多实体门店的膨胀式扩张提供了一本有价值的参考书。

无论是刚刚入行的新晋店主，还是企业集团的经营者，都能在本书当中找到全新的思维视角。作者重点从实体门店的创业和创新两个角度分享实践经验，这些经验有很强的指导意义和借鉴意义，希望读者能够深入领会作者所传达的深刻含义。全书的核心思想在于经营生意就是经营人生，尽管两者发生在不同的场景，但适用的逻辑和道理是相通的。从字里行间可以看出，作者非常用心地与读者沟通对话，努力拉近与读者之间的距离。

本书是作者 20 年实践经验的浓缩，为读者提供了关于实体门店创业创新的全新思维逻辑。不仅如此，本书还能够引发读者对自己的人生进行启发和反思，从而形成更符合个人人生观和价值观的认知。从这个角度来看，本书的广度也非同一般。可能有部分读者认为作者的观点有些"佛系"，但在我看来，作者不仅怀有佛心，还具有"道、法、器、术"的落地策略。读书是一个多维度、立体式地吸收"养分"的过程，怀着敬畏之心来拜读此书，相信你会收获很多惊喜。

非常感谢作者邀请我为此书作序，能在此书一隅之地表达只言片语，不胜荣幸！

郑翔洲

（国家发改委—中国人力资源开发研究会特聘青年专家、《商界评论》首席经济学家）

2023 年 3 月 10 日于上海黄浦江畔

首　语

　　人类已经跟新型冠状病毒玩了三年多的"捉迷藏"，也到了收官的时候了。为全国各地数以千万计的实体门店的创业者、经营者奉上一本最新、最辣、最实用的著作，是我三年来最大的心愿。从坐在电脑前敲击第一个字符开始，就感觉有亿万读者正坐在我的面前。无数实体门店的创业者、经营者都在翘首以盼，这在无形中让我动力与压力并存。动力源于许多人对这本书的期待，它赋予我无穷的力量，这应该是鼓励大于期待的力量，是我潜意识里一种自我激励的力量。然而，我也感受到了对读者负责的压力。我希望这本书能够帮助那些在三年多不确定的环境中艰难经营的人们找到一些确定性，珍惜自己的每一分耕耘。因此。这份压力源自对责任的承担，也源自对自我的高要求。当然这种内心的感觉也让我无比享受。

　　不可否认的是，无数实体门店创业者与经营者是这个时代最具开拓精神的人，很多知名企业都是从单一门店开始的，其成功的背后就是无数微小细事的积累，实体门店也是最能体现匠心坚守的追梦平台。

　　因此，我默默鼓起勇气，让自己内在的这份真诚力量通过文字与大家交流。虽然没有飞扬文采与缤纷华章，但我有一颗尊重事实与客观面对事物的初心。讲真话，说实话，拒绝空话、假话，翻开事物的底牌，从底层逻辑出发与大家分享20载的历程积累与初心坚守，将经营实体门店过程中的所感所想倾心而出，以期不负期待。

　　大家一直都盼望着"疫"去不复返的愿望能早日实现，毕竟我们已经坚持了三年。这三年所有人都很不容易、很不简单。还清晰地记得，在疫情刚刚萌芽那年的大年初二，我就为实体门店的老友们开设了"实体门店线上抗疫研究所"，提前为大家讲了一堂直面疫情的预备课，为与疫情进行长期斗争做充分的准备。

作为实体经济的重要一环，实体门店在这三年里发生了深刻的行业变革。作为服务百姓衣食住行的保障性经济，在疫情中，表面上实体经济好像经常被按下发展的暂停键，但客观来说，疫情的三年也使实体门店经营者创新的动能增强了，并加快了自我革命的速度，这对于还沉浸在过去喜悦中的部分实体门店经营者来说，未尝不是一件好事，疫情三年的不确定性反而从某种意义上促进了实体门店的创新发展。关于疫后时代实体门店的变革情况，现在整理好分享给大家，希望本书能够对实体门店的创业者和经营者在未来的发展和决策方面提供参考和帮助。

由于时间匆忙又经常彻夜笔耕，错漏与不足之处难以避免，敬请广大读者给予批评指正，在此一并感谢！

张克军

2022 年 2 月

实体门店 *向内转变*

contents

●目录○

001 / 序 1

001 / 序 2

001 / 序 3

001 / 序 4

001 / 首语

001 / 第一章　成交场景的转变

001 / 第一节　实体门店就是直播间

002 / 第二节　不要成为别人的"韭菜"

003 / 第三节　构建实体门店的新媒体账号矩阵

004 / 第二章　用户需求的转变

004 / 第一节　更加注重综合服务水平

005 / 第二节　提供更多的附加值

006 / 第三节　参加社会活动

007 / 第四节　更加关注品牌商家的文化理念

009 / 第五节　对团队的综合素质要求更高

011 / **第三章　服务内容的转变**

011 / 第一节　商品只是连接顾客的纽带

013 / 第二节　务实呈现用心的服务

015 / 第三节　提供有效的信息资源

016 / 第四节　跳出产品卖产品

017 / 第五节　服务转变的动力

019 / 第六节　把主权交还给顾客

020 / **第四章　获客渠道的转变**

020 / 第一节　多渠道展示自己的门店

022 / 第二节　走出去引进来原则

024 / 第三节　提升社会活动的参与度

026 / 第四节　参加社交活动要守住健康底线

027 / 第五节　坚持双向促进发展

028 / 第六节　门店在社区的精准传播

031 / **第五章　线下活动的转变**

031 / 第一节　艺术化呈现商业活动

032 / 第二节　跨界整合办活动

033 / 第三节　活动主题的艺术化

034 / 第四节　创立或加入社交组织

037 / 第五节　以顾客的需求为中心定位活动

039 / **第六章　团队建设的转变**

039 / 第一节　关于老板

039 / 第二节　团队是发展的重要支撑

040 / 第三节　不能边缘化团队成员

040 / 第四节　团队建设一定要少批评多鼓励

041 / 第五节　管好自己的脾气、收起自己的性子

041 / 第六节　团队建设切忌一言堂

043 / 第七节　要创造开心第一的工作环境

044 / 第八节　开心是一剂管理良药

046 / 第九节　新时代下的团队建设

047 / 第十节　给予团队成员家长般的关爱

049 / 第七章　复合性思维的转变

049 / 第一节　盈利模型的复合性

050 / 第二节　你赚了多少口碑

051 / 第三节　放大口碑的效应

052 / 第四节　你赚了多少品牌价值

053 / 第五节　你赚了多少优质人脉

055 / 第六节　你赚了多少有效信息

056 / 第七节　你赚了多少成长经验

057 / 第八节　你赚了多少失败教训

058 / 第九节　你赚了多少合理意见

060 / 第十节　你赚了多少优秀团队

063 / 第十一节　你赚了多少心灵感悟

065 / 第十二节　盈利结构的科学性

066 / 第十三节　盈利产出的周期性

067 / 第十四节　盈利周期性的风险把控

069 / 第八章　附加值的转变

069 / 第一节　创造附加值

070 / 第二节　整合附加值

071 / 第三节　应用附加值

072 / 第四节　放大附加值

074 / 第九章　文化需求的转变

074 / 第一节　文化的建设

077 / 第二节　文化的衍生与宣传

079 / 第三节　文化需要用仪式呈现

080 / 第四节　文化的多元化呈现

083 / 第十章　黏住顾客的转变

083 / 第一节　占便宜一定靠不住

084 / 第二节　洗脑一定不可行

085 / 第三节　划清人情与业务之间的界限

086 / 第四节　靠细微服务打动顾客

087 / 第五节　靠品质留住顾客

088 / 第六节　靠附加值感动顾客

089 / 第七节　靠口碑锁住顾客

091 / 第八节　靠文化理念绑住顾客

093 / 第九节　靠公益行动拓展顾客

095 / 第十一章　社交管理的转变

095 / 第一节　以开放的态度走出去

099 / 第二节　找到自己的兴趣型社交活动

100 / 第三节　找到自己的三个标签

101 / 第四节　社交不等于饭局

104 / 第十二章　门店运营机制的转变

104 / 第一节　从雇佣制到合伙制

109 / 第二节　从中心化到去中心化

114 / 第三节　从传统粗放式到全面信息化

118 / 第四节　从单体店到连锁店

121 / 第十三章　拓展思维的转变

　　121 / 第一节　实体门店的招商通道

　　122 / 第二节　招商打榜的基本要素

　　124 / 第三节　结合数字化与智能化

125 / 第十四章　品项管理的转变

　　125 / 第一节　品项的分类

　　127 / 第二节　品项的管理

129 / 第十五章　供应链管理的转变

　　129 / 第一节　处理好供应链关系

　　130 / 第二节　建设自己的供应链

134 / 第十六章　跨界结盟的转变

　　134 / 第一节　跨界就是无界

　　136 / 第二节　跨界的理念

　　137 / 第三节　跨界的行动思维

139 / 第十七章　流量思维的转变

　　139 / 第一节　流量的有效性

　　141 / 第二节　流量的重新定义

　　143 / 第三节　流量变现的思维

　　144 / 第四节　流量变现需要坚持

146 / 第十八章　星辰大海的转变

　　146 / 第一节　追梦的逻辑基础

　　147 / 第二节　发展的战略思维

　　149 / 第三节　追梦的心态

151 / 第十九章　建立生态圈的转变

151 / 第一节　生态圈的基本概念

152 / 第二节　生态圈的规划

155 / 第三节　建设生态圈的行动

159 / 第二十章　嘉许习惯的转变

159 / 第一节　嘉许是一股无穷的力量

161 / 第二节　嘉许一定要走心

164 / 第二十一章　开放姿态的转变

164 / 第一节　开放姿态的基本概念

164 / 第二节　经营门店的开放态度

165 / 第三节　开放的趋势

166 / 第四节　开放的行为

168 / 第五节　开放的深远意义

169 / 第二十二章　总账思维的转变

169 / 第一节　总账思维的基本概念

169 / 第二节　总账思维的运用

171 / 第三节　总账思维的内涵

172 / 第四节　总账思维的全局性

174 / 第二十三章　自身职能的转变

174 / 第一节　职能转变的指导思想

175 / 第二节　转变了就是成长了

177 / 第三节　职能转变的体系特点

179 / 第四节　职能转变带动共同转变

180 / 第二十四章　消费体验的转变

180 / 第一节　顾客的消费体验需求

181 / 第二节　提供良好的消费体验

182 / 第三节　顾客体验的积极影响

183 / 第四节　提升顾客的消费体验

185 / 第二十五章　文化认知的转变

185 / 第一节　提升对文化的重视程度

186 / 第二节　文化体系的搭建

187 / 第三节　文化体系的应用

189 / 第四节　相信文化的力量

191 / 第五节　用文化引导人们

193 / 第二十六章　创业认知的转变

193 / 第一节　创业首先要有梦想

194 / 第二节　创业的选择分析

196 / 第三节　创业是自我精进的过程

197 / 第四节　创业路上满是幸福

199 / 第二十七章　自我认知的转变

199 / 第一节　自我认知是转变的核心

201 / 第二节　实体门店的自我认知

202 / 第三节　自我认知的价值

203 / 第四节　让自我认知成为一种习惯

205 / 第二十八章　转行认知的转变

205 / 第一节　转行的关联性评估

206 / 第二节　从外行到内行

207 / 第三节　转行不能总想着赚快钱

208 / 第四节　转行不是转运

210 / 第二十九章　商业艺术化的转变

210 / 第一节　商业要汲取艺术的力量

212 / 第二节　艺术与商业交互式发展

213 / 第三节　商业艺术化的定位逻辑

215 / 第四节　商业艺术化的多元应用场景

217 / 第三十章　传承思想的转变

217 / 第一节　积极传承就是奉献

218 / 第二节　一定不能忽视传承

219 / 第三节　传承的多元化

220 / 第四节　传承的动力是无限的

221 / 第三十一章　社会责任的转变

221 / 第一节　实体门店的社会责任

222 / 第二节　实体门店的发展前景

223 / 第三节　实体门店的未来预测

224 / 后　记

226 / 特别鸣谢

第一章

成交场景的转变

Chapter 1

第一节　实体门店就是直播间

不要把直播当成一种凑热闹的冲动行为。直播是一个非常好的新兴工具，对于传统的实体门店来说是一个免费的宣传窗口，未来所有的实体门店都会成为直播间，所有的实体门店也都会把直播当成一项常态化工作。

直播需要进行长期的规划与布局。直播不仅需要坚持，而且是一个不断积累的过程，千万不要盲目崇拜所谓的粉丝量和虚无的直播成功学。

实体门店的直播时间最好固定下来，让顾客养成在固定时间观看门店直播的习惯；直播的画面一定要有门店的形象；直播空间的呈现一定要简约；主播的穿搭要得体大方，不要太花哨。

千万不要把直播当成积累业绩的"神器"。直播的功能定位一定要清晰，不可一开直播就想要很高的业绩，这是不现实的。很多人把直播当成了业绩的增长点，一旦直播上线后没有达到所期待的业绩目标就立马放弃，到处宣传直播无用论，这是非常可惜的。

直播的功能定位既可以是宣传的窗口、与客户沟通的全新平台，也可以是产品附加值的输出平台。比如居家养生妙招分享、护肤经验的分享等。把直播当成与顾客建立情感连接的好平台，做到不卖而卖，才是真正的营销内核。而不是一上线就进行各种秒杀、各类促销活动，这样只会让我们与客户建立一种越来越不稳定的信任关系，此类行为说是"自杀"式营销也不为过。

未来随着5G的全面覆盖，物联网、区块链技术的逐步实现，直播的场景会往 AI、AR 等智能化方向发展，让我们共同见证与期待。

第二节　不要成为别人的"韭菜"

对于传统的实体门店来说，疫情三年是新媒体平台的高速发展期，这把很多实体门店的经营者都逼上了"梁山"，在实体门店行业出现了"不上也要上，不行也要强行上"的普遍行业现象。

这期间各种平台所谓的大咖们你方唱罢我登场，使实体门店的经营者眼花缭乱，一时间不知从何下手，乱象之下更难抵盛行之风，只能眼睁睁地被人"割韭菜"。

有的直播指导老师说进行终身"陪跑"，刚起程的时候门店感觉有点新鲜感，但还没跑到半路，回头一看，"运动员"不见了，大部分门店是完全无法坚持下去的。不能坚持的核心原因是门店经营者对直播的期待值太高，没有对直播这个工具进行客观清晰的定位。

今天要学短视频拍摄，明天要学直播技艺，把门店从老板到员工都搞得疲惫不堪，却收效甚微，好好的一个工具就这样被无知的行动给扼杀了。我想告诉各位，大咖们的经验分享并不完全符合门店的实际情况，所有不切实际的创新道路都是自寻死路。

之所以有这么多人掉进网络"割韭菜"的陷阱，就是因为它把握住了人性的弱点——不劳而获和一夜暴富。好好的平台被一些人弄得乌烟瘴气，使门店经营者浪费了太多无谓的精力，也消耗了许多顾客的信任值。

经营者一定要有目的、有计划地进行学习。自己要静下心来，根据门店的实际情况，借鉴别人的方式方法，打造符合自己门店的直播体系并长期坚持下去，实践经验的积累才是经营者应该获取的法宝，要给自己多点时间和耐心。企业做大不算有本事，做长久才显真功夫。

第三节　构建实体门店的新媒体账号矩阵

实体门店面向未来要全面占领新媒体的高地，这已经是一门必修课了。客户的年龄层越来越年轻化，客户的生活方式也发生着急剧变化。每一个新媒体平台辐射的群体都各不相同，作为商家一定要重视新媒体的运营，建立实体门店的新媒体账号矩阵，进而形成一个立体的宣传通道，这一点非常重要。要在各个市场都能看到门店的红旗，这种叠加的营销推广意义很大，并且这种推广需要长期坚持。

目前社交交互性平台比较盛行。视频类如抖音、快手、火山；图文类如小红书、简书；资讯类如今日头条等。传统门店至少在每个类别中都有一个账号同步复合推送产品的内容。

构建实体门店的新媒体账号矩阵的核心跟其他类目一样，都必须输出优秀的作品。但这种优秀的作品不是简单理解意义上的"高大上"。作为线下门店，所呈现的作品一定要接地气，要根据发生在人们身边的故事进行创作。越真实越能打动人，走心的作品才是最好的作品，才能获得更多人的关注。

实体门店要进行新媒体账号矩阵构建的全面规划。这个规划要分阶段进行，需要全员的参与以达到整体的任务目标。让团队中的每一位成员都积极参与到新媒体账号矩阵的建设上来，现在的年轻人更容易掌握新媒体的节奏。

门店一般每个月直播 4 次，每个月输出 2 条作品即可，长此以往形成常态化的工作模型。不要让新媒体的运营打乱了原有的服务质量。门店的新媒体账号矩阵务必建立官方账号，并使用专用手机进行账号绑定，后台客服也要使用专用的手机。这样门店的信息资源可以得到有效的保护，不会因为团队成员的流失给门店带来不必要的损失。

实体门店要建立好自己的新媒体账号矩阵，经营好自己的私域流量，坚持下去并谨记不要急功近利。

第二章

用户需求的转变

Chapter 2

第一节　更加注重综合服务水平

在服务行业，服务永远是一个根本性话题。如何提高服务水平？我们首先要明白什么是真正的服务。服务要体现专业化、职业化、立体化、人性化、个性化等多个方面，而且是一个经过精心设计来使顾客感到满意的过程。就像男生追求心仪女生时的那种用心，在商业服务的过程中同样适用。因为顾客也期待惊喜，也向往更多的甜蜜幸福，并且这种用心的服务没有人会拒绝。

为顾客提供满意的服务既容易又困难。有些服务不需要太多的技巧，让店员永远面带微笑就是服务的一种，这种服务是顾客最乐于接受和需要的，这种微笑服务的治愈性超过一切精心设计的感动，然而实现它需要门店坚持不懈的努力。

然而，很多门店在服务这个核心问题上都在打造所谓的标准化，却忽略了培养团队自身的文化素养及服务内涵，导致团队用一种机械化的形式去呈现服务。可以想象，一个缺乏内涵、没有情感温度、完全依靠管理制度来硬性约束的服务，怎么可能"走心"。团队要真正明白和理解服务是与自己的前途命运紧密相连的，只有这样才会发自内心地做服务，这种服务不仅能让顾客感觉到"用心"，还会让团队更有积极性和创造力。

服务水平的提升主要在于经营者的高度重视。打造一个什么样的团队，门店就将呈现什么样的面貌。团队的中心工作是服务，优秀团队的中心工作是不断提升服务水平。满足客户的需求需要充足的热情与高度责任感，经营者绝不能背离这个方向，否则就会南辕北辙，事与愿违。

第二节 提供更多的附加值

提供附加值是未来服务行业的重点工作。附加值就是超越商品本身而创造出来的额外价值。它比商品本身更具冲击力，这种冲击力可以直接触及顾客的内心。

以保险行业为例，其营销难度比实体门店大很多，其商品的特殊性使其成为营销难度的巅峰。论展现服务，保险行业的难度更是远高于实体门店。因为保险行业的服务只有在人生的几个特殊节点上才能体现；论对客户的教育成本，更是实体门店遥不可及的。保险作为一种商品，既是无形的，也是有形的，无形的是理念，有形的是服务，这种有形的服务就是附加值。保险行业所创造的附加值主要是围绕顾客展开的，一般是从家庭、事业和人生这三个方面来进行的。

从顾客需求入手往往最能打开顾客的心扉。因此我经常讲经营者要跳出实体门店的框架去思考如何在实体门店之外提供服务。现在，对于实体门店的经营者来说，确实是要寻求突破的时刻了。

我接触过几家房产中介，他们的附加值服务做得很出色。不仅为社区免费提供打印、复印服务，有条件的中介门店还专门设立社区公益服务站，为社区提供临时寄存、免费使用雨具等便民服务。大家可以在自身的商业领域中挖掘类似的创意，相信会有许多可行的附加值服务可以实施，通过这种方式门店能够更好地满足顾客的需求，打造与顾客紧密的连接。

经营者不能忽视非顾客的个人感受。这些人可能一辈子也不会成为门店的顾客，但他可能会成为门店的"啦啦队"。不要小看啦啦队的作用，啦啦队可以真诚地传播门店的正面信息，是口碑传播的中坚力量，这种传播是以社区为核心，以家庭生活为主体的真诚分享，可达到宣传门店口碑的良好效果。

通常来说，顾客对于附加值的期待往往可能超过对主流商品的期待。因为附加值是一种附加的、非必需的东西，所以有与没有带来的价值是不一样的。保险行业的营销策略是从一个人的人生、家庭出发，分析保险产品的必要性和优越性，甚至上升到家族传承的层面，用更加深远的营销理念征服顾客。反观实体门店的附加值基本上就是一些小恩小惠，如打折赠送、秒杀抽奖等，这些都是我们理解的商业领域里的表面回馈，目的是通过短期的利益来促使顾客做出购买决策，然而这种回馈很难打动顾客的内心。

顾客的需求就是我们努力的方向。就像习近平总书记所说的："人民对美好生活的向往，就是我们的奋斗目标！"在国家层面如此，在商业层面亦然！说到底这都是人性的需求，用心满足广大人民群众的需求就可以了。这不是道理，是经过革命和实践总结出来的，它是真理。

幸福是目标，爱是驱使我们付诸行动的力量。创造一切以顾客为中心的附加值，就可以为实体门店的发展提供稳定的动力。我们要充分认识到附加值的重要性，并根据自身的情况不断延展和开发附加值。同时，实体门店的经营者拥有的各类资源都可以成为附加值的宝贵源泉。

我不建议大家盲目照搬照抄，这会让水土不服的附加值害了门店，提供附加值之前要进行详细的评估，所设计的附加值产品应当符合以下四个原则：顾客需要、顾客喜欢、持续有效、成本可控。

关于附加值的其他内容，我会在后面的章节给大家做全面的剖析。

第三节　参加社会活动

顾客对于社会活动的需求正在经历巨大的转变，从过去的盲目追随主流趋势转变为追求个性的小众喜好。作为社会中的个体，每个人对社会活动都有需求，这种需求是多方面的。

对于一家实体门店的经营者来说，社交是其工作的核心。毕竟没有哪位顾客不需要社交的。参与社会活动不仅可以丰富经营者的生活，还可以使经营者的社交面更广、社交力更强、社交圈更具影响力。

门店的经营者可以做社会活动的发起者，也可以做社会活动的参与者或追随者。经营者的目标是与顾客一同前行，而不是把顾客藏在自己的方寸口袋里，生怕被别人抢走，那是极度不自信的表现。经营者越是这样藏就越藏不住。经营者应该毫不犹豫地展开活动，做顾客喜欢的事情，引导顾客走出实体门店，一起做有价值、有意义的事情，这是最有效的客情维护。就算是短期内顾客受到其他因素影响而离开，最终他们还是会回到你的身边，因为真实的内心是可靠的，你一直在做利他的事情，顾客为什么会选择离开？

经营者可以带领顾客去医院关爱乳腺癌患者，也可以把每月 28 日设定为美丽爱心日，关心环卫工人，去敬老院陪伴老人等。此外，还可以创立学习型的读书俱乐部、竞技型的演讲俱乐部，让顾客能够直接受益。这样的举措会吸引顾客的孩子和朋友积极参与，并从中受益。这些顾客也许会主动分享他们在这些活动中的收获，也许会对你特别感激，这些点滴的积累会逐渐在门店与顾客之间构筑起牢固的情感基础，同时也会在不经意间实现门店所追求的营销目标。

经营者组织带领顾客参加社会活动还有一个定律就是不能把顾客边缘化。在社交场上，不能把自己摆放在最核心的位置上，而是要用开放的态度来介绍与推崇每位顾客，甚至帮助顾客宣传他们的商品，这样做会让顾客感受到你的真诚与付出。当然这些行为必须发自内心，而不是设计出来的。两者之间有本质的区别，顾客收到的信号是不一样的。

顾客对于社会活动的参与度越高，表明他们对门店的认可度也就越高。这种程度的认可是坚不可摧的，是经营者长期坚持付出和利他的果实，门店要珍惜这种认可，同时也要更加努力。但是这些努力不会很快收获果实，因此千万不要操之过急或是半途而废。

如果经营者与顾客一起参与商业领域之外的活动，会更容易与顾客拉近距离，还可以提高经营者在顾客心目中的信任值，经营者甚至会成为顾客的偶像、楷模，这种信任就是最坚定的支持。但若是在经营者的商业领域内建立这种信任，则会非常困难。只要付出得足够多，经营者的口碑一定不会差，每位顾客都能在经营者的人脉圈里感受到经营者的为人，让经营者的社交圈间接为本人加分。

第四节　更加关注品牌商家的文化理念

打造品牌的关键一步就是获得顾客的口碑。顾客会忠于品牌商家，愿意付出更多金钱来购买品牌商家的服务或商品，其中的奥秘不难理解。其一是品牌商家的服务或商品品质有保障；其二是品牌商家的文化理念符合顾客的需求；其三是品牌商家对顾客的责任心更强；其四是品牌商家的服务与消费环境让人感到舒服和愉悦。概括起来就是品牌商家创造的满意度更高、更持久，更让顾客放心。

品牌商家为什么要这么做呢？因为建设一个品牌的过程很长且非常艰难，所以品牌商家会格外珍惜品牌，把品牌当作生命一样守护，生怕细节没有做到位导致顾客投诉。此外，他们会持续努力，使顾客的满意度提高，以此形成品牌长远发展的生命力。

我妻子就是品牌商家的忠实客户，她经常跟我分享一种消费理念：宁愿贵而少，不愿贱而多。就是说在消费选择上宁愿买少一点也要买好一点，这类顾客的消费理念认为多不代表划算，廉价则代表品质可能有问题。这类顾客非常理智，一旦认准了品牌就会对品牌非常忠诚。因此实体门店的经营者要有耐心，把控好品质，这样坚持下去，才会有忠诚的客户伴随门店共同成长，甚至成为门店的免费宣传员。

顾客之所以关注品牌商家的文化理念，是因为品牌商家会将这些理念贯彻到实际的行动中，而不只是停留在口头上或贴在墙上。这种文化理念诠释的是品牌商家难能可贵的优点，也是其在行业中能够胜出的核心竞争力，因为文化理念是难以模仿的。顾客之所以关注品牌商家还有一个原因就是品牌商家可以使顾客感受到一种综合安全感。能够提供这种安全感是实体门店的最高目标，只要实现了这个目标，实体门店的发展将不可估量。

讲到品牌，可能很多实体门店的经营者会觉得打造品牌这件事离自己的门店很远，自己的门店还远远达不到谈论品牌的资格。如果经营者有这种想法就大错特错了。单一的小门店并非不可以做成品牌，在特定区域里把自己的核心竞争力提炼出来并持之以恒地坚持下去，就可以做成区域内的品牌，只是品牌的影响力没有那么大，毕竟服务的区域范围有限。但是一定要有这种品牌意识，这是核心理念。有了品牌意识，你会自觉肩负起品质责任，你的产品就更容易得到顾客的认可。做品牌不能算计蝇头小利，若有这种想法，做品牌就是痴人说梦。即便是小巷子里阿婆卖的萝卜牛杂，也能做成品牌，因为她有为顾客建立安全感的信任基础，同时还融入了情感的联系和美好的回忆。顾客关注的品牌商家的文化理念就是表里如一的品质，这一点商家都可以做到。有些商家总想着使每份商品利益最大化，还理直气壮地说这是生意经，然而这就是为什么这些商家很难达到品牌思维高度的原因。

建立实体门店的文化理念体系一定要从实际出发。文化理念是经营门店的总纲领，不仅对经营者提出了高要求，对顾客也是高度负责的表现。不可抄袭和复制其他门店的理念，而应根据自身的实际特点来提炼优化。当遇到困难时，可以借助外部的帮助，寻求第三方协助建立和完善。华丽的语言未必是真正的文化理念，但一句朴实的话同样可以成为文化理念。关键在于这些文化理念既要符合自身门店的实际情况，又要满足顾客的需求；既不浮夸也不空洞。

现在有种比较流行的概念叫打造人设（character set）与 IP（intellectual property）。这一概念的产生也是基于个体的文化理念核心，你会发现大部分事物的根源都可以追溯到文化理念。

第五节　对团队的综合素质要求更高

随着国民经济水平的持续发展，人们的文化素养也在不断提升，这就意味着实体门店的团队必须具备高水准的综合素质，只有这样才能应对高素质的顾客，才能与高素质的顾客有更多的共同语言，从而更容易建立起与顾客沟通的桥梁。

这种综合素质并不仅仅指高学历，高学历并非唯一的衡量标准，关键在于团队的服务意识和工作态度。这两个要素是衡量顾客满意度的重要标准。常言道，态度决定一切，这种态度直接体现在实际工作中。在具体的工作细节中，服务态度能够直接影响顾客的消费体验，从而反映门店服务品质的优劣。

顾客在消费商品的同时，也在消费团队的优质服务。商品具有明确的定价，然而卓越的团队所提供的服务是无法用金钱衡量的。如果我们站在顾客的角度想一想，就会明白应该如何塑造一个令顾客满意的团队。无价的服务才是顾客想要的满意结果。这种满意结果不仅能给顾客留下很深的印象，更能直观地体现团队卓越的服务水平。

无论是店员的行为规范还是门店的管理准则，所有量化的指标最终都会关联到顾客的满意程度上。只有这样，业绩才能得到有力保障，团队才能保持积极进取的精神，经营者才能充满信心，品牌才有可能得以确立。顾客会对团队的每个成员、每个细节进行观察，并将这些印象深刻地铭记于心。这些微小的细节会直接影响顾客的选择，而这种影响往往是无声无息的。因此，我们必须教育团队高度重视每一个服务细节，每一个面部表情，每一个动作，因为它们都是极其重要的体现方式。从顾客踏入门店的那一刻起，实体门店的服务体系就开始接受顾客的全方位审视了。

顾客对细节的关注证明了这些细节是关键。既然它们是关键，店员就不能有丝毫的懈怠。不要询问顾客为何这样做，而应该询问顾客对今天的服务是否满意。店员的每一句话都体现着卓越团队的智慧，而经营者则是这个卓越团队的引领者，是首要责任人。

　　只有在实体门店的基础上建立起优质的单体店，才能迈出连锁店的步伐。许多连锁店之所以取得成功，并不只是因为它们拥有雄厚的资本支持，更是因为背后有一支卓越的团队找到了品牌经营的独特之道。正是这一发现使得门店的成功得以复制，品牌的影响力也不断扩大。顾客之所以忠诚，并不只是因为品牌本身，更是因为品牌背后那份持久耕耘的责任担当。正是这份担当让顾客感到安心和放心。

第三章

服务内容的转变

Chapter 3

第一节　商品只是连接顾客的纽带

商家与顾客的关系可以类比为一场"没有婚姻的恋爱"，这并非情感世界中的那种"耍流氓"，而是充满了"幸福滋味"的关系。商家与顾客实际上正在共同经营着这段"恋爱"关系，顾客感觉愉快、幸福，就会与商家长久地谈下去。若顾客感到不愉快、不幸福，这个关系的结局就和情感世界中的一样，即"分手"。

那些试图夺取你的顾客的商家，就如同"第三者"一般。顾客觉得你的产品与服务不如"第三者"出色，可能就会向别的商家"投怀送抱"，寻找更好的体验。因此，商家一定要明白，让顾客感到幸福才是核心要务。实现这种幸福需要付出大量的努力，回想一下自己甜蜜的恋爱阶段，就能更好地理解这一过程。对比恋爱中不同阶段的表现，你就能够判断自己向顾客提供的服务是否出色。

商品吸引顾客踏入门店，门店与顾客进行了交易，这只是短暂地建立了买卖关系，算是结缘了。每位顾客都是媒介，即传播中心。唯有放大每位顾客的影响力，你才能充分重视每位顾客的满意度，实体门店更应如此。实体门店的顾客基本上都是社区中的街坊邻居，影响的区域非常精准。社区口碑的传播范围也是有针对性的。若是全国性甚至全球性的连锁门店，更需要将每一位顾客的满意度放在首要位置。

我们可以回想一下像麦当劳或肯德基这样的全球性连锁门店，他们的团队在提供服务时除了优质的商品外，还展现出了主动意识、积极态度和快速的反应速度，运用了灵活的处理方法，这些就是他们成功的一部分原因。值得我们思考的是，为什么他们能够拥有如此出色的团队，而且不受国界与文化差异的影响，都能够达到如此卓越的水准呢？

经过分析，我发现他们的成功主要有三个方面的原因：首先，他们拥有一套完善且易于复制的标准化体系，这个体系是经过长时间的实践和总结打磨出来的。其次，他们建立了一套符合人性需求的文化理论体系，这个体系以顾客至上为原则，比如麦当劳一直传播快乐文化，这种快乐文化的受众涵盖了与其相关的所有人。对外，它关注顾客的快乐。对内，它关注团队的快乐。对企业来说，它关注整体的快乐。对社会来说，它为社会和谐贡献一份力量。这种文化具有极强的包容性，既满足人性的需求，也符合商业特性，同时还契合了社会的呼声。最后，他们非常重视品牌建设。虽然作为全球性的连锁超大企业，他们已经不再需要进行大规模的广告宣传了，但他们还是会像以前一样有计划地进行品牌传播。这是因为顾客是不断更新迭代的，品牌建设也需要随之持续发展，只有这样才能在社会大众心中打下牢固的品牌印记。

服务内容的转变必然超越了商品本身的范畴。门店应该扩大服务的领域，不要认为这会增加工作量或耗费过多精力。经营者必须明白，使顾客满意的工作永远都不会多余，只是在短期内可能看不到实质性的回报，因此有些人很容易放弃。这种想法可能使你对回报的周期有过于完美的期望。期待过多，失望可能很大，而期待较少则可能收获更多惊喜，因为付出总会有回报。服务内容的改变归根结底是经营者思维方式的改变。

顾客有时难以明确表达自己的需求，可能会直接向门店索取。这就需要店员善于发现和洞悉顾客的潜在需求。由于中国人普遍比较含蓄，很多人很难大胆明确地表达自己的需求，尤其是一些常常藏在心底的微小需求。如果经营者或店员能通过自身的努力捕捉到顾客的这类需求，并帮助他们解决问题，那么这种服务内容的效果将远远超越提供优惠打折这种"小恩小惠"。所谓的"暖心"并不一定需要表现出极端的宽容和慈悲，而是在细节上关注顾客的微小需求。海底捞的成功正是源于这一点。

服务内容的转变必须与门店的实际情况相结合，避免将负担沉重的服务强加于门店，否则你将难以持续下去。每家实体门店的业态、营业面积、员工配置以及公共配套空间都不同。因此，经营者需要因地制宜，充分发挥自己的优势，根据实际情况进行服务内容的转变，这样就可以在主流商品之外增加更多的服务内容，与顾客进行更多的接触、互动和交流。你会逐渐发现你的顾客越来越忠诚。这便是服务内容转变带来的回报，能对商家产生正向的影响。

第二节 务实呈现用心的服务

很多企业一直在强调用心服务，只是用心的技巧跟程度不同而已。这种用心是以顾客为中心的用心，是从顾客满意度出发的各种行为表现。

用心的方向不能偏离既定目标。很多实体门店都把重点放在如何"套路"客户达成交易，这就是一个典型的方向偏离，而且只是产生短期利益的经营策略。除非你不想让自己的实体门店做大、做强、做久，我想没有人会从开始创业时就以此为初心，那些"初心叵测"的人属于异类，这里就不予评论了，做好自己就是最好的证明。

务实呈现用心的服务需要毅力。从自己心里到顾客心里，这段心路是实体门店经营者要重点关注的问题。只有通过"心路"，才能在人际互动中找到核心路径，信任和安全感这些关键的因素都在"心路"上生发。

过去的三年里，疫情带来的各种不确定性给很多实体门店带来了前所未有的巨大变革。面对这种巨变，经营者需要思考在疫后的时代如何经营实体门店。虽然顾客的需求仍然存在，消费潜力也依然存在，但在面对疫情后的新局面时，经营者应该持有的态度是至关重要的。经营者需要坚持用心，因为得人心者得天下，得顾客之心需要经营者有恒心和耐心。无论遇到什么情况，只要能够让顾客完全信任你，你的客源就会稳定且持久。

加强服务内容的拓展性。实体门店主要有两种形式的商业架构体系，一种是基于商品建立的商品架构体系，一种是基于服务建立的服务架构体系。这两种体系会互相融合和促进。不管是基于商品还是基于服务，两者的核心都在于提供服务，只是形式和载体有所不同。

要拓展服务内容，就需要进行系统化的梳理，如优化商品链和服务体系。如果某些商品不适合顾客，即使它们的利润率非常高，也应坚决地进行"瘦身"。而对于顾客喜爱的商品，即使服务利润较低，也应该予以支持，这是一种战略布局。对于顾客喜欢并且性价比较高的商品，有时即使不盈利，也应该考虑提供，因为赢得口碑比短期盈利更为重要。口碑是持久的，影响是立体的，客户情感是稳固的，这样做将获得更多盈利的机会。短期盈利是不稳固的，经营者可以运用类比的方式来优化实体门店的商品链或服务体系。

服务的务实呈现至关重要。千万不能为了达成一个目标，不断地给客户许下很多办不到或不切实际的承诺，商家的信誉价值非常宝贵。尽管这些话语并未写在正式合同上，但商家说出的每句话都代表着门店，这些话会直接影响门店在顾客心中的信任值。正如前文所述，不要给顾客太多期待，才能给顾客更多惊喜，顾客更愿意相信客观事实。因为吹嘘的商家太多了，经营者必须回归本质。

尽管交易是双方自愿的，但在交易完成后，顾客可能会产生不满的情绪。虽然他们可能不会直接与门店争论，但他们内心已经对门店形成了负面印象。这种印象还可能影响更多潜在顾客，最终受损的仍然是门店。这正是佛学中所提到的因果关系。经营者要做到不为利而失信，不为名而虚光阴，不为富而无德行。从服务的本质出发，坚守这份初心，经营者就会得到丰厚的回报。

我有一位朋友在广东佛山经营一家高端月子中心。我们曾经讨论过如何优化和拓展现有的服务。近年来月子中心行业发展迅速，但同时也伴随着行业乱象。这个新兴行业具有许多特性。从行业属性来看，它处于医养的交汇点上。向左倾斜则涉及医学领域，向右倾斜则涉及养生范畴。虽然表面看起来很美好，实际上却内含许多高危因素。从事这个行业的经营者必须具备高度的责任感。

朋友的诉求在于如何让顾客持久地留在月子中心进行消费。由于社会大众对于坐月子的概念有着深刻的认知，人们通常会认为坐完月子就应该离开月子中心，月子期最多持续40天。因此，顾客与月子中心这个服务场所的关联通常在月子期结束后就消失了，这是社会大众的一种共识。我从文化理念的提炼与传递方面来分析月子中心服务的延展性问题。坐月子文化是中华传统文化的一部分，这已经是人们的常识之一了，无须过多教育顾客。因此，我们可以从坐月子文化的理念出发进行延展性的分析。坐完月子后，接下来是要过日子，这自然引出了服务的延展性思路。从坐月子到过日子，服务的延展性思路一下子就被打开了。生活不仅仅是坐月子，而是延伸到人一生的各个阶段。这种周期是可以不断循环的，容易与顾客实现情感连接和口碑传播。

"坐完月子，过日子，我们要服务您一辈子。"这一核心理念很快就可以提炼出来，这个理念顾客容易接受，大众容易传播，商业容易植入，服务容易上手，很快就能把月子中心标签的宽度与深度都提升了。此外，专注于用心服务。从月子延伸到日子的产品链结构，自然而然地连接了产妇的身材管理、健康管理、皮肤护理、早教服务、亲子管理等项目。正因为顾客在坐月子时与月子中心建立了信任，顾客更愿意将未来更多的消费需求展现给月子中心。因此，坐月子这个服务项目成了一个极其重要的吸引流量的商品。它不仅拓展了月子中心的服务体系和项目结构，满足了顾客的潜在需求，还降低了商家与顾客之间的双向沟通成本，实现了双赢的局面。

第三节 提供有效的信息资源

信息作为现代社会发展的重要组成部分，深刻影响着每个人的生活。在商业领域，信息也被视为一种生产力，尤其在科技水平不断提升的背景下，信息的重要性愈发凸显。

信息可以作为独立的商品存在，比如房地产中介、人才猎头公司等，都是以信息为核心而形成的产业。然而，将其放置于实体门店的整体价值体系中来看，信息对顾客来说有时候是一种商品的附加价值或者一种福利。

实体门店的经营者可以被看作该门店的信息交换中心，他们需要掌握丰富的信息，这就要求他们具备获取各种信息的能力。社会是一个整体单元，每个人作为这个社会中独立的微小单元，都拥有着非常多且零碎的信息。顾客对信息的需求是多元的，有些需要创造性的信息，有些需要及时性的信息，还有些是需要整理的碎片化信息。

一般来说，实体门店具有明确的社区属性。顾客的信息需求主要分为两个层面：民生层面和事业层面。民生层面包括子女教育、老人康养、就学就医、家居生活等。事业层面包括金融贷款、投资理财、企业管理、人才建设等。实体门店可以充当一个信息转换平台，满足顾客在不同层面上的信息需求。

那么我们如何界定信息的输出定位呢？这个是没有标准的，它完全取决于经营者的经营理念。经营者可以选择将信息用于维护顾客情感，也可以用于盈利。在这里，我建议大家选择前者，因为前者是长期经营的关键，只有通过这种方式，才能真正与顾客建立起持续信任的客情关系。

实体门店的经营者一定要输出有效的信息，也就是说一定要分享给顾客可靠的信息，否则顾客的信任度会降低，提供可靠的信息也体现了经营者可靠的人品。

什么是有效的信息呢？这当然需要经营者自己来评估判断。一般而言，向顾客提供信息时应保守一些，并制订备用方案。在分享信息时，可以将信息的价值降低一半再分享出去，以避免过度夸大。因为经营者的目标是通过分享信息增加信任值，以免适得其反，成了"好心办坏事"。但是，也不能因为无偿分享有效信息而停止这种附加服务，尽管存在风险，但只要谨慎评估，就可以把握好平衡。经营者不仅要经常分享信息，还要长期坚持，随着时间的推移，经营者会逐渐成为朋友圈里的影响力中心。这对实体门店的发展会产生极大的促进作用。

有效的信息从哪里来呢？有效的信息可以源于多个方面，包括人脉、知识、技能等。经营者需要以开放包容的态度与社会互动，从中获取有价值的信息资源。经营者需要投入热情和恒心，创建个人的信息库，进行有效的信息管理，并将分类整理后的有效信息分享出去。信息具有多样性和变动性，因此经营者需要将有价值的信息记录下来并及时更新。举例来说，人脉信息可以分为商业、教育、医疗等不同类别。

拥抱社会、保持热情、持续努力，以及做好信息管理，都是获取有价值的信息资源的重要步骤。通过这些方法，经营者可以更好地与他人分享、交流信息，增进彼此的价值，从而在实体门店的经营中获得更多的信任和支持。

第四节　跳出产品卖产品

在现实中，直线代表最短的距离，但在营销的逻辑中，最近的距离未必是直线。营销目标的达成过程通常呈波形曲线，波浪的幅度和速度各不相同。营销过程中的路径并不是简单的两点一线，而是充满了许多变数和不确定性。

新东方的老师们转型做直播带货，瞬间成了社会关注的焦点。作为教育培训领域的领军企业，他们意外地踏入了直播带货的领域，这个转变令许多人感到意外。新东方的教师们成了直播带货的网红并非因为他们擅长推销产品，而是因为他们用自身的知识储备和影响力，将教育理念与产品销售相结合，赢得了观众的认同和信任。很多观众因为在某种程度上认同他们的观点，就毫不犹豫地下单购买了产品。这种跳出产品卖产品的效果出奇得好。

我有一位朋友，他追求自由，喜欢不受拘束的生活，同时也渴望找到一份既能自由发展又能赚钱的职业。有一天，他在浏览抖音时偶然发现了一个专门分享房车旅行经历的博主。在观看了这位博主的所有短视频内容后，他被深深地吸引了，并最终决定成为该博主的合作伙伴。这位房车旅行博主采用了类似新东方老师的带货策略，他并不直接谈论生意，而是通过分享房车旅行中的所见所闻以及其人生观和价值观与顾客建立连接，引发共鸣。有一部分人认同他所传达的观点，那么这些人与这位博主之间的合作伙伴关系就自然而然地建立了。在整个过程中，这位博主始终处于主导地位，引导着观众的思维。如果他在短视频或直播中直接介绍他的合作模式，很多人可能会迅速离开，他也就无法实现跳出产品卖产品的效果了。

我经常跟身边很多企业经营者分享，信任的开始是对立。在这种情况下，经营者需要摆脱传统的逻辑思维。在建立合作关系时，双方起初可能存在一些分歧。但是，如果经营者能够主动寻找共通之处，并将注意力转向双方共同关心的利益点，就有机会化解分歧，建立起更为稳固的信任。这种跳出常规思维的方式能够使合作伙伴在更深层次上与经营者产生共鸣，从而使商业信息的传达更加顺畅和富有成效。

跳出产品的背后其实是跳出自己的认知看世界。固化的思维方式是普遍存在的，但突破它并不难。难的是愿意去突破，很多人在突破后常常会后悔为何没有早点鼓起勇气进行突破。

其实一切都不晚，马上行动很重要。时光不会倒流，人生不能回头，跳出自己的认知会获得一段更加精彩的旅程。勇敢地跳出固化思维的牢笼吧！时间不会因怜悯我们而停下脚步，所以我们必须充分把握每一刻，积极追求我们的目标和梦想。

第五节　服务转变的动力

持久的动力往往源于内心深处。过去永远是过去，时代在变，环境在变，我们不能用同样的方法来应对不同的情况。这个高速发展的时代已经不再适用以往那种以不变应万变的策略了。在过去的三年多时间里，人们在不同的压力下度过，有人选择安于现状，有人则积极转型。这两类人的结局必然会有所不同，这是因为他们对待变化的态度不同。在时刻变化的环境中，人的内驱力和适应能力才是关键。

不要等到身处绝境时才开始进行服务转变。在绝境中寻求反击，并不是每个人都能如愿以偿的。如果经营者能早一点拥有服务转变的动力，那个时候门店的处境可能不会那么糟糕，门店的基础也不会是最差的，重新崛起的可能性依然存在，问题也就不会太大。这种动力一定是实体门店的经营者自己积极获取的。如果经营者提前察觉到变化、调整策略，就可以在危机来临之前采取行动，为自己创造更多的机会和可能性。

服务转变的动力也受到周围环境的影响。在中国近代，许多无产阶级革命家克服各种困难，甚至前往外国求学，目的就是获取正向的思想体系和方法论。学习这种正向的思想体系是他们最好的内驱力。经营实体门店虽然与政治革命不同，但思想转变的原则相似，都需要找到动力的源泉。只有这样，经营者才能坚定地采取行动并坚持下去。自我说服的动力是最为有效的，因为别人的经验始终只是参考。无论是经商还是革命，找到能够自我激励和驱动的核心信念，就能帮助经营者在复杂多变的环境中做出积极的改变并坚持所追求的目标。

疫后时代，实体门店的转变旨在开辟更加广阔的道路。在疫情防控期间，许多线下无法实现的场景已经成功转移到了线上，如云端演唱会、云端颁奖典礼、云端聚餐、云端法庭审判，甚至连电影都在视频网站上映了，这一系列的转变让不可能变为了可能。虽然疫情曾让整个社会陷入困局，但实体门店的困境只是暂时的。在疫后时代，经营者面临的是如何以积极的态度来迎接转变。

通过适应新的商业环境，实体门店可以通过提供创新的服务和体验来重新焕发活力。经营者应该从变革中吸取教训，不断拓展业务模式，将线上和线下相结合，创造更多新的商机。同时，经营者要秉持开放的心态，学习新技能和知识，以便更好地适应不断变化的市场。而更重要的是，经营者要保持乐观和坚强，积极地面对挑战和寻找机会。我相信只要有信心和决心，实体门店一定能够在疫后时代开辟出一条充满希望和活力的道路。

第六节 把主权交还给顾客

一直以来，实体门店的经营者总是想着占据主导地位，牵着顾客走，试图用各种洗脑"神功"让顾客言听计从，经常错误地利用自己认为可以说服顾客的策略来达到短期的利益目标。殊不知门店是达到了利益目标，却在无形中失去了顾客对门店的信任。

多年前我就表达过一个观点。若经营实体门店没有用坚守一生的态度面对顾客，那凭什么让顾客持续跟随门店呢？夫妻感情都做不到牢不可破，何况是商业体系里面的脆弱体呢？门店花费多年潜心教育的顾客早已从"运动员"变成了"教练"，各种健康法宝、变美妙招比门店的服务团队懂得还要多。特别是90后、00后的顾客，他们在生活的选择上更注重最大化的自由主权，很不喜欢喋喋不休的"念经"式的营销魔咒。

经营者与其煞费苦心地思考如何搞定顾客，倒不如回到务实本真的服务上来。至于买或不买，把主权交还给顾客。我想这才是持久经营的法宝，也只有这样我们才不会面临越做越难的困境，陷入顾客越来越少的怪圈。

为什么会缺少顾客？究其原因不是缺顾客，是经营者缺耐心、缺用心、缺恒心。按照国民现阶段的消费实力和消费趋势，顾客是越来越多的，那么这些顾客都流失到什么地方去了呢？这一问题值得深思。回归本质，把主权交还给顾客，这才是整个实体门店实现可持续发展和良性生态循环的根本。

纵观实体门店发展的30多年，整个产业链从上到下都缺顾客。品牌商缺代理商，代理商缺加盟商，加盟商缺消费者。经营者把90%的精力都用在了招商营销上，只把10%的精力拿来做服务和技术创新，结局可想而知。这就是我多年前针对某些商业领域的严重诟病：招商招商，越招越"伤"。

要让实体门店真正"实"起来，一是务实，二是培养实力，三是切合实际，这三"实"的标准是实体门店可持续发展的核心思想体系。以美容服务业为例，要让美丽的事业真正"美"起来，这肯定不是简单意义上的表象之美。这种美是获得顾客的尊敬，从传统的教育顾客升级到让顾客来拥护门店，让美的服务场所真正成为顾客生活甚至生命的一部分。核心的美是门店与顾客的两颗心都美起来，这是最高的营销思想，希望实体门店的创业者与经营者能做到吐故纳新，摒弃过去的陈旧观念和方法，通过疫情三年的不凡经历来彻底迭代经营理念。如果经营者关注的方向错了，最终的结果就会与经营者的目标背道而驰。

第四章

获客渠道的转变

Chapter 4

第一节　多渠道展示自己的门店

　　获客是实体门店的头等大事。以往，实体门店通常采用以下六种获客模式：①自然流量守株待兔型的获客模式：依赖过往的自然流量，期待顾客主动光顾，这种模式通常需要拥有强大的品牌影响力和知名度。②会员机制发酵倍增的奖励获客模式：借助会员制度，通过积分、折扣等激励措施，吸引现有顾客带来新顾客，从而扩大顾客群体。③线下活动体验营销的获客模式：通过举办各种线下活动，吸引顾客前来参与，在顾客的体验中实现获客和推广。④口碑传播老客带新客的获客模式：依靠顾客的口碑传播，通过现有顾客的推荐，引导新顾客到店消费。⑤网络宣传线上引流的获客模式：借助社交媒体、网站、广告等网络渠道，吸引潜在顾客注意并引导其到店消费。⑥传统地推摆摊式的获客模式：在人流密集的地方摆摊，直接与顾客互动，引导他们进入门店。

　　在过去的三年里，从政府部门到工商企业，再到实体门店，几乎所有能够转移到线上的服务操作都已经完成了数字化上线。随着5G技术的广泛应用，越来越多的应用场景得以开发，这使得我们的生活更加便捷。许多事情不再需要线下办理，而是可以通过线上渠道完成，这无疑是一件非常便民的事情。但是，这里要强调的是服务的根本性转变，这种转变与实体门店的获客渠道密切相关。因为当面对面交易变得困难时，各大平台的线上服务起到了积极的作用。举例来说，餐饮门店可以通过线上外卖平台进行交易，教育培训机构可以通过网络视频平台开展在线授课，政府部门可以通过线上审核平台加快审批流程，等等。在这种转型的场景下，线上获客已成为各类实体门店获客的主流渠道。

多渠道展示门店的成本预算。目前，线上平台的数量较多，如果经营者有对门店长期经营的计划，我强烈建议建立自己的线上平台。多渠道展示门店的预算在各大平台上有着共性，如果经营者不追求投入流量，基本上入门都是免费的。门店需要在平台上输出高质量的内容，按照平台的规则进行积累。经营者不应将线上平台当作救命稻草，急于借此摆脱经营困境。我还建议经营者在微信上注册一个小程序，它方便快捷，很多 App 能实现的功能，小程序基本都可以实现，而且费用也不高。如果不采用定制模板，注册费用在 2 000 至 5 000 元。注册完成后，经营者可以安排门店员工上传资料并在线上后台提供咨询服务。小程序的操作界面相对简单易用。无论经营者选择何种方式展示门店，都需要考虑到经营计划和预算，以确保最大化地提升门店的可见性和影响力。

如何选择适合自己的平台进行展示呢？我建议经营者在短视频、资讯和图文分享这三种平台注册账号，并根据情况考虑是否再注册一个音频类平台作为补充。在选择平台之前，务必进行深入的业态评估。评估的一个关键原则是：你的目标顾客在哪里？他们偏好使用哪种平台？这个原则将决定你选择大众平台还是个性平台。顾客在哪你就要去哪做宣传，让宣传更有针对性，这是一条不变的规律。

一旦选择了平台，你需要根据门店的特点和情况来创作内容，并规划好内容的创作和分工。对于文案撰写、视频拍摄、视频剪辑，以及直播等技巧，各大平台提供了丰富的免费培训资源，耐心地探索一段时间，你会很快掌握要领，尤其是年轻的店员，在很短的时间内就能掌握核心技巧并开始进行常态化创作。总之，在选择平台和创作内容时始终以顾客为导向，根据他们的喜好和习惯做出明智的决策，这将有助于提升品牌的影响力。

首先，通过对标模仿，学习成功的案例，了解行业内的最佳实践和趋势。其次，将这些经验进行整合，并在此基础上进行创新，出品优质的内容来吸引顾客。最后，为线上多渠道宣传的工作制定标准化的流程，由于线上多渠道宣传已经是实体门店的一项常态化工作，因此标准化的流程能够帮助新人尽快熟悉工作。这项工作将有助于提升门店的影响力，吸引更多潜在的顾客，并为实体门店带来持续的增长。

尽管线上平台的发展日益壮大，传统的线下展示和户外广告仍然具有独特的优势，它们在品牌传播和营销中发挥着重要作用。很多门店认为线上信息那么发达，做传统的户外广告已经没有意义了。这种观点完全是错误的，传统的户外广告的优势是线上广告无法替代的。线下广告有以下两个特点：一是线下广告具有持续叠加的视觉冲击力，通过在固定的位置呈现固定的画面，能够不断强制性地给顾客传递品牌信息。这种自然的传达方式可以在顾客的心中建立品牌形象，实现信息的有效传播，而且不会给顾客带来广告压迫感。二是可以自己开发广告位。在社区周边寻找高曝光率的位置，如建筑物墙体、铁塔、地下车库通道、小区出入口等进行广告宣传，这种方式具有很高的性价比，并且可以帮助门店更精准地触及目标受众，提升门店的知名度，同时也可以根据实际情况灵活调整广告的内容和展示方式。

我们还可以选择异业联盟的广告互换模式进行宣传。通过与不同行业的合作伙伴进行广告互换，不仅可以拓展宣传渠道，还能够实现双赢的结果。在这种模式下，双方的广告可以互相交换呈现，从而将品牌信息传递给彼此的受众群体。这种合作不仅可以扩大宣传范围，还能够带来新的顾客，同时也能够节省一定的宣传费用。通过与不同行业的合作伙伴进行广告互换，门店不仅能够建立更多的商业关系，还可以扩大曝光度，提高知名度。不管生意是好是坏，宣传是一项需要长期坚持的工作，千万不能忽视。"好酒不怕巷子深"的道理早就不适应现代社会了。不管什么时候开门做生意，都要让顾客知道自己的产品或门店，这一步是首要工作，无论店大店小，店多店少，皆同此理。

第二节　走出去引进来原则

走出去不仅是经营实体门店的积极态度，也是经营者的社交必修课。主动走出去本身就是我们个人和事业成长的起点。只有通过与外界的交流互动，我们才能了解和学习优秀的经验和方法。守店不是守株待兔的守，而是要借助多元化的外部资源来守护和促进门店的业务发展。这样，我们的道路会越走越宽广，门店也会逐渐发展壮大。

走出去有助于实体门店的经营者换位思考、创新方法。通过学习他人的成功经验，与同行真诚地交往，借力完成自身难以完成的部分，这些都能促进创新与进步。在商业领域，等待是最不明智的做法，行动力则是成功的关键。要明白一个真理，即借助他人的力量完成自己难以胜任的工作是智慧的体现，绝不是令人难堪的事情。

走出去意味着你的思维会更加开阔。面对不同人生轨迹和各类实体门店的经营历程与精彩故事，无论成功与失败，你会更客观地判断自己门店未来的道路。走出去会获得很多真实的信息，这些信息更贴近经营门店的实际情况，这将为你的决策提供更多参考。多元化的社交圈子也能拓展获客渠道，你应该经常邀请新老朋友进行交流、增进感情，分享务实的经营经验，这些经验既包括成功的案例也包括失败的案例。在20世纪90年代，有一位非常知名的企业家，他因经营不善导致企业破产。之后，他转型成为企业教练，决心用自身失败的经历帮助更多企业成功。他在当时的企业圈中备受欢迎，因为他毫不掩饰自己的失败，他认为从失败中吸取教训比学习成功的经验更实用。失败的教训可以更好地揭示企业倒下的核心问题，而这些问题在平时很难被经营者察觉。

走出去的另一种方式是通过赞助礼品、服务商品、赞助活动奖品或服务等植入性渠道实现。这种方式不仅能够宣传门店，还能够吸引顾客。提供赞助时要选择合适的活动，评估顾客群体的匹配度。根据我多年参与和举办各类活动的经验，活动的主办方通常都非常愿意合作。为了取得好的效果，需要把门店的促销商品与门店的联络信息设计好，并安排店员在现场穿着门店的形象衫。在选择赞助商品时，需要遵循几个原则：一是成本合理可控；二是商品符合参与活动的顾客的需求；三是商品有将顾客引导到门店的可能；四是能够通过线下活动吸引顾客到线上；五是发放礼品券，然后邀请顾客到门店领取礼品；六是利用机会（如LED大屏幕、签到墙、随手礼、广告袋等）展示门店的商品。

建议门店优先参加社区居委会组织的活动，社区居委会组织的活动本身具有一定的公信力，而且社区的辐射范围跟门店非常匹配，能更好地展示门店的形象。门店也可以借助这个机会与社区居委会建立良好的关系，为日后开展更多的社区活动打下基础。在面对各类社会公益事件时，门店要主动发挥自己的优势，支持社区居委会的工作。比如提供社工服务、无偿献血、助残恤孤等。

总体来说，门店获客的渠道有很多，但需要根据当下的情况进行排序，优先选择最适合的方式。当然任何一种方式都有它的作用，获客也是一个需要长期坚持的工作。从小店到大店，从大店到连锁店，实体门店一步步稳健的成长都离不开获客这一核心任务。

获客只是工作的开始。顾客走进门店就是门店跟顾客缘分的开启，美好的遇见也就正式展开了。门店要珍惜每一位走进门店的人，充分展现对顾客的尊重和重视。笑脸相迎，欢喜相送，这是实体门店最基本的服务标准，但还是有很多人做不到这一点。

有几次我随妻子一起去逛家具类的实体门店，以顾客的身份去感受不同门店的服务水平，有些店员冰冷的表情使我的购买欲望烟消云散，这种冷漠的服务态度会对获客造成致命的打击。哪怕是价格稍有优势，顾客也很难购买。另一方面，热情随和的门店服务则能吸引顾客，这种舒适的体验使得顾客的选择几乎是一致的。获客容易留客难，打江山容易守江山难。造成这种难的原因是门店没有把顾客的感受放到第一位，没有培养出一批高素质的团队。我们可以回想一下，有些门店做了那么多的获客活动，为什么顾客到店之后却留不下来？有多少是因为团队的服务出了问题而把顾客拒之门外的，我想应该不少，经营者应该在获客这个核心问题上找到问题根源，加以解决；自己解决不了的，要勇于求助专业人士。这个问题不能等，也等不起。

获客的环境正在发生根本性的改变，这是因为未来社会的互动性将变得越来越突出。这种变化主要源于大众对打拼事业的看法的转变。互动性即相互影响，每个个体在社会中都有多重角色，然而，有一点是保持不变的，那就是热爱学习、追求进步的人将始终处于主导地位，因为思想是引领一切行动的指南。

获客管理的体制建设至关重要。随着社会的不断进步，实体门店作为社会民生体系的一部分，能最先感知社会的发展和变化。在获得宝贵的顾客后，合理的管理体制变得极为重要。经营者通常将重点放在获客上，但实际上留住顾客更重要。随着互联网获客成本的上升，未来精准数字化的服务收费也会相应提高。获客管理还考验着团队捕获有效信息的敏锐度。这些有效的信息对于未来获客管理系统基础数据的建立十分关键。经营者需要仔细筛选每一条信息，并借助微信平台上的小程序等进行信息化管理，以提高管理效率。

第三节　提升社会活动的参与度

实体门店的经营者应该经常参加社会活动，但是一定要明智地选择参加的活动，避免盲目参与各种应酬，不然就失去了参加社会活动的真正意义了。对于有些经营者来说，参加社会活动甚至成为其不健康饮酒的借口。在我接触过的实体门店的经营者中，有很多人每天都忙得不可开交，频繁的应酬不断，这导致其身体状况不佳。在此，我要诚挚地提醒各位实体门店的经营者，一旦成为经营者，你所承担的责任是很重大的，照顾好自己的身体是第一要务。

参与社会活动旨在为实体门店赋能。一场有价值的社会活动就像是多元赋能的"道场"，只要踏入其中，必定会获益匪浅。然而，参与社会活动并非单纯为了拉拢关系或寻找顾客，这种观点显得过于狭隘。参与社会活动的目的在于拓宽个人阅历，促使个人快速成长；同时，也是为了宣传门店、产品、理念以及价值观等，以期获得别人的认同，从而鼓励顾客主动上门购买门店所提供的服务。

经营者应该参加高端的社会活动。什么是高端的社会活动呢？你需要确认活动的主办方和主题。主办方决定了活动的规格与影响力，而主题则决定了现场的观众群体。一旦明确现场的观众群体，你就能够评估这个活动与你的门店之间的关联程度。此外，你要评估门店在这个活动中能够展示的内容。有时候，主办方设定的内容可能并不适合你的门店的实际需求。在这种情况下，务必提前做好准备。要先从主办方处获取尽可能详尽的筹备文件，然后基于这些文件制定出适合门店的展示方案。在制订方案时，务必遵循两个原则：第一，不要越过主办方的规矩底线；第二，不要在活动中喧宾夺主。经营者不能贪心，设想了十个方案，能实现五个就是最好结果了。如果前期缺乏准备和规划，就有可能一个方案也实现不了，只能在活动中"打打酱油"。

主办方一般都会以赞助为标准选择协办方，这时你就要评估这个活动的核心价值是什么。那么应该如何评估这个活动的价值呢？首先，你可以看活动的组织结构，了解有哪些单位参与，从而分析这个活动的价值区间。其次，要关注活动的曝光量。你可以通过活动前期的宣传力度和关注度来直观地了解曝光情况。最后，要考虑活动内容与你从事的领域是否契合。这个契合度直接关系到获客的精准度。例如，如果你经营的是美容院，而活动现场来的主要是老年人，两者显然不合适。相反，一些名流女性参与的商务活动可能更适合你的门店进行赞助合作。

因此，参与社会活动需要有明确的目的和评估标准，以确保你的参与能够有利于门店的价值提升和品牌推广。

参与社会活动的途径除了成为协办方外，还可以自己搭建舞台，自己主办社会活动，这样你就能够掌握主动权。但主办方是投入最多的，也是最操心的。作为主办方，你需要招募协办方和赞助方，也就能够体验到掌握局面的感觉。在主办活动时，你需要制订一套可行的策划方案。然后，根据自己的需求来选择和匹配协办方和赞助方。举个例子，如果你计划举办一个红酒商务活动，却招募了一个卖白酒的协办方，那就与活动的需求不匹配了。将两个非常相似的品类放在同一个活动中，相当于自己给自己找了一个竞争对手，这是非常不明智的做法。这个例子只是为了强调需求匹配的重要性。无论你是主办方还是协办方，都需要明确活动的关键点。只有抓住关键点，才能有针对性地制订行动计划。

第四节　参加社交活动要守住健康底线

我是一名坚定的控烟志愿者，甚至将控制吸烟视为除工作之外的使命。尽管偶尔会感到疲倦，但我认为这项工作很有意义，一直坚持到今天，从未有过放弃的念头。身边熟悉我的朋友一见到我就立即把我转移到无烟区，仿佛是要"隔离"我一般，有点滑稽的同时，我也感到很无奈，烟民实在太多了，我个人的影响力微乎其微。无论你是一个经常"吞云吐雾"的烟民，或者跟我一样是一个坚定的无烟主义者，我都希望你能够加入控烟志愿者的行列，为自己、为他人的健康做出贡献，这本身就是体现人生价值的一种方式。

在中国的人情社会里，烟酒文化可以说是无处不在。随着国民素质的不断提高和政府有关部门的不断倡导，近年来在公共场所吸烟的情况越来越少了，我们的精神文明进步了许多。虽然社交活动的功能有很多，但是无谓的、无节制的"烟熏火燎"和过量的推杯换盏不要也罢。

由于疫情的影响，三年来线下的社交活动大量减少，这让很多人难以适应，因此疫后时代会有大量的人报复性地胡吃海喝，不停地聚餐饮酒。针对参加社交活动，在这里我向实体门店的创业者和经营者提几点建议：

（1）不要为亲近烟酒找理由。很多人为吸烟、过度饮酒找理由，诸如人在江湖身不由己，是为了生意的无奈之举，等等。戒烟限酒是在考验你的毅力。我有一位朋友因为吸烟导致肺部感染，我去医院看望他的时候，看到他的肺部 X 光片全部是黑色的。但是出院以后还是没有下决心戒烟，这是对健康不负责任的典型表现。一个连自己身体都照顾不好的人，又如何能对其他人负责呢？如果你都病恹恹地躺在病床上等待别人的照顾，你还有什么资格来谈责任呢？许多年轻的企业家和社会名流都是因为不自律，早早地离开人世，回头想想他们是多么的自私，就这样无情地抛弃生养他的父母，他的家庭也因此不再完整。烟百害而无一利，酒更是不可贪杯。若能做到戒烟限酒，也不枉我苦口婆心地极力劝说。浅品佳酿得康健，醉生梦死血泪溅，忠告大家多多珍重。

（2）选择合适的时机离开。含蓄文化深入中国人的骨髓，很多人被"面子"害了一辈子。酒局饭桌上礼数到位后，应尽快选择合适的理由离开。千万不要恋上醉生梦死的感觉，那样你将后悔莫及。有些人经常把自己搞得很忙很努力，穿梭在不同的酒局中，实则浪费光阴，损害健康。

（3）经常为健康找个理由。这个理由要多找，因为这个理由最有价值。大家都知道健康的重要性。经营实体门店要坚持不懈地积累才会有丰厚的收获，如果你连健康的基础都没有，还谈什么未来？为健康找个理由并不难，难的是你碍于情面说不出口，如果你连保护自己身体的勇气都没有，还有什么勇气去面对实体门店的未来。让我们一起努力，共同创造一个无烟的生活环境，照顾好自己，务实地经营实体门店。

（4）酒量不代表销量。酒量再好，也比不上门店的服务质量；酒量再好，也比不上商品的质量；酒量再好，也比不上你做人的宽宏大量。不是不喝，而是量力而行，适可而止，把握好原则，否则就是拿身体开玩笑，最终身体跟你"算总账"的时候，你是还不起的。不仅还不起，还会连累你的家人和朋友，使他们陷入痛不欲生的境地。在现实中，酒鬼加烟鬼的自杀式行为导致了太多的悲剧，为什么有些人还不能够警醒？说到底是这些人没有尝试过生离死别的滋味，他们的心智还没有真正的成熟。希望大家不要到了这一步再去惋惜，那个时候已经回天无力了。

第五节　坚持双向促进发展

线上宣传引流，线下实体驻流。线上引流是多元化的，从顾客的关注点出发，门店在线上平台输出的内容不要过长，输出的频率要高，内容要与行业紧密相关，话题不要太分散，可以在多个渠道发布同一个内容。门店一定要做原创内容，这是核心，哪怕质量差一些。各大线上平台都有自动识别内容源代码的功能，如果不是原创，系统会自动抓取，进行流量弱化。目前，抖音平台的算法逻辑就是如此，门店千万不要为了省心省力直接"搬运"他人的内容，这样做不仅效果不佳，还可能对品牌形象造成负面影响。

负责线上咨询的员工非常重要。线上导流的第一步就是后台咨询，员工要在第一时间精准回复顾客的问题，不管是用文字、语音、素材还是用机器人自动回复，关键在于快。对接线上顾客要注意三点：第一要及时，第二要态度，第三要温度。建立一个相对愉悦的线上咨询通道会为门店赢得顾客亲临门店体验服务的机会。与客户无法面对面沟通时，传递信息的通道相对单一，因此这一通道就变得更加重要。文字内容的表达，连表情符号都要非常到位。线上沟通场景的建立跟线下的逻辑是一致的：多认同、多赞美顾客，提供专业且有涵养的服务，耐心、专注地回复顾客，顾客能通过图文信息准确判断门店的服务情况。不要以为没有见到面，顾客就不在"信号服务区"。

线下驻流是管理顾客的第一步。这一步有较多细节，因此一定要建立门店管理的标准流程并不断进行优化，千万不要直接照搬别人的标准流程。每个实体门店的情况都是不一样的，应在标准化的基础之上，根据自身门店的实际情况进行个性化的改造。这与一个人到了新环境类似，要在适应环境之后再根据自身的情况建立符合自己生活的规律。

线下驻流还要认真分析顾客的消费力与消费特点，整理成册后录入门店的数据或管理平台，这样可以在第一时间掌握顾客的关键信息，以便更好地做到精准服务、及时服务，甚至可以为顾客创造更多的价值。造册后的信息一定要保密，以免因店员流动导致信息泄露和不必要的损失。

第六节　门店在社区的精准传播

传播是门店建立口碑的基础工作，可以通过多种形式实现，包括广告硬传播、活动硬传播、口碑软传播、文化软传播、公益软传播等多种形式。实体门店的传播一般都在一定的区域范围内，因此精准度很好把握，投入成本较少。社区免费的资源较多，但要获取免费的资源，门店经营者需要付出更多的努力，同时要维持良好的人际关系。周围居民对门店的认可是衡量口碑最准确的标尺。

传播的内容必须吸引人。在制作内容时文字不宜过多，图片应当美观并与人文环境融合。内容确定后，一定要确保视觉风格的统一，包括颜色、文字、图案、文化等元素都不可随意更换。很多商家都忽略了这一点，一有新想法就改，总是跟着感觉走，顾客很难记住品牌形象。广告与人不一样，人可以通过换发型、换衣帽给他人耳目一新的感受，但广告传播需要反复叠加宣传，从而加深顾客对门店品牌的印象，因此，在传播过程中，经营者不能跟着感觉随意更换内容。

精准传播还要延展一些广告物料，如商务礼品，广告遮阳伞、雨伞、小玩偶、环保袋等；对于大件的广告物料，篇幅一定要大以确保信息传达清晰；小件的广告物料则应保持简约。尽量选择一些存放周期长、曝光率高、使用场景广泛、实用性强、性价比高、顾客喜爱的广告礼品。流量广告也是社区传播的有效媒介之一，可以借助广告物料在社区中引起注意，提高品牌知名度。

在设计广告时，一定要融入文创的理念，提炼门店的独特文化，绝不可简单看待。如果只是去打印店随意拼凑一条广告，这种草率的方式违背了广告传播美学，会对门店的形象造成损害。美学的设计值得投入，毕竟广告是门店形象的展示窗口和宣传工具，必须认真对待。高质量的美学设计不仅能够为顾客呈现良好的视觉体验，还能够提升顾客对门店的好感度，吸引他们前来体验门店的服务。因此，切勿低估视觉艺术的力量和其在广告传播中的重要作用。

无声的力量具有强大的穿透力！视觉艺术恰恰如此。审美可能因人而异，但美学艺术是经过精心设计与加工的，以最符合和贴近社会大众审美需求的方式展现。我们应该相信这一点，真正的品牌实体门店对视觉呈现的要求都极为苛刻。从颜色的色差到字体的大小，从材质的呈现到光源的铺设，每个细节都有严格的标准。在视觉艺术领域，要将专业的事交给专业的人来完成，经营者不要用个人的审美标准来评判美学作品，应该相信专业人士，避免在自己不擅长的领域随意插手。

此外，还需要关注社区精准传播的连贯性。要让一个品牌、一个门店在区域范围内广为人知，需要相当长的时间积累。在此过程中，需要持续加强门店传播的频次，开发多元化的传播渠道。事实上，广告位的使用期越久，门店的收益就越大。持续的宣传活动和信息传递可以帮助门店在社区中逐步建立起可靠的形象和认知。这不仅需要门店在广告内容和视觉上保持一致，还需要时刻考虑如何引起顾客的兴趣和共鸣。通过长时间的积累和精心设计的传播策略，品牌和门店可以在社区内获得更多的关注和认可。

记录和保存精准传播的整个过程是非常重要的。随着门店的发展壮大，这些记录将成为企业历史的宝贵见证，也是展示门店文化的最佳途径。这些历程不仅具备说服力，还蕴含着浓厚的人文情感，这正是塑造现代品牌 IP 的核心元素之一。将门店的发展历程、重要事件和精彩瞬间记录下来，可以形成一个有温度的故事，使顾客能够更深入地了解门店的价值观、文化以及所追求的目标。这些故事不仅可以在内部传播，也可以成为品牌宣传的有力工具。而且，这些记录还能够作为品牌独特性的体现，为门店创造独特的竞争优势，难以被其他竞争对手模仿。

将门店成长过程中的图文资料、使用过的道具礼品等进行收集、分类并加以保存，是一项极具价值的工作。这些资料和物品记录着门店的历程，代表了品牌的发展和文化的积累。通过保存和展示这些信息，可以激发员工的认同感和归属感。现在就行动，一切都不晚，作为实体门店的创业者或经营者要具备塑造文化的前瞻性。文化的塑造是一个渐进的过程，通过积极地记录、收集和传承门店的成长资料，可以强化品牌的独特性和竞争力。

　　门店不仅是一门生意，更是一个实现梦想的平台。每个实体门店的创业者或经营者都要把小小的门店当成追梦的开始，不断释放自己的梦想能量，逐步将其实现，文化会一路为你低调赋能。

第五章

线下活动的转变

Chapter 5

第一节　艺术化呈现商业活动

无论线上平台多么发达，人们的社交活动仍主要发生在线下。这是出于人类群居的天性和对人际互动的深切需求。线上的功能就算再先进也取代不了线下面对面有温度的沟通。还有一个重要因素，即面对面的沟通交流给对方带来的信息是全面的，这种立体式的信息传达是人们通过社交活动捕获关键信息的重要支撑，同时也构建了无法在线上完全复制的情感交流场景。

疫后会出现线下活动"爆棚"的局面。实体门店要提前做好详细的规划以应对这一局面，做到未雨绸缪，把握好最佳时机。大众在三年多的疫情生活中"憋坏"了。从短期节假日中出游的人次就可以看出，人们的消费力会在疫后的一段时间里持续释放，而且国家会鼓励并非常希望实体经济尽快活跃起来，重现疫情前的繁荣景象。人员可以自由流动之后，线下的各类活动一定会全面展开。

举办线下活动要做到文化活动与商业活动的有机结合。不要为了业绩实施"包围"顾客的策略，一定要让顾客在主动参与的文化活动中自然地进行消费，这样做，文化赋能商业的营销艺术才会最大化地呈现出来。如果门店想要组织令顾客感觉愉悦的活动，依然要采用以顾客为中心的策略。虽然业态和领域不同，但人性的需求是相同的。

举办线下活动要让线上平台做流量支持，形成线上线下的有机互动。尽管粉丝的数量很重要，但更关键的是其如何通过线上平台为实体门店提供有价值的支持。粉丝数量再多，无法与实体门店相关联，是没有任何意义的。

举办文化活动是立体传播实体门店的最佳机会。顾客对文化活动几乎没有抵抗力，但是对商业活动的抗拒程度是非常大的，要想消融顾客心中那厚厚的冰层，文化活动是最有效的解决方案。在举办文化活动时，务必确保融入了艺术性与欣赏性。艺术化是把实体门店的文化体系通过艺术手段呈现给顾客。音乐、舞蹈、话剧、朗诵、魔术等都是大众喜闻乐见的艺术形式。

在设计文化活动时，经营者可以通过以下几种方式进行规划。企业的商品可以通过魔术的形式表现，以增强表现内容的舞台欣赏性和视觉冲击力；企业的精神可以通过朗诵等方式表达；企业的团队文化可以用微电影的形式呈现，等等。考虑到每个实体门店的规模体量各不相同，大家可以选择适合自己的形式去设计。

随着人们对精神文化的需求越来越旺盛，我相信实体门店未来的商务活动会逐渐呈现出艺术化的趋势。实体门店将会努力实现商业与艺术的无缝衔接，这既能满足顾客的艺术需求，又能传达实体门店的商业理念，这样的结果会成为实体门店持久经营的坚实基础。

第二节　跨界整合办活动

跨界是近几年频繁出现的热词。特别是随着移动互联网的高速发展以及智能手机的广泛应用，新兴行业越来越多，有些行业的创新让人惊叹不已。比如传统的手工业对传统文化进行了颠覆式的创新，用文创的手法展现了传统文化的魅力，在全国范围内涌现一系列的手造创意园、手造匠心园、手造餐厅等。

跨界需要主动出击。单一业态的实体门店在特定的区域内寻找异业经营者共同举办线下活动，可以创造出多元的商业价值。通过共同举办活动，不仅可以认识一些志同道合的朋友，还能找到愿意与你合作的伙伴，合作的前提一定是相互认同。

主动就会掌握主动权。在合作的前期，经营者需要付出更多的努力成为活动策划的引领者，撰写详尽的活动策划方案。策划方案的核心应该是实现双赢或多赢，让你的合作伙伴从中受益，这种真诚的奉献会为你带来成倍的回报。合作伙伴对你的信任与支持是无比重要的，你也应该以同样的方式对待他们。

跨界并不意味着没有界限。在考虑跨界之前，需要评估不同业态之间的关联性，这种关联性是以本行业为基本点进行的受众分析。受众分析是对顾客的消费共性和个性特点进行分析，匹配的共性越多越适合。比如教育培训行业的实体门店，其受众年龄主要在 2 至 6 岁，具有相同受众的业态以启蒙教育和娱玩场所居多。在横纵坐标轴上标注这些类别，逻辑关系就会变得清晰。沿着受众的需求方向进行分类，母婴、儿童推车、玩具、童装家居等实体门店位于左侧；绘本、绘画、书写、舞蹈等知识技艺类实体门店位于右侧；运动娱玩城位于上方；游泳馆等体育场馆位于下方。这样标注，你就能够准确满足每一方的需求，轻松实现多赢的局面。

第三节　活动主题的艺术化

我之前曾操盘过广西的一家餐厅，其开业时采用的是"亲子＋穿越"的主题，主题名为"亲子穿越嘉年华"，整个餐厅都被打造成了一个亲子穿越的舞台，每一层楼都设置了不同的亲子互动项目，每个参与的家庭都需要在整个餐厅进行游园拍照打卡，累计打卡数量可以兑换礼品。在这个活动中，无论是大人还是小朋友都表现出极高的参与热情，报名链接一发出去就被一家幼儿园看中了，参与报名的人数短时间内就达到了几百人。

想要门店人气"爆棚"的方法有很多，关键是要跟自己的业态有关联，广西这家网红餐厅现在已经是当地餐饮的地标了。首先其古朴的装修环境非常引人入胜，所有员工身着古装，将复古的硬件设施与流动的视觉元素相结合，而"穿越"则完美契合了餐厅的主题。在主题活动中，孩子们收到礼物就会非常开心，而家长们则会努力地拍照并在社交媒体上分享，这些私域流量的分享和传播为这家餐厅进行了宣传，让更多的人了解和关注这家餐厅的活动。因此，只要经营者用心让活动有看头、有亮点，门店想不火都难。这就是线下活动的魅力所在。

当时，我还策划了一个复古婚礼作为餐厅团体宴席的精彩开篇，这引起了当地媒体的广泛关注，他们纷纷为这一活动进行免费的报道。这也使得餐厅在线上平台的曝光量数据相当不错。这两场活动成功奠定了该餐厅在当地餐饮业中的标杆地位。这再次验证了因地制宜、用艺术化的方式展现商务活动的有效性，其效果常常超出人们的预期。在选择主题时，务必结合门店的文化。若活动能够在店内举办，务必优先考虑在店内进行，这不仅可以节约成本，还能提高顾客的上门率，进一步彰显主场地位，这是在店外举办活动所无法比拟的。

如果门店的营业面积有限，经营者可以分组举办活动，流水线式的操作也是可行的，关键在于一切要设计得十分巧妙，能让顾客充分参与活动，同时把门店宣传出去，并让顾客直接体验到门店的服务。这将激发顾客对下一次活动的期待，若能实现这样的效果，那活动就举办得非常成功了。长期坚持下去，久而久之，门店将形成独有的文化特色，同时也能够发挥品牌标签的积极促进作用。这些才是实体门店的创业者与经营者应该关注的重点。

第四节　创立或加入社交组织

社交是人类日常生活中的重要组成部分，也是人类群居生活的基本需求。人类发展史上的诸多文明成果都源于社交活动，不仅有各国各民族的民俗文化活动，还包括全球性的联盟组织（联合国、上海经济合作组织等）。可以说没有了社交活动，人类社会的进步就是一句空谈，可见社交对于人类文明发展的重要性。

提到社交，那肯定要讲组织。只有各项管理章程完善的组织，才可以让社交活动实现目标精准化、价值最大化、意义多元化、机制标准化等。

参加社交活动是实体门店经营者的日常工作内容之一。除了参与日常的各种饭局之外，我强烈建议大家参与一些学习型组织，因为学习型组织可以更好地筛选和过滤掉一些群体。

一是学习型组织的成员都有强烈的上进心。这些成员具备耐心与毅力，有助于大家学习其优点，而不是在酒局中浮云度日。浮躁的社会环境最考验一个人的定力。修炼自己的专注力对于成人来说是非常困难的一件事情。通过参与学习型组织，大家可以相互学习、相互监督、相互促进，从而加强自己的自律性。

二是学习型组织的成员都有梦想。心中有梦想的人很重视时间管理，参与学习型组织可以加强自身的时间管理。在忙碌的社会生活中，大多数人的时间管理都存在问题。

三是学习型组织讨论的话题更贴近现实。把理论与实践相结合，才会对现实有指导意义。只有每个成员都能在组织中有所收获，组织里的成员才会更加坚定地伴随组织共同成长，这是最实际的需求，也是最真实的现实。

Toastmasters（头马演讲俱乐部）在国内发展起来的原因是广大青年想要提

高自己的英语水平，参与人员主要为在校大学生与职场白领。后来根据国内的社交需求，有些俱乐部的带头人根据 Toastmasters 的理念与章程加以创新，创立了符合更多人需求的中文演讲俱乐部、青少年演讲俱乐部等。这种创新使得活动范围从仅仅提升英语水平扩展到了演讲技巧与领导力的提升，从而让俱乐部的功能更加多样且强大，受益群体也更加广泛。

作为商业服务业的重要一环，实体门店与整个社会紧密相连。因此作为经营者，如果你有一定的社会影响力和领导力，我建议你创办一个组织。作为组织的创办者和核心领袖，你将扮演一个重要角色。然而，创办组织的初心一定是为整个集体服务。不要担心，你在付出的过程中也会获得回报。一定要清楚一点，只有辛勤劳动才能收获丰硕的果实。

我身边有位朋友创办了一个读书会组织。经过六年多的精心运营，目前已积累了上万名成员。他在前期就是不断地付出，用开放积极的态度把自己的价值观体系跟组织中的每个人都产生连接，从而得到每位成员的认同，只有每位成员积极地参与组织中的各项活动，这个组织才会越办越成功。作为创办者，其付出是最大的，同时也获得了最丰厚的回报。通过读书会这一平台，他一边筛选优秀的团队，一边拓展优质的客户，同时在组织中做好团队建设。他还积极参与公益，完成了一个山区助学扶志的项目，这个项目促进了组织品牌的正向传播，也在社会上获得了很多的声誉。这些内容展现了一个极佳的组织生态循环模式。在组织建立扩大之后，最好去政府部门注册，接受社会的监督。有了政府的认可，组织的社会公信力会进一步增强，能吸引更多的优质资源进入组织，你也会获得更大的发展空间，组织的生命力也会不断增强。你的社会影响力随着这个组织的发展会越来越大，届时惊喜会经常主动找上门来。

创办组织的一个信条就是利他，利他方能利己。管理一个组织比管理自己的企业难度要大得多。你必须建立一套既符合组织成员利益又公平公正的机制，要站在组织成员的立场去考虑问题，带领组织成员达成组织的目标，帮助或协助组织成员完成他们的个人目标，并且要时时刻刻做好表率。因此，好的组织对于创办者的要求是非常高的。但是大家也不必担心自己无法胜任，其实每个人都可以做到，只是需要更多的勇气为了组织改变自己，而这种改变一定是正向的、积极的。

你也可以从小做到大，从几个人慢慢发展到几十人再到成百上千人，给自己和组织成员足够的时间。一个组织的成长需要很长的积累与迭代，全世界超过百年的社会组织平台有很多，都是经历长期的磨砺与优化逐步发展起来的。

不论是参与社会组织还是自己创办社会组织，一定不能被组织边缘化。很多初创组织的管理者考虑不周，无法照顾到每一位成员的感受。既然你选择了组织，就要多参与、多建言、多互动，不要带着审判的态度加入一个组织。每个组织都有各种各样的声音，或是管理上的不足，或是成员之间的待遇不公平等，这些都是组织发展过程中必然会出现的问题，要用积极发展的眼光来对待。想想你为什么要参与组织，你就会以平和的态度来面对和接纳组织存在的各种问题。欣赏的眼光也是需要修炼的，心中有花朵，世界皆美丽！

大家还可以根据个人的需求和经营的行业特点，选择知识型组织、资源型组织、学术型组织、技术型组织、才艺型组织等；也可以根据自身的成长需要选择演讲、领导力、管理、财务、艺术等方面的满足个性需求的组织。

参与社会组织需要保持连续性。参与的社会组织不需要多，但一定要精准并持之以恒。社交活动在很大程度上是在解决信任问题。信任已经变成当今社会的首要问题，解决信任问题的时间成本也越来越高。如何取得别人的信任是一个复杂的系统工程。信任的关键是沟通，沟通的关键在于言行一致。对于很多人来说，言行一致太难了，因此才会造成信任缺失，使信任要花如此高的代价来取得。长期参与社会组织有助于降低解决信任问题的成本。人们相处久了就会产生信任的基础，这种信任的基础能提高你的个人信任值。换句话说就是提高了你的社交效率，即社交生产力的提升。如果这时再换一个组织参与，人们又要重新认识你，你又要从零开始建立信任。久而久之，你会把问题归咎于组织，你会觉得造成这一切不是你个人的问题，这样做会使你的价值观产生严重的扭曲。

人们都是带着目的参与社会组织的，在参与的过程中不能急于求成。作为组织成员，要对这个组织的发展有贡献、多付出，这种付出是不求任何回报的。只有让付出成为一种习惯，获得回报才会成为一种常态。带着这样的心态参加各种社会组织，你会发现自己放下了很多之前放不下的事物，可以心静如水地欣赏身边的人和事。在这一点上你就已经得到回报了。之后你再把这种收获应用到经营家庭、企业上，会获得更多更好的回报，这也是佛家讲的因果关系。

只有成为组织的优秀促进者，才能成为组织的领导者。从促进者成长为领导者需要很长的时间。你要时刻关注组织的成长，为组织的成长贡献自己的力量，这是你在组织中存在的基础价值。达到优秀就证明自己比别人付出得更多，获得了更多人的认同，之后才会逐步走上领导者的位置。担任领导不代表做"官"，而是给你机会提升自己的领导能力，接触更高层次的社会优秀人士。当你成为组织的领导者之后，你会从多方面获得回报。你的社会影响力和企业公信力会自然提升。你会节省大量的沟通时间，因为大众能看到你做了哪些事情，清楚你的为人，也就会对你本人产生良好的印象和信任，这种信任不再需要额外的沟通和解释。这种回报往往是你之前花大量精力却难以得到的。

我参与的一些 Non-Governmental Organizations（非政府组织，简称 NGO），其领导者的竞选都非常激烈。选拔领导者主要看两个关键指标：一是候选人为组织的发展所做的努力，二是候选人在组织中的服务年限。这两个关键指标恰好反映了一个组织成员从促进者成长为领导者的重要过程和坚定态度。

第五节　以顾客的需求为中心定位活动

消费者的需求是多元的，实体商家不可能完全满足，但完全满足消费者的需求是门店的目标或者说是一种服务态度。门店可以逐步满足或根据自身的实际情况有选择地分阶段满足顾客的需求，但不能没有这个目标。

以顾客的需求为中心定位活动。经营者不能按照自己的喜好定位活动。在美妆行业中有一家知名企业，其经营者喜欢唱歌、写诗词，因此他就按照自己的喜好来打造自己的 IP，在几年的时间里投入了大量的精力财力做自己喜欢的事情，让企业所有的积累都在为他的兴趣爱好服务，最后的结局显然不是企业想要的。许多加盟商因为没有在这位老板所打造的 IP 上获得自己门店期望的业绩，选择了与他分道扬镳。这种局面令人遗憾，毕竟企业发展的成果来之不易。造成这个后果的根本原因是经营者没有以顾客的需求为中心设计活动。

经营者为了满足自己个人的需求，导致顾客成为一个短暂的过客。除非个人的 IP 影响力极大，否则这种商业目标是很难达成的。但是当个人的 IP 很强大时，实体门店的经营就没那么重要了。可能这位经营者想借助自己的私域流量提升自己的个人 IP，使之有更大的影响力，但这种操作手法过于理想化了。还有一点就是这位经营者还达不到娱乐自己、消费大众的水平，是典型的自我陶醉式的企业经营者。

用心满足顾客的多元化需求。顾客发自内心的感动在于你是否真正倾注了心血，这与资金投入的多少没有直接关系。真正用心对待顾客，需要分析顾客的潜在需求，最重要的是要有发现需求的能力。要想感动顾客，发现令顾客动容的点至关重要。发现就是用心观察，在细节上下功夫，然后加以分析总结，再将这些洞察融入引人入胜的体验中，使其为之感动。这个过程的每一步都需要你十分用心。

高档酒店的服务细节常常能感动顾客。三亚有一家亚特兰蒂斯酒店，我在入住期间用心观察了酒店的服务细节。首先，房卡的卡套是实名制的，房间内电视机的欢迎首页也是实名制的，这会让顾客感觉酒店的服务是为自己私人定制的。其次，酒店会在不同的主题房间里摆放不同的床品造型，甚至造型的颜色都与房型主题非常契合，而且这些造型全部是手工完成的。最后，酒店还会根据入住顾客的年龄和性别准备果盘、削皮刀、红酒开瓶器等物品。从接待、入住办理再到走进房间，整个过程的用心服务让顾客感觉物超所值。有些酒店还会记录 VIP 顾客的个人喜好，并整理制作成档案保存起来。这样，在顾客再次光临酒店时，酒店能够根据顾客的喜好提供个性化的服务，而且这些服务并未增加成本，而是多了一份用心。

第六章

团队建设的转变

Chapter 6

第一节　关于老板

人们喜欢把实体门店的经营者称为老板。我认为老板是一种职业角色，他比其他人拥有更多自由，但这并不意味着老板完全自由自在。老板不能乱说话，而且要带好头；老板不能睡懒觉，而且要提前到。可能很多读者对这些描述持有不同的看法，因为我所描述的老板都是勤奋的、积极向上的、值得尊敬的，他们所获得的每一份财富都来自背后不为人知的努力。

第二节　团队是发展的重要支撑

我们都非常清楚任何行业的竞争到最后都是人才的竞争，因此必须坚持以人为本的经营理念。重视人才，尊重人才，我们才能培养出优秀的团队。在团队建设方面，不应当用过于苛刻的标准，而应允许团队成员犯错，并在其出错时提供指导和纠正。实体门店的店员大概率都喜欢亦师亦友型的老板，这类老板能够在店员遇到困难时成为第一个被求助的人，让每位团队成员打心眼里尊重他。能让团队里的每一位成员尊重自己的老板，其人品肯定不会差。

第三节　不能边缘化团队成员

包容与尊重每一位团队成员体现了门店经营者对店员的关心与爱护，这种行动比多发奖金还要管用，是一种温暖的管理方法。这一方法可以使门店直接受益，因为每一位成员都会积极主动地工作，主动提高自己的工作效率，这是用管理制度教育店员很难达到的效果。重视和帮助团队成员成长是实体门店经营者与管理者工作的重中之重，团队建设是企业发展的基石，很多门店在扩张时面临的最大问题是人才短缺。为此，他们会花重金挖掘人才，但这一做法容易造成原有的团队成员心理不平衡。新引进的成员优越感太强，容易与原有成员格格不入，最终受损的还是企业本身。"空降兵"虽然省去了培养的成本，但也有很多弊端，建议在引进新成员时避免批量引进，这样做很容易造成拉帮结派，不便于管理。

经营者可以将团队分成若干个小组，让小组之间进行良性竞争，并经常加以辅导，使团队对经营者产生依赖，经营者的权威自然会得到保障。这种权威并非来源于经营者的"霸权"，而是经营者发自内心的服务。如果团队成员迫于经营者的压力做表面文章，最后吃亏的还是门店。

第四节　团队建设一定要少批评多鼓励

人与人之间的鼓励是非常重要且必要的，因为每个人都想要得到他人的认同。认同是一股无形的力量，很多时候会让团队成员自发地承担责任，使其责任感显著上升。相反，批评与打击有时会使人陷入负面情绪之中，这种情绪会大大降低团队成员的工作效率及专注程度，甚至可能影响到周围的人，对整个团队的文化建设产生不良影响。团队一旦形成了这种氛围，经营者之后再想改变就会变得非常困难。因此实体门店的经营者从一开始就要朝着正面积极的方向规划团队建设，不要等不良风气形成之后才追悔莫及。

第五节　管好自己的脾气、收起自己的性子

经常发脾气的人通常内心不够强大，缺乏自我管理能力。气大伤身，释放脾气会伤人心，憋在心里会伤自己，因此最好的方式是管好自己的脾气。三国时期，刘备并不是诸侯中最被看好的一位，但是在三分天下的时候拥有了自己的一片天地，而且还将关羽、张飞等众多名将收归门下，如果没有一个好脾气，他根本容不下这些个性张扬的英雄。大家都知道著名的三顾茅庐故事。如果刘备没有好脾气，他在看到诸葛亮那种孤傲的姿态时早就扬长而去了。回想三顾茅庐时张飞和关羽的反应，你就明白好脾气的重要性了。因此，拥有好脾气是一种能力。成就天下如此，建设门店的优秀团队也是一样，为人为己都需要好脾气。

第六节　团队建设切忌一言堂

在中小企业里最常见的就是对经营者一言堂的诟病，很多 90 后、00 后年青一代的职场新贵对此颇有怨言。客观来说，这并不是职场人士单一的埋怨，实体门店本身活动的范围就很小，成员们天天跟经营者面对面接触，如果不维系好团队感情，最难堪的是经营者自己。很多中小企业老板也在抱怨现在的年轻人不懂得感恩，总是把招聘难的原因归咎于求职者，我认为这些看法都是片面的，不论是求职者还是招聘者，都应对自己的态度进行反思。

参与不仅是一种义务，也是一种嘉许。在团队建设中，团队成员很希望得到领导的认同，经营者们要给团队成员充分的发言权、参与权、选举权，这些权利能起到很好的激励作用。这些看似简单的权利包含了认同、信任等多重意义，经营者要及时认同成员、赞赏成员、给予成员权利，这会使团队建设起到事半功倍的效果。

让团队成员张开嘴，他们才会动脑筋思考问题。只有让他们参与进来，他们才会萌发出企业主人翁的精神。不然一直不发声，就像一个旁观者，久而久之会渐渐被大家忽略，这位成员也会觉得自己在企业里没有价值，从而产生离职的念

头。经营者要鼓励团队成员发表看法和意见，团队当中要有真的声音，来自基层的声音尤其重要。判断团队的凝聚力主要是看基层反馈的信息是正面的还是负面的。因为基层人员最多，其反映的是广大员工的真实心声，经营者或管理者要重视并在第一时间解决团队建设存在的突出问题。面对事情不要拖延，很多问题是越拖越严重，拖拉行事的管理者可能会让很多忠于企业的团队成员失去信心、选择离开。

在团队中树立正面的典范和榜样能产生很强的影响力。不过这个榜样一定要选好，不然很容易形成个人英雄主义的歪风邪气。榜样不仅仅是成绩优秀者，还应该是德才兼备者，他们有优秀的工作能力还善于带领团队，并有强烈的主人翁精神。管理者在选择团队榜样时一定要慎重，哪怕不选，也不能选错。如果一家企业里个人英雄主义盛行，会造成严重的企业内部矛盾，这时团队精神就无从谈起，合作精神更是荡然无存。每个人都在自私自利地追求个人利益，而不愿意为企业利益做贡献，这是企业最大的失败，同时也会给企业带来不可挽回的损失。当矛盾升级到一定程度，明争暗斗就会浮出水面，那个时候团队瓦解已成定局，经营者再想去挽回是不可能的了。

给予团队成员最大限度的自主权并创造一个相对民主的工作环境，这对一个经营者来说是需要勇气的。经营者最怕团队成员挑战自己的核心地位，这是经营者特别不自信时才会出现的想法，而且经营者不自信的表现会让团队成员感到更加不安。在这种没有安全感的工作环境中，经营者想让团队成员全心全意地为企业服务是不太可能的。留下来的成员大多是唯利是图的，忠诚度较低。

给予团队成员自主权的主要目的是在于确保每位成员享有被尊重的权利。这种被尊重的权利往往是团队成员非常在意的东西。给予团队成员自主权可以激发他们的创造力，使其一起面对问题，集结智慧想出解决方案。解决问题后，团队成员会获得巨大的成就感，后期参与的热情自然也会高涨。给予团队成员自主权一方面体现出经营者对团队成员的信任，另一方面体现出经营者的自信，这种相互信任是团队建设的基础。任何团队建设都不可缺失这种相互信任，否则团队建设就无从谈起，或者就是走个过场，那么团队建设的真正目标则难以实现。

自主权不是"霸权"换来的。在经营实体门店的过程中，很多经营者都是在一线工作中逐步成长起来的，往往倾向于用过去的经验管理现在的团队，而且个人风格盛气凌人。这不仅会导致一言堂的管理风格，还会形成严重的"霸权"思想，例如经营者总是拿自己过去的"丰功伟绩"压着整个团队。如果你是这样的经营者，应当转换思维，摒弃"霸权"思想，以开放包容的态度管理新一代的年轻团队，大胆放手，让团队成员没有任何顾虑地向前冲。否则，不仅会扼杀团队成员的创新精神，而且会形成不和谐的工作氛围，进而造成优秀人才的流失。很多实体门店都会出现类似的问题，作为经营者，很多人却认为这是团队成员的问题，总是抱怨现在的团队成员没有过去的那种冲锋精神。

"霸权"带来的只会是无形的"精神罢工"。当然，优秀的人都非常珍惜自己的时间，这类人自然不会罢工，他们会直接离职。留下的人会因为经营者的"霸权"表现进入"精神罢工"的状态：反正就是混日子拿工资，没有任何盼头，工作也不开心。可想而知"霸权"带来的危害有多大。70后、80后对于工作的态度跟90后、00后有很大的区别。首先，这两个时代的就业环境截然不同，在前者的时代，企业是主场；在后者的时代，员工是主场。其次，两者对待工作的态度相差很大，前者是好好工作以免被裁员，后者是不开心就会离职。最后，两者的择业观也是天差地别。这是时代和环境造成的，没有对错之分。我们改变不了时代的大环境。90后、00后大多有父母为他们兜底，不让他们在外面受苦受累，把他们捧在手心里呵护着。但并不是所有的年轻人都是这样，我们不能以偏概全，社会中还有许多务实进取的年轻奋斗者。

实体门店的经营者要了解当下年轻团队的真实情况，不要拿上一代的管理方法来管理现在的团队，甚至在某些方面还要虚心地向他们学习。我接触过很多务实并富有创造力的年轻人，即使他们的家境很优越，但是在他们身上我看到了大部分人少有的定力和拼搏精神。在与年轻人交流的时候，我也从他们身上学到了不少东西：敢想、行动力强、追求自由。他们思维活跃，非常富有挑战与冒险精神，这一点太值得我学习了。大家不能简单地用冲动和鲁莽评价他们的行为。

第七节　要创造开心第一的工作环境

工作环境对团队成员的影响是非常直接的。打造良好的工作环境，每个人都是责任人和受益人。开心是人的一种综合感受，这种感受会直接影响一家企业的文化氛围与团队和谐程度。开心不代表可以肆无忌惮，为所欲为。

打造一个令团队开心的工作环境是实体门店经营者的基础工作。对于职场人士来说，只有处于开心的状态中，工作才能充满创造力和热情。如今的年轻人更愿意在开心的前提下进行工作和创造，这就是这代人追求的自由。他们没有失去创造力，而是拥有更强的创造力了，关键在于把他们放到什么样的环境中。对此，正在阅读本书的新生代们应该有很强的共鸣。

让团队成员开心工作是企业的责任与目标之一。开心是一种生产力，能够提高团队成员的工作积极性。团队的和谐氛围也会让每位成员脸上的笑容更多，服务的热情更加饱满，这些都是实体门店的团队成员面对顾客时展现出的最好的企业形象，也是顾客对门店产生信任和良好印象的开始。经营者不能一味地对团队成员施压、喊叫，这种管理方法早就不能适应新时代的需求了。时代在变，经营者要跟上时代的步伐进行自我革命。这种自我革命的精神一定会对团队成员、企业产生积极正面的影响。

开心这一状态具有超强的感染力。前文中提到的开心是生产力的观点，想必大家都深有体会。开心不仅体现在团队成员的表情上，还隐藏在团队成员的内心深处。这种开心的能量会感染身边的每一个人，不仅有利于身体健康，还会使顾客爱上门店，这种对门店的爱就是开心能量带来的回报。没有一个人会拒绝变得开心，开心一直是人们追求的目标，但大多数人很难做到。如果企业能够让团队成员的开心指数"爆棚"，我想所有的团队成员一定会爱上这家企业。如果有一天他离职去了其他企业，一定会感到不适应，因为开心能量带给人的感受是其他方式难以达到的。现在很多经营者认为只要给员工高薪就可以解决一切问题，这是一种误解，因为现在的求职者并非把高薪看作唯一的择业标准。

第八节　开心是一剂管理良药

关注团队成员的状态是每个管理者的必修课之一。团队成员的状态建立在工作的基础之上，那么如何让其开心快乐地工作呢？每个门店都有其独特的文化，我这里举例说明。有一家连锁门店规定每个星期六为"带娃上班"日，每到星期六这一天，门店的热闹程度与开心指数都直线上升。就是这么一个人文关怀的小举措却让团队成员的开心指数"爆棚"了，同时也让顾客感受到门店的服务热情，他们因此更加喜爱门店，团队成员也越来越爱自己的工作。

目前，有很多值得点赞的企业。举例来说，近期深圳市的一些企业为女性员工设立了痛经假，处于经期的女性员工可以享受一到两天的带薪假。我们可以想想这些企业为什么会这么做？这么做真的会让企业受到很大的损失吗？我觉得企业肯定不会遭受巨大的损失，反而会收获团队的人心。疫情防控期间，团队成员大多是居家办公，很多热爱企业的员工即便是在假期中，也依然会在线上协助其他成员完成企业布置的工作任务。要让团队成员充分感受到企业的温度，不是只把温度挂在嘴上，剩下的全是冷冰冰的惩罚制度。

如果没有"带娃日"或是"痛经假"，经营者可能就会失去团队的心，失心后又得花重金去聘请人力资源经理到处招人，重蹈覆辙，恶性循环。实体门店的经营者可以好好算下这笔账，看看到底是赢了还是亏了。整个社会都在讲人性化，企业更是要采用人性化的管理模式才能留住优秀人才，才能够在新时代企业发展的道路上独树一帜。

团队成员工作开心，工作效率自然有保障。想让团队卖力工作仅靠管理制度是远远达不到目的的。工作效率和工作积极性是由人的自驱力决定的，主动与被动的态度导致的是两种结果。被动的态度可能会导致成员变得懈怠和缺乏行动；而积极主动的态度则能够使成员勤奋学习并坚定自己的目标。此外，经营者不得不花费大量精力来管理那些被动成员，但这种管理的有效性几乎为零，很难产生实际的作用，甚至会带来负面影响。

谁都不想在精神乌云下生活。这个乌云遮住了团队的斗志与激情。如果经营者或是管理者不能及时发现并快速调整这种团队或个人的心态，企业内部将会形成非常严重的"乌云效应"。乌云效应的传染性比新冠病毒强多了。新冠病毒至少可以通过核酸检测来判断是阴性还是阳性，但是精神乌云既看不见也无法被检测到。它会迅速地传染给身边的每一个人，包括我们的顾客。希望门店的经营者能充分认识到这种"精神乌云"的严重性，因为多数情况下是店员迎接顾客，可想而知在"精神乌云"下工作，团队的服务态度怎么可能会积极，工作效率怎么可能会高，更不可能脸上还挂着灿烂的笑容迎接顾客了。

让快乐成为激发人们工作的动力源泉。相较于施加压力，这种做法更健康，益处也更多。这是时代环境所赋予的，毕竟每个时代年轻人的特点都不相同。如今信息交流如此发达，为什么大家感觉人与人之间的距离越来越远？你明明就在我的身边，我却感觉你在海角天边。我想每个人都有过这种切实的感受。近几年的疫情使我们对居家办公、线上生活习以为常了，但就像疫情防控的宣传语一样——隔离不隔心，在线交流是我们沟通的方式之一，能让人与人之间的联系更加紧密。希望我们每一个人都能开心，因为只有每一个人都开心，团队才能成长，企业才能壮大，社会才能进步，国家才能富强，世界才能美好，人生才能更精彩！

第九节　新时代下的团队建设

团队建设的核心是按需而做。团建的形式很多，如培训＋旅游、户外拓展＋旅游、聚餐＋卡拉OK，年轻的企业会选择别墅派对、露营派对、沙滩BBQ（烧烤）、泳池派对等。

经营者心中要充满爱，组织团建不能只是走形式，企业花了钱，团队成员又觉得没意义，那就是白做。团建要有教育孩子般的耐心。经营者要清楚团队要什么，可以从茶余饭后的交流中收集信息，再结合门店的实际情况，找出团队当下欠缺的是什么，哪些问题是急需解决的，就先从这个突破，设定团建的具体目标。但经营者的期待值不要太高，很多经营者做了一次团建之后发现效果不是很明显，就减少了团建的次数，这是非常让人惋惜的决策。团建是一个需要长期坚持的工作，不可能只靠一次团建解决团队的所有问题，这是不现实的。同教育一样，团建也有一个从吸收到应用再到呈现的过程，操之过急显然是不明智的。

团建是团队文化的重要组成部分，是一项需要长期坚持开展的团队文化活动。经营者应以年为单位进行提前规划并将团建写入企业的年度总体规划中，规划方案要详细阐述团建的具体目标、形式和地点，还有成本预算信息等。

提升团队的战斗力、向心力、凝聚力是每个企业都想实现的目标，但是通过团建实现目标不是一朝一夕的事情，经营者需要静下心来，坚持不懈地组织团建活动，让团建活动成为企业文化中的优势文化。若在这方面做得出色，该文化甚至可能成为门店的核心竞争力之一。过去职场的调研数据表明，最具幸福感的企业，其团队建设都是系统化的、可持续的。当然这些系统化、可持续的团建内容也需要不断优化，从而满足企业不同时期对不同岗位的需求。

团建的核心是提升团队整体的竞争力。团建是留住优秀人才的有效手段。经营者可以利用团建活动帮助团队中的老成员与新成员度过磨合期。在团建过程中，经营者可以通过成员的表现了解其在职业道德、团队精神等方面的情况，团建也为新老成员尽快融合提供了一个机会。通过这种方式建立起来的团队感情更自然，更扎实可靠。如果是在日常工作中建立这种感情，需要的时间会更长，成员们还可能因为没有熟悉彼此而产生相互防备的心理等。基于此，在招人用人方面也可以用团建的方式整体检验团队，这样选拔人才的过程会更客观，同时能提高企业招聘的能效比，而不是在企业内部的面试会上就决定人选。人在团队活动中的一些不经意的行为或话语会反映出这个人的思想活动和日常行为标准等关键信息，只要细心观察，你就会发现人是无法伪装自己的真实反应的。

第十节　给予团队成员家长般的关爱

家长是一个主动操碎了心却从来不追求回报的高强度特殊职业，而且必须要用一生来爱岗敬业，家长内心所有的酸甜苦辣都得靠自己来消化。那么经营者在企业中能否像家长一样对待团队成员呢？这个问题没有一个标准的答案。我想强调的是经营者应当以人性化的方式管理团队成员。实体门店的经营者若能以家长般的态度来对待自己的团队，自然会呈现出关爱和人性化的温暖。

企业的关爱不是加工出来的。我们都知道食品加工厂生产的商品一定会或多或少地使用添加剂来保鲜，食品的成分中会有一定的杂质或者说不纯正。企业的温度也是一样的道理，企业对团队成员的关爱必须是真诚的，因为团队成员能感受到这份对待是否真诚。每个人心里都有一杆秤，虽然口头上不表达，但心里都很清楚。很多经营者想通过一些小恩小惠使团队成员对企业感恩，但即使投入了大量资源也无法俘获团队成员的心，因为经营者的动机不纯，团队成员会认为经营者的关爱是"加工"出来的虚假关爱，即企业的经营者是将虚假的关爱强加给团队成员，试图迷惑他们以得到他们的认同。这种出力不讨好、自欺欺人的做法非常不可取。

以真心换真心。很多过去的方法已经不能适用现在的情况了，实体门店的经营者要用包容的心态来面对当下年轻人的各种价值观念，必须接纳他们才能共创美好的未来。经营者需要提升的方面有很多，比如放下自己，这一点很多人都做不到。现在，懂得放下自己已成为现代人必备的一项技能了。真正放下自己才能做到真诚地面对周围的人与事。很多经营者在社会大众眼里算是成功人士，其能做到小有成就，肯定是背后付出了许多努力。然而，经营者不能总沉浸在过去的胜利中，不思转变，即当下流行的"躺平"状态。

经营者想要别人的真心，自己先要付出真心。高情商的表现也要建立在真诚待人的基础之上。如果缺乏真诚，即使你有再高的情商也没有人敢向你靠拢。换句话说，你的情商越高，别人越怕与你打交道，因为每个人在与不真诚且情商高的人打交道时都会害怕自己受伤，这是人们天生的自我保护意识。情商太高的人会被别人理解成会算计，更有甚者会说是阴险狡诈，这可能有点极端，但这就是人性。因此古圣先贤总结了"难得糊涂"这四个字作为处事之道，其中蕴含着许多做人的哲理，并且有很深远的现实指导意义。中国文化博大精深，"难得糊涂"是一种智慧、一种胸怀、一种格局、一种魄力、一种做人的道理。过于糊涂是另外一个层面的意思了，物极必反的影响是方方面面的，人的一生都在把握这个度，这个度真的很难把握，但只要你保持一颗真诚的心并坚持下去，我相信会有更多的真心向你靠拢并支持你，这就是真诚的力量。感情如此，商业亦然。

　　关于营销管理的书籍非常多，我也阅读了不少，但很多东西是学不来的，只能作为参考或者从中汲取一些经验和灵感。我个人认为管理的最高境界是自理。我经常调侃，没有一个人是没有自我管理能力的。那为什么还要管理呢？为什么还要制定各种各样的管理制度来约束人呢？我的理解是：这些管理制度是用来矫正人们的行为的，有了这些约束，人们才能成长得更快，做事效率更高。在我的职业生涯中，企业的规章制度从未让我感觉到痛苦，因为那些规章制度的要求比我对自己的要求要松得多。这就像父母教育孩子一样，严苛一些的父母教育出来的孩子就更自律。但在管理上我更向往道家的思想，即尊重自然之道，这种策略至少可以让管理者和被管理者都减少一些心理上的痛苦与无奈。

第七章

复合性思维的转变

Chapter 7

第一节　盈利模型的复合性

盈利是做生意的第一目标，没有盈利就谈不上发展。不同的品类、不同的领域所产生的盈利模型也各不相同，但其中存在非常多的共性。比如盈利的复合性，简单的理解就是算总账。这个总账的算法还要分为有形的和无形的。有形的就是指门店盈利的多少，这个很好理解，但经营者要考虑这样的盈利模型能持续多久，这才是关键。无形的就有很多层面了，这些层面会影响到盈利的复合性。过于专注于金钱上的盈利会让经营者变得焦虑不堪。当然这也是见仁见智。

粉丝的数量很重要。从商业角度来看，粉丝是指在门店复购超过两次以上的顾客。粉丝是忠诚于门店的顾客。拥有了多少粉丝是可以量化的。在经营门店的初期，拥有粉丝比赚钱重要多了。有了众多粉丝的支持，门店的业绩就有保障，同时每一个粉丝都是门店的免费宣传员，他们的口碑宣传效果是员工的十倍。他们口口相传，直接而有效地拓展着门店的顾客群。因此，门店一定要多拥有粉丝，重视粉丝的满意度，建立起门店与粉丝的专用沟通平台，其中微信小程序的会员空间可以发挥重要作用。在这个平台上，门店要精心设计各种粉丝专属福利。这些福利的大小不重要，重要的是让粉丝感受到门店的诚意，让他们觉得门店在关心他们，从而产生一种被服务的优越感。这种独特的优越感也构成了另一个层面的服务内容，即为顾客提供了一种附加值服务。

维护粉丝的优越感。优越感是比主要商品更为重要的一种附加服务。即使只是用比对待普通顾客更加灿烂的笑容来接待粉丝，也会让他们感受到极大的满足。每个人都渴望受到尊重和关注，无论是三岁的孩童还是年过百岁的老人，这种人性的需求是普遍的。有时粉丝说不出口的需求可能是其最重要的需求。就好比情侣之间的那句"我爱你"一样,一个人怎么也不肯说出口,而另一个人却时刻期盼着听到。另一种情景是"我不需要你说出那三个字,我只需要你每分每秒都在关心我",这种关心的实际行动比说出那三个字更具深远意义。粉丝对于门店的忠诚通常源自内心,他们能感受到门店对他们的尊重和关心。这种内心感觉是维系粉丝与门店之间信任的关键纽带。优越感的体现形式多种多样,也许是店员笑容更加亲切,又或者是店员的态度更为热情。这些细节尽管微不足道,但随着时间的积累会形成粉丝想要的那种尊重和关注。实际上,门店的团队成员可以轻松提供这些服务,只要团队成员具备主人翁意识,他们的行为自然会做到位。

善用粉丝的力量。忠诚的粉丝是实体门店的宝贵财富。门店不仅要珍惜粉丝资源,还要善于利用他们的力量来吸引新的顾客。比如为一位粉丝庆祝生日,这位粉丝很可能会邀请身边的朋友前来相聚,这就为门店获取优质的顾客资源提供了机会。粉丝因门店的关心而感恩,自然会主动地为门店进行宣传,这是一举两得的益事。有些粉丝非常享受这种被特别对待、额外照顾的感觉,因此门店要尽可能满足粉丝的需求,这是门店的使命。

牢记粉丝的重要节日,这些节日应当是粉丝个人的特殊日子,门店应该在这样的日子里送给粉丝一个与其个性契合的礼物,而且要在粉丝毫不知情的情况下给予惊喜。有些人整天说我爱你,但实际行动中却没有任何表现,这样做是无法获得爱情的。人们都喜欢惊喜而不是惊吓,因此礼物不必太贵重,惊喜也不要过于夸张,只要让粉丝感受到门店一直在用心关心他就足够了。这种行动比任何珍贵的礼物都更有价值,这份关怀会直接送至粉丝的内心。

第二节　你赚了多少口碑

口碑对于经营者而言是生存和发展的根本。口碑不仅仅指诚信经营,门店的口碑也不仅仅来自现有顾客,其他顾客的口碑同样重要。比如,环卫工人对门店的垃圾处理总是赞不绝口;送外卖的小哥经常称赞门店的团队素质;出租车司机对门店的人性化服务感激不尽,等等。这些社会基层的普通人是门店口碑经营的核心人群。假设某一天有一位陌生顾客前来寻找你的门店,在问路时这些值得尊敬且可爱的人会乐意为你的门店的潜在顾客引路，甚至可能将他们直接带到门店。这种口碑效应比多赚一点钱更有价值。

赚了口碑就等于赢得了人心。在当下的商业环境中，赢得人心绝非易事。重视口碑表明实体门店的经营者具备长远发展的战略眼光。向内看，口碑给实体门店的经营者更大的信心布局更多的门店；向外看，口碑为新的门店积攒了优质的顾客资源。当扩张时，新店无须从零开始积累顾客资源，便能获得倍增的收益。从顾客中获得了良好的口碑就意味着生意的成功。因此，人们普遍认同一句话：做生意就是做人，做人就是经营人心，而经营人心就是经营人生，经营口碑更是核心中的核心！

在一个行业中，很多信息都是互通的。因此，门店在同行中的口碑同样重要，有时甚至比顾客的口碑更为重要。顾客通常会货比三家，然后选择其中之一进行消费。顾客在货比三家的时候到底在比什么？客观地说，我们自己也是顾客，因此知道价格并不是唯一的标准。顾客考虑的因素很多，有些细节是商家难以体会到的，即使只是店员的一个眼神，顾客都能感受到门店对待他的态度是好是坏。顾客的需求是多元的，他们对商家的期待越来越高。如果你的门店无法满足顾客的需求，竞争对手一定会想办法满足。在我看来，海底捞成功的核心在于通过提供细致入微的服务来赢得市场，它卖的并不是火锅，而是顾客喜爱的服务体验。

第三节　放大口碑的效应

口碑是门店的无形资产，经营者需要找到方法来充分利用这个无形资产，使口碑的价值最大化地为门店服务。第一，可以鼓励粉丝和顾客为门店代言，例如录制小视频介绍门店的商品、在朋友圈分享门店的商品、在线上平台发表优质的购物评论等，以扩大口碑的效应。第二，可以组织部分粉丝参加线下活动，邀请一部分粉丝参加并允许他们邀请朋友加入。第三，鼓励粉丝和顾客分享在门店的购物体验，作为回馈，门店会赠送礼品。分享自己的购物体验对粉丝和顾客来说是一种荣耀，对门店而言则是与其深化感情的一次机会。但是如果实体门店的经营类目较为私密，第三种方法可能不太适用。因此，在采用这些方法时，经营者不能照搬照抄其他门店的方法，而应根据这个逻辑举一反三，找到适合自己门店的方法和策略。

口碑虽然难以量化，但可以通过粉丝和顾客的业绩贡献值进行判断。通过这一方法可以让口碑的影响变得更加直观。可以说，良好口碑的转化率是最高、最可靠的。经营者秉持诚信为本、服务至上等商业界常提的经营原则，就能够为门店创造和维持良好的口碑。经营者都清楚，若想把生意做大、做强、做久，口碑是一个必备条件。

第四节　你赚了多少品牌价值

并非所有商品名称或商标都能被称为品牌。"品"是大众认可的口碑，指商品在一定区域内有着一定的社会知名度及超高的美誉度；"牌"是商品的具体标签，包括地域、品类等相关信息以及经过长时间打磨的品牌成长故事。品牌成长故事通常蕴含着丰富的文化内涵和人文精神。

品牌可以是商品的名称，比如空调品牌格力、汽车品牌红旗、美妆品牌欧莱雅等；个人的名字，如彩妆品牌羽西、汽车品牌小鹏；门店的名字，如餐饮连锁麦当劳、火锅连锁海底捞、酒店连锁洲际；企业的名字，如房地产品牌万科、数字科技品牌华为、快消品牌农夫山泉；地域的名称，如餐饮业品牌广州酒家、茶叶品牌西湖龙井等。

那千千万万的实体门店能否成为品牌呢？答案是肯定的。麦当劳快餐、海底捞火锅、钱大妈生鲜、真功夫餐厅、链家房产中介、美宜家便利店、蜜雪冰城奶茶、掌上明珠家具、和顺养生药液、和愈家母婴康养连锁等，这些都是经营成熟的品牌。这些品牌的发展时间有长有短，有外来渗透的，也有本土培育的。无论规模大小，门店都应该以打造品牌的初心来经营，这是非常关键的。

在品牌尚未形成之前，经营者要逐步打造品牌的前置价值。经营者需要坚定信念，相信小店也能成为大品牌。我曾参与打造的一个项目叫做和愈家母婴康养连锁企业。该项目的经营者投入个人资金开设试点店，持续改进店内的服务体系，并亲自跟进完善的过程。虽然至今已经打磨了三年多，但尚未对外开放加盟。这位经营者的信条是：一定要做长久的品牌，一定要做负责任的品牌。正是因为他有这样的初心和高度责任感，尽管还未对外开放加盟，但是一听到他们这种负责任的态度与品牌建设精神，预约加盟咨询的人络绎不绝。三年多的体系打造不仅完善了门店的各个模块，更丰富了企业的品牌故事。

品牌价值是一个逐步显现的过程。这个过程有长有短，有多有少，但随着门店的持续运营，品牌的价值也会逐渐增大。实际上，品牌价值的积累从创立者还未开设门店之时就已经开始了，创立者的创业故事、心路历程都构成了品牌形成前的价值元素。在此基础上，创立者可以将个人的品牌价值元素赋予门店并逐步叠加增强。

每多一个顾客知道门店，门店的品牌价值就会多一分，不要小看这一分，很多大品牌都是从这一分开始积累的。从零到一、从一到多需要时间。想想百年老店，它们的开始可能只是一个不起眼的路边摊。不过，现在的实体门店起点比他们高得多，尤其现在信息传播发达，品牌宣传渠道众多，形成品牌的机会相比于百年之前要大得多。而且现在正处于经济、信息全球化的时代，有些门店甚至能在一夜之间成为全球瞩目的品牌。这绝不是做白日梦，只要经营者坚守品牌之梦，就一定能成功。

积累品牌价值就像为实体门店的未来构建一道生态循环的护城河，这需要经营者拥有足够的耐心和恒心来进行品牌建设。品牌价值的影响体现在很多方面，比如获得顾客的赞誉、增强团队的凝聚力、提升上下游产业链的信任度等，这些都是品牌价值所带来的实际效益。

第五节　你赚了多少优质人脉

人脉是商业环境中至关重要的资源。良好的人际关系是成功的保障之一。常言道，物以类聚，人以群分，这里所指的人脉是那些与经营者价值观相同、行为爱好趋于一致的人群。这个道理同样适用于感情世界里的夫妻。

实体门店本身可被视为一个社交平台，在这个平台上善用自身的影响力，积极构建人际网络，这对于经营者而言是一种宝贵的策略。充分利用门店这一平台积累高质量的人脉资源，将会成为经营者的一项法宝。在商业和职业环境中，优质的人脉通常指的是那些具有共同兴趣、价值观，能够互相支持、合作，共同实现目标的人。这些人可能是你的合作伙伴、潜在客户或投资者等。优质的人脉不仅能提供信息、资源和机会，还可以在你的事业发展方面发挥重要作用。优质的人脉是你人生中宝贵的财富之一，其中一些人会激励与支持你，会在你面临困难时帮助你渡过难关、为你摇旗呐喊，这些都是优质人脉给予你的回馈。然而，你的付出和人品必须使他们认为这样的互动是值得的。因此，获取优质人脉的关键在于你的付出和人品，这两者是密不可分的。

赚了人脉比赚了利润更重要，但是许多人将这个观点颠倒了，导致他们每天都在争先恐后地追求利润，却忽略了建立人脉的重要性。很多人说要先活下来，这话听起来似乎没有问题，但细细思量，如果你活下去之后痛苦天天围绕着你，这种折磨只有你自己心里清楚。我们大可放下自己，等待实力逐渐积累后再全力拼搏，绝不应培养短视的经营思维。实体门店与日常生活息息相关，是品牌成长的理想平台，如果大家不能善加把握，那将是一个极大的遗憾。

拥有人脉后要好好经营。如果不用心经营，来之不易的优质人脉就会慢慢流失。我相信许多人都经历过在紧急时刻求助他人的痛苦，之前未珍惜身边的人，在需要帮助时却发现他们已经不再理睬你。这正是没有用心去建立和维护人脉关系所导致的结果。

不要把人脉当成摇钱树。人际交往是相互的。有些人能在特殊时刻帮你解决难题，在你犹豫不决的时候提供中肯的建议。别人支持你，你也要同样支持别人。处理人际关系有三个原则：一是不给别人添麻烦，这种麻烦是指超出对方的能力范围或是让对方感受到压力的事情；二是不要把事情强加于人，强人所难的事情一定不要去做，会伤害你的优质人脉，就算对方勉强接受了，之后也很难维系这份关系了；三是要多做对他人有益的事情，长期积累下去，利他的福报就会随之而来。利他是发自内心的，千万不要刻意而为。刻意设计利他行为会让你养成不健康的价值观，这对于你今后的人脉经营非常不利。

赚到的人脉要注意"保鲜"。"保鲜"的技术含量相当高。这种"保鲜"技术对于每个人来说是独一无二的，不能照搬，也抄袭不了。我分享几个"保鲜"的技巧供大家参考。一是多舍得。舍得是一种高深的智慧，并不是简单意义上的请客吃饭。舍得的背后是放下，比如说不争夺、不计较、不贪心。二是多互动。互动是多层面立体化的，与朋友进行不设界线的良好互动，互相之间始终以诚相待。三是多利他。这种利他是多元的。很多人觉得利他就是利益层面的利他。其实不然，利他的背后涵盖着丰富的内容。比如语言上的利他是赞美与抬爱对方；利益上的利他是不仅关注自己的利益，也考虑对方的利益，以及共同的长远利益；情绪上的利他是让对方感受到你的包容等。四是多带新朋友认识老朋友，这是拓展人脉的真诚举措。

第六节 你赚了多少有效信息

信息是商业领域的核心资源。在高度发达的信息社会，有效信息显得更加重要。在实体门店的顾客群中，每位顾客都是一个信息载体，其所携带的信息大多杂乱无章。如何在杂乱无章的信息中提取有效的信息，需要门店对这些信息进行整理、分类和分析。一条有价值的信息可能会带来新的商机，帮助门店少走弯路，还能为战略决策提供有力的支撑。

很多品牌方会委托第三方调研公司进行市场调研，这个过程也是寻找有效信息的过程。通过顾客这个信息通道获取的信息会更可靠、更直接、更具有实际意义。顾客不会与实体门店发生直接的竞争冲突，因此其所提供的信息客观真实，极具参考价值。优化顾客这个信息通道不仅对我们完善服务体系很重要，还对门店的发展起到了广泛的促进作用。经营者一定要重视顾客的有效信息，这是经营好、发展好实体门店的资源宝库。很多大品牌都花重金获取有效信息，由此说明有效信息对企业或品牌发展的重要程度。

赚到的有效信息如果能被应用，其价值极有可能抵得上实体门店一年的收益，这绝非言过其实。从获得有效信息到其应用都是实体门店经营者的重要工作，需要非常细心地进行分类和整理。经营者可以在门店管理体系中设置一个信息收集管理机制，把顾客、团队、社交三个通道获取来的信息进行汇总。店员也要重视平时可能被认为不重要的各种信息，这样门店的信息库就会不断地丰富起来，从而能够在信息库中展开"寻宝"行动。一旦经营者掌握并养成这种"寻宝"习惯，将会受益终身。

诸葛亮没有特异功能，也不是能掐会算，而是他特别善于观察、收集和运用信息。因此，他在运筹帷幄的时候把这些信息都用到了点上。世间万物都有着一定的逻辑定律，经营者学好并掌握好这些逻辑定律就能在实际工作中取得事半功倍的效果。诸葛亮的传神之作——草船借箭就是一个典型的利用逻辑定律获胜的例子。诸葛亮掌握了自然规律，一是草船要在大雾茫茫的时候出发，因为在这样的视觉范围内敌方无法判断我方的兵力。二是要击鼓造势，击鼓的气势会蒙蔽敌军，让他们不敢涉水迎敌，只能大量射箭进行攻击。因此诸葛亮才能在三日之内取得十万支箭。火烧"赤壁之战"也是同理，诸葛亮掌握了天象，知道必有东风，才施策用火攻制敌。有些信息是人们通过学习获取的，还有一些是从别人那里得来的。《三国演义》中有很多这样的例子。比如周瑜与黄盖的苦肉计是他们获取了有效信息，然后加以分析和应用才达到了一招制敌的效果。你会发现任何成功的背后都有一定的逻辑和原理，因此经营者应当用心学习、总结并加以应用。

第七节　你赚了多少成长经验

梦想可以看作人生的目标和方向，它驱动着人们追求更好、更有意义的生活。在追寻梦想的过程中，人们会面临各种挑战和困难，这些困难可以促使人们成长。每一次的尝试、失败和反思都是成长的机会，能让人们从中吸取教训，积累经验，逐渐变得更加坚韧和有智慧。同时，成长也是实现梦想的基础。通过努力学习和积累知识，人们可以提升自己的能力和素质，更好地应对各种挑战。成长不仅是在知识层面上的提升，还包括心理、情感、人际关系等多个方面的发展，这些因素都能为人们实现梦想提供有力的支持。

每个人的成长方式和经历都是独特的，但是这些成长方式和道路中有许多共性，成功往往不是偶然的结果，失败也不是纯粹的巧合。在经营实体门店的过程中，你可能会与其他业态的经营者进行交流，这些人的经验分享对于你而言就如同一面镜子。通过倾听不同领域的经验故事，你可以更好地审视自身的情况，从中获得启发，深入思考自己领域的优势和劣势，然后进行精准的分析，提取其中的精华为门店的经营提供借鉴。

经验不能被僵化。许多人在积累经验的过程中会形成固定的思维模式，面对新事物时往往会用自己固有的思维进行思考。这样做就相当于给自己筑了一道思维的高墙，容易故步自封，甚至面临被淘汰的风险。经验同样需要不断更新和迭代。如果不能持续更新经验，就会失去经验的实际价值。

经验必须具有时代性。时代性意味着与当前现实保持一致，经验的积累不能停滞不前。获取经验的途径多种多样，有些是主动的，有些是被动的，然而这些经验只有经过自己的分析和判断，才会真正转化为自己的经验。很多跨国企业在招聘时非常注重候选人的经验。他们关注的焦点是候选人服务过什么样的企业，是否有海外留学经历等。为什么这些内容是筛选人才的标准呢？其中蕴含着很多深意。候选人的履历证明了其工作能力和职业素养所达到的高度。这是通过其服务过的企业人才观和企业文化所判断出来的。如果候选人曾就职于一家压力较大的企业，那么他的抗压能力一定不会差。是否有海外留学经历这一标准就更为直观。拥有海外留学经历和没有海外留学经历的人在许多问题上的认知差异是显著的。这是因为在不同国家和体制环境中，个人的适应能力和创造力都会发生很大改变。这些改变的背后反映了人们看待事物的思维逻辑和社交能力。在国内行之有效的社交技巧在国外未必奏效。此外，看待问题的宽度和广度也有很大差异，经历不同的人会形成不同的世界观和人生观。企业通过候选人的经历便能初步了解候选人，从而提高招聘的效率。

实体门店在招聘人才的时候也可以借鉴这种方法。国际知名的电子商务平台亚马逊就是大量招募沃尔玛的员工来复制成功的，亚马逊所做的不过是把沃尔玛的成功模式搬到了互联网上。场景虽然变了，但经营的经验可以进行平移。亚马逊的创始人只是比沃尔玛的创始人多了互联网思维而已。因此，经验既要借鉴也要融合，更要不断更新。

有些经验可能对你有帮助，而其他经验可能会给你带来困扰。经营者应该明确经验的利与弊。不适用的经验应及时放下，而经久不衰的经验则应继续传承和应用。经验需要时间来验证，这是求真务实的必经之路。在现实的商业环境面前，倚老卖老不可取。经营者要向年轻人学习，向年轻人请教，跟年轻人合作，与年轻人交朋友，和年轻人共同闯事业。千万不要把经验当成你的谈资。只有真正做出成绩，才会让身边的人对你另眼相看，心服口服，这也是一种宝贵的经验。

第八节　你赚了多少失败教训

失败是成功之母。吸取教训是为了取得成功，实现自己的人生梦想。成功也在时刻提醒着人们不要失败，不要断送自己的人生梦想。失败向成功学习成功的方法，成功向失败学习失败的教训。失败更让人成长，因为只有失败才会让人有深刻的改变。人在逆境中更容易突破自己，因此失败没什么大不了，关键是失败之后人们不能放弃自己。

我有一位朋友之前经营着一家图文印刷门店，很多年前在做学徒的时候，他看到老板的盈利非常可观，就开始计划自己创业。当他把所有积蓄都用于购买印刷设备后，才发现生意原来不是他之前看到的那样顺利。因为他只看到了老板的成功，却没有看到老板背后的付出。之后他不断总结失败的原因，最终离开了图文领域，转型从事广告制作，并成功站稳脚跟，这就是失败带给他的成功。因此我们更应该感谢失败这位"朋友"。

把失败当朋友才能收获更多的成长经验。如果惧怕失败，我们就会退缩。如果敬畏失败，我们就会成长。成长就是人们不断在失败的教训中总结宝贵的经验。每个人都会经历失败，可能在感情方面、事业方面或人生方面等，失败本身是与成功并存的。你把实体门店当成一个小生意，那你拥有的就是个体户的思维；你把实体门店当成是一个平台，那你拥有的就是企业家的思维。同样一个舞台会有不同的精彩。

经验是无形的指南针，经常应用并检验其效果至关重要。它为经营者提供正确的前进方向，是经营者行动前的思想纲领。然而，经验必须经受时间和实践的考验，只有经过实践验证的才是真理。通过频繁的应用、总结和积累经验，经营者能够在复盘时与实际目标进行对照，审视自身的成长与不足，查缺补漏，从而逐步优化和提升经验。这样的经验会与时俱进，永葆活力，在实体门店的经营中发挥积极的作用。实体门店的经营者应该坚持这一精神，务实经营，不断提升自己。

第九节　你赚了多少合理意见

建设性的意见是生产力。作为一个管理者，要养成多听意见的好习惯。在实体门店的经营中，民主决策尤为重要。实体门店中基层员工的比重大，要多听他们的声音，而且还要鼓励他们提意见；同时基层员工的创造力是无穷的，需要经营者的激发与调动。不要忽视任何人的意见，即便不是建设性的意见，也应给予认同与表扬，不要否定任何人的用心发言。

员工认真发言，说明他的心放在了企业，对企业的发展很重视。发言不是胡编乱造，而是针对实际工作中遇到的问题提出解决方案或思路。尊重员工的意见是每个优秀的企业必须做到的。

设立建议通道。企业可以专门开设一个电子邮箱，在线下没有发言机会的员工可以通过电子邮件的方式提供自己的建议和想法。这个方法可以及时保存团队的智慧。基层员工最了解工作的实际情况，因此能够准确地判断工作的合理性和可行性。激发团队的积极性就是释放企业的创造力，经营者要充分发挥每个人的创造力，使其为企业的发展贡献力量。

一定不能有一言堂的"霸权主义"。如前文所述，在实体门店的运营管理中，"霸权主义"或"强权主义"是毒药，员工在这种环境下难以保持工作的愉快心情，其工作效率肯定不高。在这里我为大家提供一个判断方法：当你不想倾听他人的想法和意见时，请认真思考你的行为会对结果产生积极作用还是消极作用，如果是积极的作用，你要坚持自己的想法；如果是消极作用，那么你就要立刻调整自己的态度，避免对团队和企业造成伤害。

建立合理的激励机制。评估团队成员提出的合理化建议，如果这些建议对企业的生产效率、成长、发展等方面都有一定的促进作用，经营者应进行分级通报表扬并给予一定的物质奖励。建立激励机制要注意四点：一是尊重提建议的人，二是奖励提建议的人，三是树立团队榜样，四是打造良好的工作氛围。一个好的激励机制能把团队的积极性与创造力充分调动起来，这样的团队才有凝聚力和向心力，这种环境才会带来正向、积极的影响，能够做到这些的企业将会受益良多。希望实体门店的经营者都有这个魄力与格局废除一言堂。

记录企业采纳合理化建议的成长历程。企业的发展是一个渐进的过程，员工提出的各种解决方案能使企业不断优化迭代。经营者可以把企业的运营模块进行分类，然后记录下解决方案的发展优化历程，这既能够展示企业发展务实的一面，又构成了企业文化的独特组成部分，同时也向顾客展示了团队的良好风貌和丰富的创造力，可谓是一举多得的益事。

将建议文化打造成企业的特色文化。很多经营者在企业的成长过程中忽略了积累打造文化的宝贵素材。中华上下五千年的历史与文化是靠文字记载与传承的。企业文化也是一样，经营者在出发之前就要具备这样的前瞻性思维，未来的顾客对于企业文化内涵的需求将愈发迫切，经营者要予以重视。建议文化一旦形成，企业与团队都将成为其最大的受益者。团队的成长会很快，工作态度会更务实，榜样会不断涌现，这些对于企业来说都是花钱买不到的效果。完善建议文化，其回报是多元且丰厚的。

建议文化是推动企业高速发展的引擎。企业的高速发展是多方共同努力的结果。从小事开始，打造内部的建议文化氛围，团队与企业的关系将更加和谐。将每位成员视为企业的主人，赋予每位成员充分的建议权，这样做不仅展现了企业的包容与开放，还能够加强团队成员对企业的信任。实体门店的经营者更要重视建议文化，并在不同时期进行优化升级，这样做能凸显门店的独特个性。这个建议文化是竞争对手抄不来拿不走的，只有长期坚持下去，它才会成为企业的核心竞争力。

建议的贡献值有高有低，企业可以在内部年会上对提出高质量建议的成员进行表彰，以此促进建议文化顺利落地。建议贡献值可以从效率提升率、管理提升率、形象提升率、业绩提升率、和谐提升率几个维度进行综合评判。通过综合评判，每位团队成员都能够公平公正地展现自己对企业的贡献。企业还可以将建议采纳率列为团队考核与晋升的指标之一，增强建议文化的重要性，使建议文化在企业扎根并充分传播。

用建议文化为企业赋能。得到好的建议是企业的福气。不断有好的建议出现，证明团队成员的心与企业在一起，积极正面地为企业着想，这是团队精神的具体展现。如果企业通过建议获利了，就说明经营者的努力有了回报；如果建议未能使企业获利，则说明建议的内容是企业需要努力的方向。企业的目标是激发团队成员全心全意地为企业工作，真正站在企业的角度与立场思考问题，使团队与企业共同成长，形成发展的命运共同体，让每一位团队成员在潜意识中感受到自己是企业的主人，以此推动团队的壮大和企业的长久发展。

第十节　你赚了多少优秀团队

团队是企业最宝贵的财富。珍惜人才是经营者的态度，善用人才是经营者的智慧。企业拥有多少优秀的人才就会拥有多少市场占有率。团队在企业的成长过程中起决定性作用。很多实体门店的经营者会通过弱化团队的重要性、强调标准化来降低人才流失带给企业的影响。这个做法作为实体门店的自保措施无可厚非，只是经营者要思考这两件事情之间的联系。弱化团队的直接结果就是使团队没有安全感，而标准化必须建立在优秀团队的基础之上，这两点并不冲突。团队不稳定也会给企业带来很多隐形的伤害，比如顾客对门店的信任、门店的品牌形象、顾客的消费等多方面都会受损。

拥有优秀团队等同于企业的未来有保障，优秀团队是企业的根基。经营者的核心任务就是服务好优秀团队。为什么是服务而不是管理呢？管理已经是过去的概念了。近年来，我国不断推进政府职能转变，与新时代需求相匹配的服务型政府已逐渐形成。企业也是一样，一个睿智的经营者必定是其优秀团队的服务者。以服务代替管理，这是非常有效的管理方式。这一代的年轻人缺少被管理的基因，这是时代造成的，不是个人造成的。经营者必须顺应潮流。服务不代表不管理，而是以服务为管理理念。经营者要转变管理思想，以便更好地适应新时代团队的需求。

让优秀团队长期为企业服务。优秀团队为企业服务的时间越长，企业受益就会越多。优秀团队的稳定性本身就是企业强有力的竞争。拥有稳定的优秀团队，一方面表明经营者善于管理团队，另一方面表明企业的发展方向是正确的，两个都是积极的信号。这些信号也会传递给顾客，给其带来稳定、可信赖的感觉，这种感觉会直接影响市场。你会发现团队稳定的经营者在分享自己企业的管理经验时总是那么自豪，这是因为员工的流动性对企业来说一直是个巨大挑战。

拥有优秀团队是企业战略上的成功。大家都知道优秀团队在企业发展过程中的重要性。为什么稳定的优秀团队是企业战略上的成功呢？第一，企业的发展壮大需要优秀团队。比如拓展新的门店、开设新的分公司等都需要对企业有感情、对市场有经验、对未来有信心的团队进行传帮带，为企业拓展新的疆土。第二，建设新团队的需要。人才梯队的建设是不间断的，是与企业发展的进程并行的。让优秀团队影响和带领新生力量，这是最和谐的团队精神，这样团队思想的根就会越扎越深，能够经受住各种风吹雨打，是企业发展的强大保障。企业要发展，人才是关键。我了解过一个集团企业，在短短十年内就更换了近千名中高层干部，其人力成本高得吓人，然而，令人惊讶的是，团队成员之间的合作氛围依然不和谐，这让经营者焦头烂额。究其原因，原来经营者是个典型的"霸权主义"者，凡事唯我独尊。如此一来，管理的结果也就可想而知了。

优秀团队是企业的荣耀资产。在众多资产中，能称为荣耀资产的只有优秀团队。经营者一定要以拥有一支优秀团队而感到骄傲，不要总是认为推崇团队会给企业带来麻烦和危机，那是作为一名经营者不自信的表现。当你真诚地推崇了自己的优秀团队，团队也就无心另起炉灶了。相反，如果你越不信任团队，团队回馈的自然也是不信任。一定要将你的信任和推崇表现出来，这本身就是对团队的一种肯定和嘉奖，会促进团队成员更好地工作，这种经营者与团队之间良性的依存关系才是企业取得成功的关键。

有些经营者在谈到团队的时候总是有许多抱怨。当我遇到这样的经营者时就会反问他们：这些团队不是你招募来的吗？团队也是你所管理的，为什么团队离开以后你还把问题归结为团队？难道就不能向内看看自己出了什么问题吗？现代的企业已经不强调管理了，而是强调如何为团队提供优质的服务。这种思维的转变已经非常迫切了。

你感恩团队，团队才会感恩你，不要奢求单方面的感恩。我遇到过一位企业经营者，他总是抱怨员工不懂得感恩。其实每个人都有感恩之心，但他的管理理念和为人处事的风格让员工们觉得不值得感恩。感恩是强求不来的，感恩是一种发自内心的纯粹的自我表达。很多企业经营者在团队建设上花重金邀请"洗脑"大师授课，想通过一堂课改变团队的感恩心态，这是不现实的。对于这种强加于团队的精神"洗礼"，团队成员是非常抵触的。一千堂课不如经营者的一句问候和以身作则的良好作风。这种更加有效且成本很低的做法，很多经营者却不采纳，或是采纳了却做不到。感恩是双向的，不仅是企业与团队，父母与子女也是一样。如果一对父母在孩子小的时候没有尽到养育子女的责任，让子女在痛苦中成长，那么子女长大后的感恩之心也会荡然无存。

分享一位企业经营者对于企业与团队关系的看法。他经营的是一家传统的制造型企业，产品是电缆线。他用两种火车诠释老板与团队之间的关系，并认为可以从业态和企业形态两个角度来观察企业。很多企业就像绿皮火车。火车跑得快，全靠车头带。车头是谁？是经营者。这是一种自上而下的层级架构。优点在于有最佳的执行力，由一把手驱动，做任何事都能集中资源、贯彻到位。缺点也很明显，经营者说什么就是什么。经营者没看出的问题，其他人也不会指出。由于经营者很强势，员工少做就意味着少错，不说不做却能明哲保身。

因此，他认为很多企业的发展其实都受限于"成功的诅咒"，大量一把手在企业成功之后反而成了企业发展的瓶颈，而且往往不自知。于是出现了一种情况，即经营者越来越努力，却感到越来越乏味。与此同时，企业的员工数量不断增加，效率却越来越低。

然后他又问为什么动车比绿皮车快？原因很简单，每一节动车机组都是动力源，都在推动动车向前，速度自然更快。传统的企业架构是层级式的，发力点在中层。但他提出的藤蔓式生长是自下而上的，把推动力放在了基层。试想一下，你的部门主管在日常工作中是否比基层员工更熟练和敏感？

有些经营者主张让听到"炮火"的人做决定，这无疑是比较合理的方式。然而最大的难题是基层做决定会导致一切以自我为中心，点太小，方向不明确，这就需要整个管理层转变角色。以前管理层所起的作用是引领、督促、决策，在这样的架构下，基层的活力很难得到充分发挥，因为事情势必经历层层审批，逐级报备。难道你能期待一个坐在办公室里人比基层员工更加了解情况？因此，管理职能要变为支持、辅助和协调。经营者要找到团队的生长点，然后给予其必要的权力和支持，再从更高的维度纵览全局，辅助他们做决定，确保方向正确。

自下而上的驱动方式能让管理层各司其职，而不是一直充当救火的角色。很多经营者热衷于参加管理培训课程、学习管理学妙招。其实一家企业诞生之初的基因就决定了其未来的路，路可以改，但是很难。因此，无论在哪个方面花费大量精力，都不如花时间打造企业的氛围，因为这样的投入更有效。

我和朋友的观点有很多契合的地方。但是传统制造型企业与实体门店的一大区别是：传统制造型企业面对的客户是企业，实体门店面对的客户是个人。B2B（Business to Business）模式更注重战略思维，B2C（Business to Customer）模式更注重服务细节。尽管任何正向积极的经验分享都具有借鉴意义，但经营者不能将其全盘照搬到实体门店的经营中。

第十一节　你赚了多少心灵感悟

经营实体门店是一个充满挑战和机遇的过程，它不仅涉及商品销售，还涵盖了客户互动、团队管理、市场营销、服务质量等多个方面。在经营实体门店的过程中，你会面临各种情况和问题，从中可以收获丰富的感悟和经验。这些感悟可能涉及如何与顾客有效沟通、如何提升产品或服务质量、如何培养和管理团队、如何应对市场变化等。这些感悟不仅对于实体门店的经营有帮助，还能在个人成长和职业发展中发挥积极作用。通过总结和反思，你可以不断优化经营策略，提升业务水平，使实体门店获得长期的成功和可持续发展。

经营实体门店就是经营人心。情绪会对人的行为产生巨大的影响，特别是在情绪波动较大的时候，人的行为会变得难以控制。顾客投诉这种情况在门店中时常发生，当团队成员与顾客发生冲突，经营者的第一反应应该是站在顾客的角度倾听顾客的诉求，了解事件的经过。然后与团队成员商讨解决方案并采取人性化的处理方式。为了有效处理投诉，经营者应该提升团队成员处理投诉的技能，并为此进行专门的培训。在经营中，门店店员会遇到各种类型的顾客，但无论何时都应坚持诚实、客观的原则，用事实说话，保持礼貌，这是处理问题的基本原则。如果你明白这个道理，你就是一个能够冷静客观地处理问题的经营者。相反，采取激进的方式对待顾客，如顶撞、谩骂，甚至使用暴力、威胁手段，都会严重损害门店的形象，破坏团队对门店的信任。特殊情况下应遵守法律，但不能损害顾客的利益。如果门店有过错，经营者和店员应该积极承担责任。总之，经营者应该以尊重、理智和诚信为原则处理各类情况，以确保门店的良好形象，同时维护团队和顾客的利益。

有一家水果品牌门店对于类似问题的处理就很值得赞赏。只要顾客发现商品存在品质问题，就会立即无条件退换。这种坚定的负责任的态度会使顾客逐渐成为门店的忠实粉丝。尽管门店会因此损失利益，但收获了一批坚定的门店拥护者。孰轻孰重，我想大家都明白。这种态度彰显了该品牌门店经营者的经营理念，以及他对于商业背后人性和价值观的理解。他更在乎顾客的消费体验和品牌声誉，因此会积极地处理问题。舍弃小利赢取人心，这一道理并不是每个人都能在瞬间领悟，这种境界和智慧需要经营者的长期修为和长远眼光，值得大家深思和学习。

经营者一定要善于总结和冷静思考。个人的感悟固然有价值，但不一定完全正确。但是可以确定的是，个人通过亲身经历和体验所获得的理解和见解通常是最为深刻的。此外，还可以邀请身边经营实体门店的朋友一起参与分析，讨论实体门店所面临的显著问题，集思广益。这样的合作和交流能够使经营者得到更广泛的视角，从而更准确地理解问题的实质，也更有可能找到全面的解决方法。

经营者既要有佛心善念，也要有处世哲学。在商业环境中不做害群之马，在生意场上不做无良商家，这是经营的底线。初心存久远，事业才丰厚。经商的感悟实质上是人生的感悟。人生道路上的题目大体相同，只是我们每个人的回答不同，因而结局也有所不同。人们所追求的方向至关重要，要遵从内心，感恩每一刻的馈赠，丰富自己的人生历程。人活着就应该有价值，但这种价值必须是积极向上的、符合广大人民利益的。人生没有坦途，然而正是因为有起有落，才使我们的人生变得如此精彩。成功也不是一蹴而就的，我们应在生活的交响乐中体味那些美妙多彩的人生旋律，在感悟过程中展现出不屈不挠、越挫越勇的精神！

经营者应该将目标细化为具体步骤，一步一个脚印，踏踏实实地做好，这样才更容易实现预期目标。希望亲爱的读者朋友们能够接收到我传达的信息，并在收到后与身边的人分享，成为正能量的传播者，这样你自己也会因此受益匪浅。

第十二节 盈利结构的科学性

盈利是经营实体门店的首要任务，但盈利需要精心设计。盈利跟赚钱是两码事。盈利是一种可持续发展的系统模式。赚钱则不然，赚钱可以不择手段地达到。两者有着本质的区别。古人云：君子爱财，取之有道！这里的"道"指的是遵循一定的准则，有可为可不为的道。

盈利结构是一个科学的概念。实体门店的盈利结构可以分为五个层级：亏本级、平出级、薄利级、厚利级、丰利级。这些盈利的结构层级彼此是相互依存的。

亏本级。这类商品就是亏本赚吆喝。一个实体门店的商品链中，要用一部分商品做导流"先锋"，牺牲其价值来为门店获取人气。这种商品一定是受顾客喜爱、复购率高、没有教育成本的大众型商品，以此跟同行进行差异化竞争。

平出级。这类商品平进平出，不赚钱，只是赚个流水。平出类商品的知名度相对高一些，无须花费太多沟通成本。这类商品不赚钱，赚的是人气和人情。

薄利级。这类商品出货量大、复购率高，就是大家常常听到的薄利多销的商品。针对这类商品，经营者要认真选品，可以根据销控数据执行限购措施。

厚利级。这类商品是中高档精准商品，可采用捆绑式的商品促销模式，最好实行会员制，确保能够留住优质顾客。

丰利级。这类商品属于私人定制类商品，应以年度为单位来设计这类商品的套餐，完善其服务体系，落地其个性化服务，使顾客感受到绝佳的优越感。

盈利结构要根据业态的实际情况而定。一定不要照搬其他门店的模式，应该在看懂其逻辑后再进行举一反三。经营者应按照这个逻辑梳理门店的商品，把有形商品和无形商品分类罗列，再按照层级进行精准的设定。

总而言之，根据当前的商业环境，这一盈利结构就是亏本做引流、平出做关注、薄利做增值、厚利做会员、丰利做定制，这样的表述可能读者更容易理解。

第十三节　盈利产出的周期性

盈利产出的周期性指的是回报周期。实体门店的盈利思维与金融思维存在差异。金融产品大多是虚拟的，只要关注投资回报率即可，这与实体门店的经营截然不同。正如前文所述，经营实体门店需要专注于长期规划、务实经营，这样才能取得丰硕的成果。

一般情况下实体门店的第一个回报周期就是用来收回成本的。这些成本主要涵盖了店面装修、人力成本和货品投入。很多经营者倾向于将这个回报周期设定为每年一次，尽管并无固定标准。我建议实体门店的盈利周期应根据业态而定。举例来说，餐饮业一般预计会在两年左右的周期内收回成本。但是客观地说，两年内收回成本是比较乐观的估计。

许多小面积的品牌门店可能在三个月内就能收回成本，这得益于线上平台的赋能。以前餐饮业小门店的堂食率可以达到70%，外卖率为30%。疫情防控期间，外卖的贡献率则达到了70%。因此很多商家都在外卖商品上下足了功夫。有的精心设计包装、有的创新餐具、有的在人文关怀方面进行了尝试，外卖包装的视觉大战默默拉开。不可否认，这些细节上的创新或多或少满足了顾客的需求，也为疫情防控期间餐饮业的经营打开了新局面。

不同业态的盈利产出周期性不同。有的业态装修简单，有的业态必须豪装配备，因此没有一个固定的标准。我会按照常规的逻辑思维来跟大家分享。门店需要根据自身情况进行盈利周期的详细规划来达成目标：第一，进行整体投入的测算；第二，进行产品体系的分类；第三，细分盈利模块。门店的业务类型通常可以分为信息服务、实体商品、技术咨询这三种。

我以一个以阅读为核心的教育培训机构为例来说明。该教育培训机构的目标客户是4~16岁的青少年，主要业务是扩大孩子的知识面和帮助其养成良好的读书习惯。它的主营产品只有一个，就是线下的趣味性互动式阅读课程。导流的产品也比较简单，就是免费提供一到两节的体验课。然而，在产品链中缺少进阶产品和平台的产品，这导致课程内容不够丰富，效果不佳。同时，孩子们更关注使用课程的积分兑换奖品，将报名看作家长的事情，自己只是在帮助家长完成这个任务从而得到奖励。尽管这种看法可能有些片面，但是实体门店的经营者要深度思考，设计出一条完整的产品链来满足实际受众的需求与创造持续发展的新动能，这是一个核心问题。

产品链设计不完整可能导致盈利的周期性或拓展的周期性保障不足。我不是倡导实体门店要将产品做得杂而不精，而是想给大家一个产品结构设计上的启示。门店可以精耕细作产品链，使其非常完整、丰富。很多实体门店的业态看似单一，其实是很完整的。举例来说，茶饮类门店通常拥有上百种不同的产品，超高的延展性让产品链既丰富又系统，能够满足不同客户的需求。无论是纵深拓展产品链还是通过整合完善产品链，都是可行的方式。

盈利的周期性也取决于经营者对门店的定位。短期定位和长期定位是两种不同的经营方式。短期追求的是经济价值，长期追求的是品牌效益。前者的经营初心是做生意，目标是获得利益；后者的经营初心是做事业，目标是打造品牌；前者赚钱，后者创造价值。创造价值的商家终会赚钱，但纯粹追求赚钱的商家未必会创造价值，这是初心所决定的。这种周期性自开始经营门店就可以看到其终点了，短期定位的策略都会导致短期行为，而长期定位是以长远发展为目的详细制定品牌的策略，创业者或经营者必须清晰认识到这一点。

第十四节　盈利周期性的风险把控

创业者与经营者要根据自身的实际情况对实体门店进行整体规划。不同业态的实体门店的营销规则是不同的。有些业态是在铺货销售完毕后结算，有些业态是货到付款，有些品牌连锁店还要收取加盟费与各种杂费。实体门店的开支结构总体上来说分为房租、水电、人力三大部分。此外还要对货品积压的货款、资金回转的周期进行保守测算。一定要保证现金流充足，门店通常会预留至少能够维持一年的现金流。不要把经营的结果想象得太过于完美，你要有接受不如意结果的准备，不要因为盈利周期过长或前期经营状况不佳就在短期内失去信心。

在经营实体门店时务必把风险控制在自己可承受的范围内，不要以为把压力增加到最大会出现奇迹，实体门店的经营是不可能出现一夜暴富的，能做到可持续发展的门店，成活率才比较高。在实体门店从小到大的发展过程中，经营者应给予自己充分的时间并设定风险红线，切勿冒险超越这一底线去寻求不确定的利益。一旦陷入赌的迷局里，风险将会急剧增加。不要一味追求缩短盈利周期，这样做可能会断送实体门店的前程。

从实体门店的选址阶段开始就要把控风险。实体门店的选址是风险管理的核心之一。成功的连锁品牌在选址方面往往有着严格的标准体系。例如，深圳的一家培训学校在选址方面极为谨慎。他们的要求包括：地点必须位于地铁站徒步范围内的 200 米之内，建筑面积限制在 300 平方米以下，装修预算控制在 3 万元以内，周围 300 米范围内应有不少于 3 家同行，同时应至少拥有一个 T 字位广告牌。从上述数据可以看出，选址的难度系数极高。那么企业为何要设定如此严格的选址标准呢？因为严格的选址标准可以降低企业的经营风险。它是根据业态的发展规律与行业经验客观总结出来的，具有极高的参考价值。

许多跨国品牌连锁门店在选址方面更加严格，因此在业界形成了一个惊人的共识：选好位置就等于成功了一半。从中可以看出选址因素的重要性，它与盈利的周期密切相关。有些经营者在实体门店选址时过于注重房租价格，而另一些则可能凭借主观的"第六感"做出草率的决策。实际上，这些做法都是不科学的。实体门店的选址需要遵循行业内的规律，如果你难以找到规律，可以学习行业内的成功案例，看看其他企业是如何选择位置的。

第八章

附加值的转变

Chapter 8

第一节　创造附加值

附加值建立在顾客对商品或服务之外的需求之上。经营者要仔细研究顾客的潜在需求。附加值可以从三个方向进行剖析：家庭、事业和人生。家庭方向主要集中在民生方面，比如求学拜师、求医问药、居家琐事等。事业方向主要集中在商业平台、优质人脉、经营管理等。人生方向就比较宽泛一些，比如个性和爱好的发挥、愿望的实现、家族使命的担当等。

顾客的附加值需求多种多样，这些附加值并没有一个标准的体系，也无法进行标准化，因为每个人的需求不同，有些顾客的附加值需求甚至需要门店来创造。经营者要理解创造附加值的逻辑。附加值分为有形和无形两种。一条重要的信息是无形的，但是它的价值是有形的，因为它可以帮助顾客解决问题，而且成本通常不高。有形的附加值则指除经营产品之外的服务、人脉资源、其他非本业态的实体商品等。

创造附加值需要经营者在多方面有大量的积累。你拥有的信息量够大，提炼的附加值内容就够丰富。面对顾客，经营者一定要做个热心肠。没有人会拒绝热情的帮助。很多经营者可能会问，我为什么要这么辛苦地做一些跟生意毫不相关的事情，这就是经营理念的问题了。顾客在乎的就是你用心创造出来的附加值。在前面章节我也阐述过有效信息的重要性，这些有效信息来自你的认知、人脉及各种渠道。这些有效信息对维护实体门店与顾客之间的关系至关重要。这些有效信息不仅可以提供给顾客，也可以提供给员工，这是留住人才的一种策略。

在创造附加值方面不要自我设限。附加值的创造是没有边界的。你的想象力有多强，创造的附加值就有多丰富。附加值可以体现经营者的创造力，这种创造力源自责任心，包括对实体门店发展的责任心、让顾客满意的责任心、使团队信任的责任心。而且这些责任是经营者自愿承担的。有些创造者甚至会将这种创造附加值的行为当作生活的一部分，充分展示自己努力的样子。

附加值按照等级可分为核心级、优质级、普通级三个等级。经营者可以根据等级来匹配顾客的需求。把信息源、人脉圈、需求链进行简单的信息化管理，这样匹配起来效率会更高。

信息源是指通过哪个渠道得到了哪些附加值，人脉圈指某个人脉创造了哪些附加值，需求链就是顾客需求的层级顺序。

第二节　整合附加值

附加值通过互联互通的方式源源不断地丰富着人们的生活。它不仅来自社会的方方面面，更体现在个体的日常行为中。从一个认同的眼神到一句赞美的言辞，再到一个真诚的微笑，无论行为多么微小，都构成了附加值不可或缺的部分。附加值不仅仅是商品或服务的外在增值，更是一种传递情感、创造美好、增进联系的力量。在这个充满多样性和互联互通的世界中，附加值无所不在。

经营者身边的人际关系、信息资源、平台以及环境都是最理想的附加值整合条件。大家现在就可以立即行动，锻炼自己创造附加值的逻辑思维。

整合附加值是一种利他的体现。被整合者与受益者之间会形成双向的互惠关系，而经营者既是整合者又是受益者。对于实体门店的经营者而言，建立附加值的整合中心就像拥有了超能力。如今，许多实体门店的经营者会根据个人兴趣选择行业，这很正常。至少在经营门店方面，经营者会坚持不懈，有不竭的动力。在经营者确定了行业方向后，也要多关注行业之外的东西，进行更广泛的整合。这是实现持久发展的基础所在，除非开店只是经营者的一时兴起，并没有做长久的打算。

整合附加值的影响会逐渐扩大。丰富的附加值将为顾客带来更多福利，这些福利将为实体门店带来综合的回报，包括业绩的稳定、情感的维系、门店口碑的提升、品牌价值的增加、团队的荣誉等。这些综合回报需要一定的时间才能收获，经营者要耐心等待。

第三节　应用附加值

附加值虽然不属于硬性的服务内容，但它超越了门店经营的商品和服务。正是因为它超越了门店的服务范围，才使其格外珍贵。就像社会中出现的见义勇为的善举，虽然人们可以选择不做，但还是会有英雄般的人物选择舍命救人。经营门店并不是让经营者发挥那种英雄气概，而是提供服务之外的附加值给顾客，若能有这份心意，你就已超过众多竞争对手了。

应用附加值的技巧。每一个附加值得来不易，经营者不能浪费。附加值的开发利用是实体门店的经营理念之一，心里想着顾客，顾客才会想着你，而不是心里想着顾客的钱包，总想"套路"顾客。

在我小的时候，我的爷爷语重心长地跟我说："你离钱越近，钱就离你越远，你离钱越远，钱就离你越近。"当时的我根本听不懂，长大成人后才慢慢明白其中的奥妙。

你离钱越近，钱就离你越远：你天天想钱，却不愿通过自身的努力赚取财富，而是通过非法途径获取，那么钱带给你的就是牢狱之苦，钱自然离你很远。

你离钱越远，钱就离你越近：你每天都在辛勤努力地工作，常常关心别人，不想着钱，钱自己就会找上门来回报你的努力。

钱不是你想它，它就来的，这是无知的单相思。我们要用足够的努力和行动与钱进行交易。因此我经常对自己说，要感谢钱，它丰富了我的人生，让我有足够的动力创造和更新这个美丽的世界。

提供附加值的目的在于连接实体门店与顾客的心。门店与顾客的心连接得越紧密，门店的发展越蓬勃。经营者在应用附加值时一定要把握时机，只有把握好时机，附加值的应用才有价值和意义。此外，附加值的应用非常考验经营者的发现能力。只有先发现顾客对附加值的需求，经营者附加值资源库里的内容才有价值，才能被用得恰到好处，不早不晚。

附加值有取悦于人和取信于人两个层面的收获。取悦于人是基本收获，商家要赢得顾客的喜爱，必须在空间设计、服务态度、文化理念等多个方面引发顾客的共鸣，只有这样做才能获得顾客的好感。但能做到这一点的商家少之又少，经营者应该拆分目标，让顾客先喜欢上门店的一部分。

取信于人是深层的收获。这种收获是提供附加值结果的最大化。企业与顾客建立信任非常困难，尤其是深度的信任。在美妆服务行业有很多一线的服务人员甚至知道顾客的银行卡密码，这在商业环境中是非常不可思议的现象。这种深度信任的背后一定是一线人员付出了许多努力。门店只有把众多附加值应用得恰到好处，充分满足了顾客的需求，才能获得顾客的深度信任。

第四节　放大附加值

附加值可以倍增。人性的需求是无限的，然而能够提供附加值的资源是有限的。经营者应该倍增现有的附加值，从而最大程度地满足顾客的需求。即使是微小的附加值也能发展成无限大。以微笑为例，店员带着微笑接待顾客，就能感染更多的人加入微笑的行列，这种感染是在良好的环境氛围中自然发生的，不是经营者的刻意要求。许多企业把带着微笑接待顾客写进了企业的管理章程中，但仍有很多员工无法做到。如果员工不真诚，用假笑迎接顾客，就会导致顾客的反感，这样做反而会给企业带来负面影响。

提供给顾客的附加值若想发挥作用，就需要内部外部一起发力。从内部来说，若想满足顾客的需求，就需要团队成员认真倾听顾客的需求，努力为顾客提供超越期望的服务。为了确保团队成员有较强的执行力，做到以上的要求，经营者就不能再使用各种"紧箍咒"来约束团队的行为，这种管理方式的效果并不好。现在的年轻人普遍厌恶被束缚或被各种精神枷锁围绕着，因此经营者这样做是无法达到目标的。若想让团队成员发挥主观能动性，向顾客提供超出期待的附加值服务，经营者就必须确保团队成员在快乐的状态与和谐的氛围中工作。经营者不应将团队成员视为企业的雇员，而应看作企业的合作伙伴。此外，经营者还需要为团队成员树立榜样，这个榜样最好是经营者自己。因为经营者带头的效果最好，创造良好氛围的速度也会更快，实现的目标也会更大。只有这样做，团队的力量才能被激发和运用得当。

从外部来说，经营者可以借助周围的渠道、平台、人脉来获得更多有效信息，从而为顾客提供更好的附加值服务。例如，汽车销售门店可以向顾客赠送合作商家的洗车优惠卡，这就是通过门店的合作伙伴为顾客提供附加值服务。在筛选附加值的外部资源时有四点要注意：一是不可控的不计入，二是不诚信的不计入，三是有企图的不计入，四是不友好的不计入。

不可控的不计入。当经营者与外部资源分享者的关系还不够紧密时，若经营者向顾客提供了这一资源，顾客可能会感到不舒服。例如，外部资源的分享者对顾客不够热情、重视、尊重等，这些不舒服的感受会导致顾客迁怒于经营者。

而且，顾客是不会直接跟经营者表达自己的感受的，顾客也不好意思表达，因为这些附加值不在经营者的服务范围内。从顾客的角度看，经营者只是向自己"卖了一个人情"，因此他难以启齿。

不诚信的不计入。若是外部资源的分享者不诚信，那结果就是顾客会把这笔账算到经营者的头上，因为经营者是信息的来源，一些顾客甚至会给经营者贴上不诚信的标签，认为经营者也是这样的人。但是有些特殊情况要分开来讲，不能混为一谈。

有企图的不计入。若是外部资源的分享者企图心太强，会在无形中让顾客有一种被"出卖"的感觉。比如经营者向顾客提供了一项附加值服务，把其人脉中的一位牙科医生推荐给了顾客，而这位牙科医生却在接待顾客时对其敷衍了事，还一味推广自己的产品，像这种有明显企图心的外部资源分享者不结交也罢，这会给经营者埋下一个地雷，不知道在什么时候就会爆炸。

不友好的不计入。强求来的外部资源会使双方都很痛苦，一定要"两情相悦"才行，经营者首先应该排除的就是这一类。不友好就证明两点：一是经营者没有准确判断外部资源的有效性或与其分享者没能持续保持良好的关系；二是外部资源的分享者不愿进行分享。经营者在筛选外部资源时要做好综合判断，及时排除隐患，避免无效资源的伤害。

第九章

文化需求的转变

Chapter 9

第一节　文化的建设

　　企业需要长期建设文化。现在越来越多的企业重视文化，但很多经营者不知道从哪入手。文化确实非常重要，其实企业中一直存在着文化，只是企业没有进行系统性的提炼，或是没有与企业的特点进行匹配优化。在建设文化的过程中，许多实体门店图省事、走捷径，直接抄袭其他门店的文化，这种做法显然会对企业造成不良影响。抄袭文化并不能带来持久的成功，因为真正的文化应该是与企业的价值观、目标和使命相一致的。抄袭别人的文化很难真正契合企业的内在特点，可能会破坏企业的声誉、价值观和创新力，阻碍企业在市场上的发展和成功。

　　建设文化之前要找好企业的文化基因。文化是在历史的积淀中不断延伸发展的。中华文化经过几千年的发展，才孕育出丰富的文化结晶。企业的文化也是一样，企业的经营越长久，文化结晶就越多。企业的文化基因应该怎么找？从人身上找，从事上找，从出处上找。向内发问，文化的基因很快就能找到了。你为什么要开店？在什么环境下开的店？开店的过程中遇到了哪些难以忘怀的事情？多问自己几个问题，答案很快就会浮现。

　　有了明确的出处，故事也就开始了。故事有了，文化就有了主脉络，这个时候文化的雏形也就有了。接下来思考企业从哪里来，到哪里去？怎么去？和谁一起去？回答了这几个问题，文化的框架就会出现在你的脑海里。从哪里来就是企业建立的原因；到哪里去就是企业的目标和愿景；怎么去就是企业的经营理念和战略方针；和谁一起去就是企业的团队。把这几个问题搞清楚才能谈文化建设。

这些问题构成了文化建设的基础。

文化建设的开放性。企业文化是企业全体成员的信条，当然需要所有人的参与和支持。经营者只是企业文化建设的倡导者，真正能够获得广泛认同的企业文化必须是经营者与团队成员共同塑造的。企业文化不是经营者凭空想出来的口号，它必须结合企业的实践，符合企业的特点，具备指导意义并得到企业全体成员的认同。让每个人都参与到文化的塑造中，不仅能增强团队的归属感，还能提升团队的自豪感。对于团队而言，这是一种义务，也是一种荣誉。经营者提出问题，由全体员工作答，这是一种明智的做法。经营者绝不应该在员工面前流露出对他人的轻视，这种"傲慢"是非常愚蠢的。许多经营者都会犯这种低级错误。

认同不仅是一种文化，也是一种企业的精神和力量。虽然企业是由经营者创办，但企业的成长离不开团队成员的贡献。尽管经营者都希望团队成员积极投入工作，但有时采取的管理方式却会导致团队成员消极怠工，最终损害企业的利益。将认同文化融入企业文化的构建中，经营者必将受益。与此同时，经营者必须改变独断专行的做法。经营者追求的是结果，团队成员也是如此，但这两者需要在同一个平台上合作以实现目标。认同文化能促使两者在追求结果的过程中保持平衡和协调。认同文化不仅是一种行为方式，更是一种理念，有助于将经营者和团队成员的努力融合在一个框架中，以实现共赢。

团队成员对企业发自内心的认同比经营者苦口婆心的教育或训斥要有效得多。经营者认同了团队成员，团队成员也会慢慢认同经营者。这是双向的认同，只有这样，企业文化才能发挥作用。彼此认同会提升生产力，这是一定的。因此，文化的力量是无声无息的。一家企业一旦形成一套符合自身特点的文化体系，其管理将会非常顺畅。

文化建设的持续性。企业文化的构建并非只停留在纸上，它需要持续不断地加强、优化和传播，才能真正形成企业独特的文化体系。持续建设文化需要耐心，企业的成长必须立足长远，才能在肥沃的文化土壤中蓬勃发展。尽管经营者很难做到不贪不燥，但这是文化建设的前提。若要实现持续的发展，经营者应将文化视为基石，唯有如此才能确保企业稳步向前。持续的文化建设也将为企业的发展注入持久动力，使整个企业自上而下团结一心。

文化建设的独特性。不同的企业文化有不同的特质。独特性是企业的核心竞争力。以阿里巴巴为例，其企业文化中有一种独特的文化叫"武侠文化"，这种独特的文化在企业内部营造了一种积极、正义和团结的氛围。武侠文化强调正义、团结一心，鼓励员工之间的合作和互助，不仅可以减少内部的斗争，还能够促进团队的协作和整体发展。

独特性是文化的价值，文化的独特体现在方方面面。大到民族文化，小到家庭文化，广到民俗文化，细到餐饮文化，微到厕所文化，妙到太极文化等都展现着独特性。文化建设是企业整体实力提升的动力源泉。无论是战略制定还是战术执行，无论是团队合作还是提升品质，文化都无处不在，滋养着企业的方方面面。我们每一位华夏儿女都是在几千年的中华文化滋养中成长的，这种滋养贯穿于我们的血脉之中。正是祖辈们的坚持不懈，才使得这份文化底蕴广博、坚韧而持久，惠及一代代人。

独特的文化是企业最好的标签。文化是展示企业形象的最佳媒介，它传递着积极正面的信息。当企业充分展示其独特的文化时，会对企业的口碑产生积极而持续的影响。这种积极的影响虽是无形的，带来的价值却比有形的影响多得多。这就是"无声胜有声"和"无形胜有形"的道理。无形是内化的法门，有形是外显的象征，究竟哪一方影响更为深远、发挥更为稳定，答案显而易见。人们常常忽视无形的力量，过分强调有形的外衣，但无形和有形始终共存，有形可观而无形可感。哪一方能让人留下深刻记忆、回味无穷？这个问题值得大家思考并精进经营之道。

德州扑克是大家在日常生活中喜欢的一种娱乐工具。从娱乐层面来说，德州扑克是一个创造快乐的工具；但对于赌徒来说，德州扑克是一个断送人生的工具。难道赌徒要跟德州扑克打场官司，说它害了自己，向其索要赔偿吗？这种观点当然是荒谬的。工具本身并没有问题，有问题的是人。有正向思维或文化的人会把工具用到正确的地方。企业文化的核心就是正心正念，每个企业的文化都有它的独到之处，但一定不能是歪风邪念。

无论企业的规模大小，文化建设都很重要。有人或许会质疑，作为一个小门店是否真的需要进行文化建设？在他看来，小门店是不需要进行文化建设的，但有人的地方就有文化。不论经营者是否主动去建设，文化本就存在，关键在于经营者是否能够理解文化的内涵，是否重视它并加以开发和利用。文化具有无形的吸引力，许多时候我们可能无法准确解释自己为何会选择光顾某家门店。在我们找不到确切理由的时候，很可能是因为那家门店的文化吸引了我们。有时候我们难以明确喜欢的原因，但文化就像是人体的"寄生虫"，任何一种文化概念都有可能吸引到一些群体并促使其为之买单。

打造文化对于实体门店来说非常重要。文化不仅是门店独特的标识，也是与顾客建立情感连接的途径。一个富有吸引力、有趣、有深度的门店文化可以吸引顾客，让他们更愿意光顾并与门店产生情感共鸣。门店文化能够营造与众不同的消费体验，增加顾客的黏性和忠诚度。通过打造文化，门店可以塑造自己的品牌形象和价值观，传递独特的理念和情感，使顾客在消费的过程中感受到更多的情感连接。这种情感连接可以建立长期的客户关系，帮助门店与竞争对手区分开来，并在市场中脱颖而出。

第二节　文化的衍生与宣传

文化需要以可视化的形式进行呈现。然而，我们不应仅仅将可视化理解为将口号贴在墙上就算完成了。这种可视化属于刚性读取的广告，与真正的文化可视化有很大的差距。文化的可视化需要寻找能够承载文化内涵的载体，这就是"借物达意"。在这里，"物"起着重要作用！这个"物"必须与企业的文化精神高度契合，同时具备一定的社会认知和文化内涵，既要具有个性，又要有深远的意义。

文化衍生是指在一种特定的文化基础上创造、发展出新的文化元素、符号、作品、产品或概念。这些衍生的内容通常保留了原始文化的核心特征，但在不同的背景、形式或领域中进行了创新和扩展。企业可以打造企业 IP 和个人 IP，即以企业的核心 IP 为基础衍生出一系列个人 IP。这样的文化衍生可以给企业带来更多的商机与利润增长点。取得该结果的前提是企业的核心 IP 必须有广泛的社会知名度与美誉度。

奥林匹克运动会和国际足联世界杯作为全球性的盛事，拥有极高的商业价值。然而，这种极高的商业价值并非从一开始就存在，而是经历了漫长的积累才达到现在的程度。奥林匹克运动会起源于古希腊，经过 100 多年的演变与持续发展才逐渐形成了如今的品牌影响力。而国际足联世界杯则可以追溯到 1904 年，当时国际足联首任主席罗贝尔·盖兰提出了"世界杯"的大方案，经过数十年的时间，它才逐渐发展成为全球范围内备受瞩目的顶级赛事。这些重要的体育赛事如同大型知识产权（IP），因其历史积淀而变得内涵丰富，而且数不胜数的次级活动在其基础上构筑，相互交织。尽管实体门店很难达到这种品牌价值的高度，但经营者可以从中学习到一种宝贵的精神，那就是文化的力量。

文化的宣传是立体的。在使大众认同一种文化之前，必须首先进行文化的宣传。全球影响力的建立需要进行多维度的宣传。一是，自身实力必须雄厚；二是，宣传应该有多个支撑点；三是，塑造的文化形象必须具备独特的个性和魅力。经营者可以通过这三个方面来评估实体门店的文化影响力。顾客认同的核心在于品牌文化。产品可能会不断迭代，企业也可能进行转型，但唯有品牌文化在顾客心目中始终保持不变。

在当今，自媒体的迅猛发展为企业和个人提供了公平、公正的机会，我们应该善加把握这一机遇。许多经营者会花费大量资金学习新媒体，然而回来后却发现进展有限，甚至对新媒体失去了信心。这种现象反映了经营者急功近利的心态。宣传的成功需要长期持续的努力，并且也需要多元化的策略。国内的通信企业如中国联通、中国移动和中国电信一直坚守立体化宣传的原则。通过持之以恒的多维宣传，这些企业在民众心中深深地扎了根，自然地建立了品牌形象。品牌价值因此不断积累，最终构筑了持久的品牌价值。

文化的宣传形式必须与顾客需求相符。宣传渠道和形式都应多元化。打造自媒体矩阵是文化宣传的常见策略，此外还可以通过举办各类线下活动或赞助行业相关活动来提升品牌的曝光度。在线上，创作高质量的短视频内容并输出，以及利用直播增加人气也是可行之道。宣传需要组合拳，每个媒体都有其优势和局限性。在选择媒体通道时，要进行需求匹配。匹配原则应以顾客的喜好为导向，顾客喜欢的平台就是企业的宣传阵地，而不应根据经营者的个人喜好来决定投放的媒体。顾客的喜好应是宣传的焦点，包括他们偏好的内容。不论是用传统广告还是软性广告，都要进行精准的调研。以顾客为中心开展文化宣传，将是最具成效的策略。

文化宣传的关键在于确保广告投放的垂直性和精准性，以及其能够辐射到潜在顾客，文化宣传的特点是目标多元化。在设定任务目标时，应避免追求过高的目标，因为期待越多，失望可能会越大。文化宣传既要有广度，也要有深度，还要有温度。广度意味着将每位公众都视为宣传的潜在受众，深度则强调宣传的精准度，而温度则代表企业的价值主张，将这三个方面相互结合并使之相互促进，有助于打造品牌或企业立体化的文化传播体系。

第三节　文化需要用仪式呈现

自古以来，仪式都是非常重要的文化见证。中华几千年的灿烂文明中，仪式传承丰富多彩，如婚丧嫁娶、拜师学艺，这种传统广泛存在于我们生活的各个方面，其中部分仪式一直在持续地更新和发展。可以说，仪式是文化的综合表现，文化不仅仅局限于文字和语言，也能够体现在一场戏剧、一首诗歌，甚至一件艺术品之中。

借助仪式来呈现企业文化能够赋予文化传承更多的生命力、亲近感和穿透力。作为多家企业的顾问，我经常帮助企业选择信物用以传达企业的文化，进而构建独特的企业文化体系。这些信物所传达的内容可以让顾客深切感受到企业独特的文化魅力。一些顾客甚至愿意自发地帮助这些企业传播其文化，并以此为荣。

仪式的展现媒介包括企业的内部团队、外部的渠道客户和消费者。文化力量的展现随着媒介之间互动的增多而逐渐增强。我曾协助多家企业打造信物，这些信物被顾客们视为宝贵的收藏品，尽管其经济价值不高，但其蕴含的精神价值是无法估量的。若能达到这样的效果，企业的文化根基就奠定了。如果消费者对企业的认同感能够达到这种程度，那么企业的文化宣传也就成功了。赠予信物的目的在于与顾客内心进行连接，即企业要将企业文化渗透到顾客的生活中。团队带着荣誉行动，顾客带着荣耀分享，意义非凡且影响深远。

关注仪式的传承。仪式的可持续性至关重要，经营者必须确保仪式得到有效的传承。企业在设立仪式时必须站在长远的角度，确保其具备欣赏性和传承性。仪式的传承需要留有较大的优化空间，从而确保后来者可以不断地对其进行优化。经营者在仪式设计的初期就应该全面考虑，以开放的思维使仪式具备极强的延展性。切勿自我设限，限制了仪式传承的前景。仪式的结构应与企业文化的核心理念相契合，同时不应过于复杂，以便于落地。

仪式的设计应利于传播和传承。内容越丰富，传播越完整，所留下的印记便愈加深远，这样的仪式才能够得到长期传承。创造仪式即完善文化的传播体系，创造时应从未来的应用场景出发。对于企业或品牌而言，传播范围愈广，受益就愈多，传承也就愈为久远，因此其价值也更为显著。

仪式中的活动越贴近顾客，其生命力就越充沛。能让更多的人积极参与仪式，是仪式设计的目标之一。奥运会的开幕式极具仪式感，每一个细节都传递着主办国的独特文化与民族精神，并通过奥运会的传播平台充分展现，这对于主办国来说是难得的机遇。开幕式中的仪式一个接一个地进行，形成一个连贯的、层次丰富的仪式演绎，包括点火仪式、国旗入场仪式、运动员入场仪式等，参与人数众多，热情高涨。这种层叠的仪式安排提升了整个开幕式的庄重感和隆重氛围。开幕式等类似仪式不仅是重要的文化仪式，也是充满商业价值的重要机会，其能够影响国家、城市、品牌和产业的发展。

第四节　文化的多元化呈现

文化体系需要分类呈现。品牌文化、客户文化、团队文化、会议文化等是为营销服务赋能的。文化体系的多元化呈现是大量文化碎片堆积出来的。这就需要进行整理归类、精心梳理、不断优化，最后打造成符合自己门店特点的文化体系。

每一种文化的呈现都有不同的场景、不同的载体、不同的呈现方式。企业文化是由企业的每个成员呈现的，这种呈现的要求很高，成员的举手投足、言谈举止都代表着企业的形象、传递着企业的文化。

有的企业通过做公益传播企业形象与文化。加多宝在汶川地震时捐助了1亿元，这一行动迅速将其企业形象与文化传播推向顶峰，这种公益形象让加多宝迅速赢得大众对企业或品牌的好感，这一策略运用得恰到好处，在扩大了知名度的同时，加多宝又有了社会美誉度，其销量自然会直线上升。这就是文化的力量，就看决策者胆子够不够大。实体门店有实体门店的做法，实体门店可以选择在一定的社区范围内冠名赞助社会公益活动，虽然影响力小一些，但仍然可以达到区域性目标。

成功者身上最值得经营者学习的是思想。他们的思想需要经营者沉下心来领悟，然后总结出属于自己的经营之道。要想使文化传播多元化，关键在于发现和应用各种文化传播的机会和方式。在门店的特定区域内，经营者应当积极寻找各种文化传播的载体，为门店文化和形象提供更多的展示空间。然而，经营者在进行文化传播的过程中不能贪、不能燥，要不断进行积累，与顾客共同成长，这才是长期主义的本质。

多元的文化需要多元的载体。文化传播的载体很多，传统的户外媒体也不可忽视。线上媒体有很多优势，但线上的流量池太大、太杂，要进行一定的流量投放（直播间付费推广工具）才会有效果。相比线上，我建议多投些线下的实体空间。由于实体门店辐射周边，为居民生活提供便利等特点，线下载体的存在感更强、提供的安全感更强，而不是已经被淘汰出局。这就好比线上谈得再好的感情，也要线下见面确认对方是不是真实的。因此线上的很多场景视觉效果让许多用户产生怀疑，线上的各种不确定性也造成用户对线上购物的信任感不断下降。当然，也有一些线上品牌坚持对消费者负责，致力于确保商品的品质。

文化呈现的形式和场景可以多样化。形式包括商务礼仪的形式、赞助活动的形式、公益行动的形式。场景包括社区内的车库、电梯、闸机、出入口、公益指示牌、安全出口指示牌等，可以在这些位置植入广告，也可以在与社区居委会共同主办的社区活动中或实体门店内进行视频陈列，等等。经营者可以根据门店的类别与行业特点进行多元化的文化呈现。

文化呈现的内容应当简洁明了。很多经营者在文化呈现方面误以为内容越多就越好，想把所有内容都传达给顾客，生怕浪费了空间。从人的角度来看，人眼在公共信息的停留时间仅有 3 秒。试想一下，3 秒内顾客能记住多少信息，能记住门店的名字就是最大的成功了。在广告上放上门店的 LOGO，再加一句能引人注意的宣传语，以及能够"诱导"顾客读取门店呈现的其他细节，比如门店的地址及联系方式等，这是一个大概的呈现框架。有些经营者生怕顾客看不清楚自己的联系方式，把联系方式的字号放到最大，但是大部分顾客对经营者的联系方式不感兴趣。只有对门店感兴趣，顾客才会主动捕捉其他细节。对此，大家可以举一反三。

利用卡通形象呈现文化。有些实行品牌化的实体门店会利用卡通形象为自己代言。这是一种创新，为门店打造了一个小 IP，其知识产权属于门店。这是在为实体门店赋能，让顾客对门店形成比较深刻的品牌印象。肯德基的卡通人物造型就是一个成功的案例。经营者创造卡通形象一定要坚持原创，不要有任何涉及侵权的行为。经营者应精心提炼属于自己门店经营业态的核心元素，而且该元素要具备一定的情感内涵，能与品牌故事完美融合。在未来，中国对知识产权的保护力度会越来越大，企业保护知识产权的意识也越来越强。因此提醒各位经营者在创新的过程中一定要仔细查阅相关资料，确认宣传的内容是否有侵权的风险，不要在经营很多年之后才发现自己的商标不能用，那时就欲哭无泪了。

文化呈现的时间越长越好。文化呈现的时间决定了品牌传播的有效性。比如定制商务礼品时应考虑顾客的使用频率与使用年限，使用时间越久，品牌受益也就越多。我在服务一些企业的时候，经常会对商务礼品或是颁奖类的奖牌进行创新。对于顾客来说，传统的奖牌越来越不受欢迎，一方面是因为同类的奖牌太多，形式大同小异。另一方面因为其实用性不佳，不易应用于生活。如果用工艺美术品的创作思维来设计传统奖牌，让其成为人们工作与生活中一种精美的装饰品，那呈现的感觉就完全不同了。类似这种创新的想法还有很多，企业活动的邀请函也可以应用这个创新思路来拓展呈现方式，就如我曾经用茶叶、树皮、竹刻、瓷刻、麻布等材质进行创新。

实体门店的经营者对自己的业态非常熟悉，在探索文化多元化的呈现方面，方向也会更加精准。平时多进行跨界了解，这样会将门店的文化呈现带入一个更加丰富且实用的阶段。经营者在跨界了解的时候不仅可以交到很多新朋友，也会产生不同的思维碰撞。经营者可以把其他行业的方法应用于自己的领域，我从这种方式中受益颇多。隔行如隔山是不假，但其他行业的可借鉴之处也有很多，只要经营者稍微留意，很容易就能将其他行业的点子移植到自己的行业。我把这种移植的方式称为行业的交互应用。应用移植后会拓宽经营者的创新思维，还可以让顾客有耳目一新的感受。当然这一切的创新要在合理的预算内进行，这是创新的一个前提条件，否则就很难达到创新的目的了。实体门店的经营者绝对不可以只按照自己的兴趣开展工作。兴趣爱好可以是创业的动力源泉，但一定不能是工作的方向坐标，这样做会使门店为经营者的个性爱好服务，经营者容易因此失去基本的经营原则。

第十章

黏住顾客的转变

Chapter 10

第一节　占便宜一定靠不住

顾客的便宜我们肯定不能占，供应商的便宜也不能占，若占了供应商的便宜，就说明这家供应商靠不住。人的欲望是无穷无尽的。让顾客养成占便宜的习惯有利有弊。好的顾客觉得你很有人情味，若是不好的顾客，当你不再给他占便宜的机会，他就会有各种微词。

如果门店设计了许多"套路"跟顾客"玩游戏"，当顾客反应过来，吃亏的还是门店。不是顾客不够聪明，是门店经营者觉得顾客不够聪明。很多门店经营者都不会让顾客随随便便占便宜，一般都会设置很多条件。例如广州某通信运营商为了推广自己的产品，与很多实体门店进行联合推广，提供携号转网服务，并会在顾客签约套餐后送上各种礼品，礼品有智能手机、电动单车、美容项目等，礼品的诱惑力很大。通信运营商这种表面看上去非常超值的促销活动，实际上是利用了实体门店与顾客之间的信任进行推广，很多顾客以为捡了一个大便宜，但使用了套餐之后，通信费用不断增加，那时顾客才反应过来自己不是占了便宜而是吃了亏，之后其很可能会到实体门店讨说法，要求退款。这种"套路"顾客的方式，不仅使门店失去了顾客，同时还对自身品牌的形象带来严重影响，有些顾客甚至还会与门店对簿公堂，门店可谓是赔了夫人又折兵。通过这个案例大家可以发现，以损害顾客的利益为代价的任何促销活动，最终都会对实体门店造成不同程度的不良影响。修复这种影响可能需要付出几倍的代价，但是仍无法恢复顾客的信任，各位经营者一定要谨慎使用占便宜式的商业促销手段。

发自内心地让顾客受益，而不是算计顾客。依赖社区口碑生存的实体门店要特别注意，经营的核心是口碑而不是单纯追求短期的经济效益，后者可能会让门店得不偿失。一家成功的实体门店是靠顾客与经营者共同建设的。很多经营者认为自己投资经营的店，其所有主权都在自己手上，实则不然。实体门店的持续良性经营是广大顾客不断呵护的结果。经营者要怀着感恩之心真诚地面对每一位顾客，让自己的门店成为顾客生活的一部分，让顾客在门店的购物体验成为其宝贵的回忆。大家之所以羡慕国外那些风靡的品牌，是因为自己没有用心去打造品牌，国内的经营者太缺乏耐心和坚持了。可能很多实体门店的经营者会说这种耐心不现实，但就是因为很多人觉得不现实，你若做到了，那就是奇迹。那些百年品牌的创始人并非特别聪明，而是他们坚持自己的经营信条，一代又一代地坚守着，并结合时代潮流进行创新。因此，他们的门店无论什么时候都不会被时代所抛弃。德国的工业为什么那么强大？核心就是匠心精神，这种匠心精神是世代传承的，需要人们不断精进，为此奋斗一生，这样的品牌想不出彩都很难。

采用占便宜式的商业手段还会造成同行之间的恶性竞争。经营者的经营理念一旦变得畸形就会对整个行业产生不良影响。想要顾客长久跟随，推心置腹地对待顾客才是最好的策略。哪怕有一天你转行了，顾客也会继续支持你。顾客只要认可你这个人，你做什么已经不重要了，这是人与人之间的交往核心，因为靠谱的人会做靠谱的事，靠谱的核心就是把人做好，从而赢得顾客与身边亲友的信赖。

第二节　洗脑一定不可行

很多语言表达能力强的经营者非常傲慢自大。总以为自己的"洗脑神功"异于常人，经常跟风学习各种课程，结交一帮酒肉朋友相互吹捧，回来后就将"洗脑神功"不着边际地用到顾客身上，这种做法实在让人觉得可笑。

社会上还真有一些顾客相信这种洗脑。务实进取的人会说这类人没有格局，目光短浅。爱吹捧的人会说这类人魅力惊人。经营者在仰望星空的同时还要脚踏实地，靠给顾客洗脑来经营实体门店，这家门店一定不会经营长久，经营者可以通过努力达到自己的愿景，但不是满嘴跑火车，这样不仅会害了自己，还会影响顾客对你的信任。

经营者应该思考究竟要做一个什么样的实体门店，如何让门店越开越多，越开越久。不要觉得自己有洗脑大法，并试图以此控制顾客的思想，切忌把精力用错了地方。顾客都很精明，经营者应该保持童叟无欺的初心不要变，这种方法叫"洗心"，"洗心"的效果远比所谓的洗脑更有效、更持久，只是需要经营者耐心地与顾客打"长久牌"。经营者先静心做好自己，顾客自然会寻觅而来。

一旦顾客醒悟过来，发现自己被洗脑了，立刻就会对门店失去信心，这种做法会导致顾客流失。很多顾客会默默地离开，可能经营者到现在都不知道原因。客户会用很多借口拒绝经营者的再次邀请。顾客给门店的机会实在太少了，少到可能只有一次，因此门店要倍加珍惜。黏住顾客，多走心，才久远。经营者有时候换位思考一下，就会明白其中的道理。

一些美妆行业的实体门店会经常使用洗脑手段。其实他们不缺顾客，但其经营者急功近利，贪念过大，于是就不择手段，最后硬生生地把顾客送出了门外，实在让人觉得可惜。如果门店的经营者真的把顾客视为任其宰割的羔羊，那绝不可能获得顾客的长期支持。你想让顾客跟随你一辈子，那就要用经营一辈子的态度对待顾客，这样你才能获得持久的回报。很多人明白这个道理，但就是做不到，因为从一开始他们就没有对门店的长久发展进行规划，甚至很多人就是玩玩而已。我希望读者们经营实体门店时能够始终坚持初心。

第三节　划清人情与业务之间的界限

在中国，人情往来是非常基础的社交。但对于用人情黏住顾客的效果，大家不能期待太高。人情有重有轻，很难把握，很多人在人情处理方面表现得很糟糕。处理人情非常考验人的情商。如果门店过度深入顾客的生活，就会把门店的经营复杂化。要把握好门店与顾客关系的临界点，不然顾客会过于依赖门店，对此，门店是负担不起的。

在一家提供寄宿全托服务的托儿所中，老师们被家长各种各样的需求搞得疲惫不堪。由于家长的需求很多，而且每个家长的需求也各不相同，导致很多老师无法正常开展教学工作，反而成了孩子的保姆，帮孩子买药、帮家长取快递等。由于不堪重负，许多老师最终不得不离职。随后，新的经营者进行了全面的改革，这家托儿所才避免了倒闭的命运。

这个案例看上去可能不近人情，但经营者要清晰地知道门店的主营业务是什么，顾客需要解决的核心问题是什么、经营者不能一味地在人情往来上耗费精力，让顾客产生"理所当然"的依赖。第一，成本可能过高，门店负担不起；第二，你经营的实体门店没有提供这项服务，若提供这项服务的风险值非常高，比如你帮顾客买错药了，这个责任非常严重，门店是承担不起的。经营者或店面买错药后大不了自认倒霉，赔钱了事。但如果顾客因为吃错药而面临生命危险，那这个结果对门店来说就非常严重了。

因此，在经营门店时要划清人情与业务之间的界限。不然店员既当保姆，又当司机，还当保安，对此门店将难以承受，即使是精细化服务的高端门店也不可能实现。学会拒绝能确保门店的口碑，勇敢说 NO 也是一种负责任的态度。你答应后若做不好，会抹掉门店之前所有的付出。因此，顾客的诉求门店不可能全盘接收。

人与人相处时人情自然不会少，但作为实体门店，要量力而行，谨慎承诺，不要轻易给顾客期待。只有这样，门店才会不断收获惊喜。

第四节　靠细微服务打动顾客

一个表情可以让顾客开心，也可以让顾客烦闷。人类的沟通方式是多元的，除了有声的语言还有无声的肢体语言。不要小看了表情，这类细微的肢体语言可能会直接影响顾客对门店的满意度。

打动顾客的可能就是店员脸上始终保持的微笑。顾客可能会因为店员的一个微笑感受到产品的价值。精神上的愉悦可能会使顾客决定购买门店的商品或服务，这是门店提供的舒适场景所带来的结果。不要忽略每一个细微的服务，它不需要经营者进行多大的投入，仅仅是一个表情就可以让顾客对门店印象深刻，满意而归。提供细微的服务其实很容易做到，但很多人无法坚持，因为人经常会受到情绪的影响。如果通过经营者的努力，团队成员始终能用让顾客满意的态度工作，我想你的门店不需要过多的营销也可以收获满意的回报。

许多经营者往往将大量的精力放到营销上，因为那样做能快速获得短期的效益，却会透支驱动门店长远发展的"能源"。实体门店不管是加盟的还是自创的，都需要经营者用心经营才会有持久的生命力。顾客能感受到经营者的用心。门店经营者千万不要自以为是，也不应用自以为是的"聪明"敷衍顾客。

每位成员都必须持续不断地提供优质的服务，这对于实体门店很重要也很难，而且必须坚持做下去。把越难坚持的事情做好，会使门店的竞争力越大。一个笑脸、一次认同、一份尊重，在举手投足间展现高质量的服务品质，这些就是顾客所需要的。如何让团队成员每天都用这样的态度服务顾客，是检验经营者管理水平的好方法，这一内容在之前的章节我已经分享了，读者朋友可以复阅对照。

在疫后时代，顾客的需求发生了微妙的变化。他们的需求从购买商品转变为购买高品质的商品。商家因此不断优化自己的服务体系以满足顾客的需求。疫情过后，人们仅靠线上沟通无法满足的情感需求将得到全面的释放，这对于商家来说是一个阶段性的机遇，商家要改变自己的经营战略。

疫情让人们对风险的敏感性增强。经营者意识到在不确定的环境下盲目的决策可能会带来更大的风险，因此更倾向于慎重考虑和评估每一个决策。经营者应该静下心来思考如何通过服务打动顾客。保持冷静和理性，不贪不急是经营的基本法则。既然选择了实体门店这个领域，经营者就应该对自己的选择负责，你所做的每一步努力都是构筑"事业长城"的一部分，只有不断积累，事业才能长久、健康、稳定地发展。

第五节　靠品质留住顾客

无论是有形产品还是无形产品，好的产品品质才是服务业发展的基础，这是长期主义者必须坚持的根本。有了品质作保障，企业才有实现各种愿景的可能。

品质保障是企业的核心竞争力之一，除了品质过硬之外，企业还要进行技术、服务的创新。消费者对产品的实际使用体验、接受服务情况是经过长时间的检验得来的，因此其真实的感受最有说服力。

一个产品或一项服务能经得起时间的检验是打造品牌的重要基础。再好的广告也不如一位顾客的"点赞"。因此很多线上平台的商家特别在乎顾客的好评。评价是顾客使用产品或服务后的真实感受。商家想尽一切办法"诱导"或激励顾客分享好评，但这样做使得一部分好评的含金量有所降低。

有形产品有标准的品质体系，有国家的指标管控，也有生产厂商自身的品质控制；无形产品的服务品质就要靠顾客综合体验后的评价来判定了。顾客对无形产品的满意度由多个方面共同构成，包括消费场景的舒适度和门店店员的服务态度等，一般没有具体的标准，因此实体门店尤其需要确保无形产品的品质。

用好的产品品质留住顾客不容易，因为对手也会进行各种创新，经营者可以通过提升产品品质留住顾客，比如在使用寿命、使用便利性等方面进行优化升级。如果门店一直原地踏步，很快就会被淘汰出局，顾客自然也就会选择新的更符合自身需求的商品或服务。因此持续的品质改进至关重要。

品质创新必须考虑综合性价比，不能单纯追求创新。创新当然要有，但是也要综合考虑创新的成本，以及评估品质创新的必要性，避免得不偿失的情况发生。

确保产品品质是商家对顾客负责的体现。定位高品质的商家需要有高度的责任感。一个只追求利益、不顾品质的商家，要么经营不长久，要么会违法乱纪，最后可能会面临被市场抛弃和法律制裁的境地。产品如人品，什么样的人就会有什么样的定位，什么样的定位就会有什么样的产品，其根源都在于经营者的初心。

坚守品质如一，这对商家来说是非常不易的，因此好的产品更加宝贵。新闻经常报道有些经营者十几年如一日地确保产品的高品质，这就是对顾客负责任的表现，这跟门店的大小没有关系。因此这样的门店会受到很多顾客的青睐，甚至会感动顾客，这种品质是坚实而厚重的，因为它久经历炼，顾客的信赖感也会更强。当顾客在一个陌生城市中盲选门店的时候，其首选就是老字号。老字号并不一定"高大上"，但是出于信任，很多顾客会把其当作首选，这就是老字号坚守的结果。我们经常讲日久见人心，这种门店也可以称为店久见诚心。

实体门店绝不能轻视品质，不管是产品还是服务，都要不断地提高其品质。

第六节　靠附加值感动顾客

附加值是最能感动顾客的因素。关于创造附加值我已在前文提过。这里再强调一下，经营者要根据不同业态的特殊性进行附加值的输出。

虽然顾客对附加值的需求各不相同，但相同的是每个顾客都有需求，这种需求可以由门店来创造。当一位顾客在购买产品时徘徊不定，店员可以告诉顾客如果他今天购买了这个产品，就可以获得 VIP 的会员资格，每个月可以享受会员的各种福利。门店可以利用这类附加值促成商品的成交，这是最基本的关联性附加值。

　　利用附加值感动顾客不是一件容易的事情。能让顾客感动的一定是使其感到非常意外的事情，比如顾客的父母需要就医，你帮他们挂到了一个专家号，协助解决了顾客的问题；或者是顾客购买的商品过重，你可以提供送货到家的服务并将商品放置妥当。这些额外的服务能让顾客感受到更多的关心和关注，从而建立起更加深厚的信任和忠诚。

　　门店还可以通过挖掘顾客需求来提供附加值。有时候顾客并没有意识到自己有某些额外的需求，但是通过门店的精心探索，使顾客意识到自己实际需要这些服务。比如顾客购买奶粉的时候，门店可以赠送居家防撞条，这种附加服务的成本不高，但其带来的感动能直抵人心。购买奶粉的是门店的顾客，但实际使用奶粉的是顾客的家人，而且这位家庭成员属于特殊群体，需要特别的呵护。有些细节可能连顾客自己都没有想到，但门店想到了，这就是用心的表现。

　　顾客最难以忘怀的就是感动的瞬间。在某件事情中，门店创造的让顾客感动的瞬间就是顾客最在乎的。就像我们关心所爱之人一样，正是因为在乎，才会用心。门店把这份心用在顾客身上，才能真正留住顾客。

　　附加服务的种类还有很多。经营者要让团队中的每一个人都明白这个道理，并坚持为顾客提供附加值。若能将这一服务变成门店文化的一部分，将有助于增强团队的幸福感，对内对外都益处多多。这种积极的影响会渗透到门店的方方面面，并会带来更多美好的结果。

　　在生活中不断创造感动会让家人的幸福感提升，在工作中不断创造感动会让顾客的满意度增强，在人生中不断创造感动会让自己对未来充满期待。

第七节　靠口碑锁住顾客

　　口碑是社会大众自发进行广泛传播所获得的正面反馈，它对于实体门店来说是最高的褒奖。要做到这个目标不仅需要时间的沉淀，还需要各种用心的付出。实体门店要做到让顾客在有需求的时候第一时间想到门店，这是用真心换真心的表现，非常难做到。

　　门店要重视潜在顾客。口碑是长期累积的成果，今天他可能不是门店的顾客，但明天就有可能成为门店的顾客，在今天培育明天的顾客是着眼于长远的经营策略。云南白药、北京同仁堂等老字号就是靠口碑成功的，究其原因是其几百年来积累了良好口碑，因而才从一个小小的药铺发展成今天的民族品牌，成长为现代的知名企业。所有企业的发展都经历了一个从小到大的过程，关键是在成长的过程中积累了哪些宝贵的经验。

有口碑的门店一定不会亏待顾客，他们会把最大的热情投入产品研发，在顾客服务方面，不会耗费无谓的精力做五花八门的营销，而是分析沉淀的经验，梳理门店发展的历史，最后通过多年的文化建设打造一座企业博物馆，这样呈现文化的方式所带来的冲击力是其他营销方式都比不上的。经营者要真正重视口碑，哪怕牺牲一些短期利益。我想实体门店的经营者还是具备这种魄力的，不管是单体店、连锁店还是跨国企业经营的门店，口碑都是核心。

如今很多实体门店陷入了缺少顾客的恶性循环，实在让人唏嘘。如果没有良好的口碑作支撑，即使线上有再大的流量也都无济于事，因为顾客仍然要到线下享受门店的服务，使用门店的产品，所以恶性循环是不会消失的。经营者要停下来总结，回到以顾客为中心的经营理念上，带着不贪不燥的态度转变思维。经营的捷径就是对商品、对顾客、对门店的未来负责。快反而是慢，欲速则不达，这是老一辈总结的经验教训，经营者应该牢记。

从经营门店之初就要重视口碑，经过一段时间的努力，口碑会慢慢形成，给自己和顾客都多点时间，你会发现越做越轻松。门店的口碑与经营者的定位有关，经营者定在哪里，它就会按你定位的路线成长。种瓜得瓜，种豆得豆，良好的口碑绝非偶然。

良好的口碑会使实体门店形成一个幸福圈，对团队、顾客和门店本身都有益。如果经营者从一开始就选择了短期主义，那就谈不上口碑了，唯利是图的经营思维从一开始就注定了最终的走向。我相信绝大多数的实体门店经营者都不希望看到这种结局。

珍惜口碑，口碑才会回馈门店。做人如此，做品牌亦然。门店是与消费者打交道的一线端口，能让顾客直接感受到品牌的文化与服务品质，是打造口碑的重要基站。门店越多，口碑越重要。大型的连锁品牌之所以重视顾客的投诉问题，是因为客户的投诉会产生连锁反应，门店的问题会直接影响到品牌的声誉。可以说，门店与品牌是命运共同体，牵一发而动全身。

很多顾客不会把对门店或品牌的喜爱经常挂在嘴边，但是会记在心里，分享给身边的人。这是口碑最可靠的传播形式，也是实体门店受益最大的营销方法。有些时候不是经营者不行，而是经营者没考虑到这一点。实体门店在出发的时候就应确立坚定的方向，谨守初心，坚持不懈。

第八节 靠文化理念绑住顾客

丰厚的历史源自不断的积淀，门店的创立者应当深刻理解匠心精神，这份匠心的坚守需要发自内心，才能获得更多人的认可与追随。门店或品牌的核心经营理念是门店创立者前进的动力与坚持的信条。门店的经营理念会成为门店与顾客之间一架沟通的心桥，向顾客传递积极的人生观、价值观。

中华老字号——北京同仁堂的理念是"诚信为本，药德为魂"。"诚信为本"诠释的是经商之道，"药德为魂"诠释的是仁爱之道。"药德为魂"的理念不仅诠释了北京同仁堂数百年来的医者仁心，更坚定了其未来的发展方向。这就是品牌的持久魅力，不经历史的积淀，一家企业或一个品牌不可能达到如此高的境界，否则其经营者都是些唯利是图的商客而已，就算在短期内拥有巨大财富，也很难形成强大品牌，企业的生命力更是无从谈起。

当下的许多豪商巨贾都是借助了时代之机发家，若不放眼未来，构建品牌理念并加以传播，很难有传承之根，祖业更是难续。门店应该做到向下生根，向上生长，只有这样才会枝繁叶茂，生生不息。门店植于百姓之心，与百姓共同成长，获百姓的喜爱和好评。一家门店拥有众多顾客的支持并且顾客主动传承其理念，那周围的潜在顾客对门店的信任便会倍增。门店与顾客的关系早已超越了商业关系，双方已然成为彼此生命中相互依存的挚友。这种关系就是门店经营者坚守初心获得的宝贵资源。

三年多的疫情让很多实体门店叫苦不迭，也真实反映出实体门店的抗风险能力。实体门店的生命力来自顾客的绝对信任，这份绝对信任是消费者支持实体门店的那颗心。很多经营者常常会忽略顾客的购物体验，殊不知就是一个个不到位的服务细节使门店的综合竞争指数慢慢降低。这也是没有把文化理念作为工作指引的结果。很多实体门店的经营者把精力用错了地方，得到的结果肯定不好。

经营实体门店如同在种一棵大树，经营者就是那个种树的人，广大顾客就是为这棵大树浇水施肥的人，如果失去了为大树浇水施肥的人，这棵树的命运将不言自明。

用文化理念绑住人心。一旦人心被牢牢绑住，品牌就有了持续传承的动力，这种动力促使经营者继续坚持，促使顾客继续浇水施肥，两者的合力才能让实体门店具备强大的发展动能。门店与顾客的关系更像是亲朋挚友，顾客把门店记在心上，主动关怀门店的成长，因为门店已经成为他生活的一部分了。一个孩子长大成人后回到故乡，此时能让这个孩子动容的除了亲情之外，还有那些让他难忘的生活片段，而其中的很多片段都是在实体门店发生的。

为什么很多孩子长大以后能对麦当劳、肯德基这类西式快餐店感到那么亲切呢？因为儿时的伙伴曾一起在麦当劳为他们过生日，所以麦当劳是他们幸福快乐的见证者，那里有他们幸福的回忆。这就是人的情绪价值，也是因文化而产生的。多年之后，我们才会发现它无法用金钱买到。实体门店的价值会在顾客的成长过程中得到升华，这种升华早已超越商业价值，能直抵人的灵魂深处。经营者要让实体门店与顾客之间的情感随着年龄的增长而变得更加深厚，并在不经意间传递给下一代，让一代又一代人进行幸福接力，这是企业文化理念发展的最高境界，而商业价值在其中已显得微不足道了。经营者用自己的创造与坚持让无数顾客收获快乐时光，这就是文化理念的内驱之果。

实体门店的经营者和管理者要重新定义自己的门店，不断满足顾客的情绪需求，顾客对于幸福生活的向往也是门店努力的方向。

提炼或优化门店的文化理念是一项重要工作。理念找准了，对内可以管理团队，对外可以吸引客户，对己可以修身。不管门店目前的经营处在哪个阶段，规模有多大，团队有多少，经营者要找到符合自己门店的文化理念。先坚定自己，再向团队和顾客进行传播，让文化理念生发成一股强大力量，让越来越多的人认可并支持门店的文化理念，这样顾客就会自愿地为门店做宣传。

还有一个关键点就是经营行为要时刻与文化理念保持一致，不要偏离文化理念的轨道。在发展过程中无论遇到多么大的风雨或者诱惑，经营者都要坚定不移地将文化理念贯彻到行动当中。大到企业发展规划，小到处理顾客投诉，都要遵循文化理念，千万不要做文化理念的"叛徒"，哪怕只违背了一点点。

在实体门店的发展过程中，经营者必须重视文化理念，因为文化理念每时每刻都在影响着顾客。它不会立刻让顾客信任门店，因为文化对顾客的影响是一个循序渐进的过程，从否认到认定是一个漫长的感化过程，经营者必须坚定并给予顾客足够的耐心。

收获顾客的心比收获顾客的钱更重要。收获人心是稳固长久的，收获金钱是短暂脆弱的。收获了人心等同于获得了顾客永不背叛的信任，门店自然也就不会发愁生意。但若是在短期内收获了金钱，门店就会失去人心，这是再明白不过的事实了，就看门店如何定位自己的文化理念了。无论是横向发展还是纵向发展，都可以做大做强门店，但是做大做强不代表能长久经营，只有坚定的文化理念才会让门店拥有长久经营的根基和充满无限可能的未来。

第九节　靠公益行动拓展顾客

很多人因善小而不为，其实是他们误解了公益行动的本质。公益行动无大小也无轻重之别。经营者不能因为门店需要拓展顾客资源才去做公益行动，那就偏离了做公益的初衷了。

公益是一份责任也是一份义务，身为社会大家庭的一分子，我们理应回馈社会。在经营实体门店的同时，养成做公益的习惯，这对经营者来说本身就是福报。其实有时候一个善意的行为就可以感动对方，因此做公益绝不是为了满足商业目的而做。当你弄清楚公益的本质时，你就会带着纯粹的心参与公益，这样公益才会给予你正面积极的回馈。顾客能从你的行为和态度看出来你是否真心愿意做公益。

经营者可以把公益文化打造成企业文化的一部分。对团队来说，在一个充满爱的企业里上班，这本身就是一种幸福。团队成员得到了社会的认可，这种认可满足了他们的精神需求，提升了他们的幸福指数。企业的公益形象也会因此形成和提升。企业的公益形象形成后需要团队成员的精心呵护，避免负面事件的发生损害企业的良好形象，这是长期管理的问题了。

做公益是一种修行。经营门店是大家的梦想也是大家的生活，其中融入公益的元素才更完整。在经营实体门店的时候如果有很多问题想不明白，不断地有困惑围绕着自己，参与公益可能会给你最好的答案。有时，人们遇到困惑时可能会陷入痛苦的恶性循环，这种循环既影响身心健康又耗费精力，常常把人累得筋疲力尽，却还是没有解决问题。大家要打开内心，拥抱世界，世界才会告诉你如何应对困境。主动参与一些公益活动是拥抱世界的途径之一。

参与社区内的公益事业是实体门店的基本义务。门店所做的行动，顾客会看在眼里，记在心中。只要带着初心，真诚地做，坚持地做，门店就已经开始有收获了，哪怕只是一些很小的回报。顾客希望看到的是一个热心公益、有正确价值观的实体门店，他们在消费的同时也会产生荣誉感。由于实体门店与顾客在同一个社区里，两者的关系是最近的，因此门店更容易形成良好的口碑，这是最直接的品牌建设。做公益就像一个助推器，能催化心灵、唤醒自我。

做公益的形式多种多样。人们的需求十分多元，社会中有很多困难群体需要爱心人士的帮助。门店可以根据自身的实际情况选择不同的公益活动。比如动员团队成员进行公益献血，关爱空巢老人、留守儿童，建立山区儿童图书室，等等。这些活动都非常有意义。门店的创立者与管理者带头参与，让团队参与、让顾客参与，每年都做，坚持下去，就能形成实体门店独特的公益文化了。做公益能在洗涤大家心灵的同时让团队更加和谐，让顾客更加信赖门店，从而实现多元的价值收获。

不要把做公益当成一场秀。形式主义会害了门店的初心善念。有一些经营者把做公益当成一场秀，这不仅不会树立良好的门店形象，还会惹来社会大众的非议，给门店带来负面影响，这就得不偿失了。做公益是发自内心的奉献，门店的每一个成员都要把做公益当作一种习惯，从小事做起，从团队内部的相互关心做起，这些都是做公益。团队之间的公益行动就是打造和谐的氛围，团队内部一旦形成这种氛围，那些管理章程和规定就没有太多用处了。没有人会拒绝和谐的氛围，在这种和谐氛围中工作是非常愉悦的，人的心情愉悦了，工作效率自然会提升，团队士气自然会壮大，这就是做公益的魅力，它悄无声息地改变了团队的内心，然后把其强大的内心力量充分释放出来。

让做公益成为一种习惯而不是一项工作。经营者可以组织顾客与团队成员共同参与公益活动，让顾客零距离地感受企业在公益行动中的付出，这种感受是最真切的，然后由顾客将门店的良好形象传播出去，门店的公信力就有了更强的支撑。经营者应始终保持做公益的初心，带领顾客与门店一起健康成长。

第十一章

社交管理的转变

Chapter 11

社交在人类生活中发挥着重要的作用，社交帮助我们建立人际关系、获得支持和认同、分享经验和知识，以及融入社会。在中国的人情社会里，社交就更为微妙。我们从小就被教导与哪类人交往以及成为什么样的人，因为结交的朋友和周围的环境能够塑造我们的性格和价值观。社交不仅是一种交往方式更是一面镜子，反映出我们的思维特点和道德准则。掌握好社交的艺术将有助于我们更好地融入社会、建立深厚的人际关系，同时我们也应该审慎地对待社交，有选择性地参与社交活动。

第一节　以开放的态度走出去

走出去是一种积极的态度，但更重要的是走出去之后如何进行社交。如今很多年轻人出现了不同程度的"社交恐惧症"，这一现象有愈演愈烈的势头。适度的社交对实体门店的经营者或管理者是非常必要的。但绝对不能用泛滥的社交消耗精力。

有效社交变成了一项能力。什么是有效的社交？它有什么标准？一般认为吃喝玩乐、东拉西扯的社交都是无效的社交，极易使人疲惫不堪。我之前也有轻微的"社交恐惧症"，主要是因为我不抽烟喝酒，又有洁癖，参加社交活动时如坐针毡，痛苦不已。通常情况下，我会按照以下几个原则有选择性地参加社交活动。

一是参加的必要性。不是想不想参加，而是要不要参加社交活动？很多人常说参加社交活动是身不由己。那要先评估参加社交活动的必要性，可以将社交活动分为非常有必要参加、很有必要参加、不是很必要参加、完全没必要参加四个等级，并根据这四个等级衡量参加社交活动的必要性。

客观判断参加社交活动的必要性。这个社交活动的组织者是谁？参加者是哪些人？社交活动的核心目标是什么？把这些信息进行综合判断后就能做出取舍。首先，社交活动的组织者是关键，这个人直接决定你是否参加此次社交活动。其次，参加者是哪些人，公司的内部团队、顾客、社会人士等都可能成为社交活动的参加者。再次，是主动参加还是被动参加。主动参加就是别人邀请你参加，被动参加就是自己想要参加这个活动，但没有被邀请。要明确参加社交活动的目标，参加是为了维护相关友人的关系，还是为了达到某种商务目的，这都取决于自己的需求。最后，社交活动的时间长短。有的社交活动简短高效，有的社交活动拖拖拉拉，耗时许久。因此，社交活动的持续时间也是一个决定性因素。繁杂的工作消耗了人们大量的时间，因而时间管理显得非常重要，大家要合理支配时间，养成高效的工作习惯。

二是参加的友好性。社交的友好性指的是在设计和组织社交活动时，主办方会考虑不同群体的需求以确保活动对部分群体具有吸引力。在活动的规划过程中，主办方会思考如何创造一个开放、舒适和亲切的环境，以便参加者能够轻松参与并有归属感。

广州有一家学习型俱乐部，其活动时间为每周四的下午2点到5点，这个时间就过滤了上班族，那些在职的人就不会参加这个活动。这是活动发起人在设计社交活动前就考虑过的，因为这个组织就是想聚集一些自由职业者，所以对时间做了特别的设计。

在决定是否参加社交活动时要充分考虑社交活动的友好性，这不仅是对组织者的一种尊重，同时也让自己养成一种认真对待事情的习惯。不同的社交活动会有不同的友好性，这与社交活动本身的性质和目标相关，没有对错之分。大家只要清楚社交活动的目标就可以了。

三是参加的延展性。社交活动是一个平台，它对参加者来说有很多不确定性和无限的延展性。这种不确定性与延展性是相对开放的。世人称之为"缘分"。要开放地看待一个社交活动，想想在社交活动中你可能会遇见谁，遇见后会发生什么事情？这些未知的内容会直接扩大你参加此次社交活动的收获。延展性意味着你可能通过此次社交活动获得更多接触商务的渠道或有效信息等，这也是判断社交活动是否有价值的依据之一。

参加社交活动所获得的价值往往超越了活动本身，其可能来自遇见的重要人物或获得的有效信息。这种价值的实现往往依赖于机遇，受命运的影响。获得这种价值有三个关键因素：一是主动参与，二是细心发现，三是耐心等待。这些价值不是参加活动之前就可以预见的，你能做的就是客观分析每场社交活动，有效利用时间，按照自己的分配逻辑、取舍方法和应对策略处理社交问题。这些经验的累积会让你的思维变得更加理性、成熟，更容易驾驭复杂的局面，更懂得如何管理自己的时间。

四是参加的价值性。价值性是一个综合判断的结果。价值有大有小，有显现的、有潜在的、有关联的、有持续的。参加社交活动的价值是多元的，主要看这场活动会给自己带来哪些东西，是学习机会，还是商务机会，至少这场活动对你有正向积极的作用。

不要把消遣自己的时间当成是一种价值，这就太不值得了。要想清楚自己是在什么状态下参加社交活动的，自己所处的阶段与活动的匹配度如何，自我的判断最真实也最可靠。然后遵从自己的内心去选择，不受旁人的影响。价值的范围很广，有些价值弃之也罢。有些人认识了跟不认识差不多，有些人不认识比认识更有价值。有些事知道了不一定是好事，有些事不知道不一定是坏事。

除了刚性的社交活动外，其他任何社交活动都可以用这样的标准来判断是否需要参加。希望上述的观点能给读者带来一些思考，使读者在决定是否参加社交活动的时候思路能够更加清晰。

社交的类型分为商务型、家务型、兴趣型、学习型四种。

商务型的社交活动最复杂也最频繁。有内部的、外部的。内部的商务社交活动是有一定的商业目的的，这是一种比较常见的社交活动，经营者经常参加的招商会议也属于此类社交活动。对于内部的商务社交活动，经营者没有选择权，因为那是工作的一部分，不仅必须参加，还要达成目标。

对于外部的商务社交活动，经营者有一定的选择权，但是经营者往往也会带着强烈的目标参加此类社交活动。经营者要评估这个活动的质量以及与自身需求的匹配度。活动的持续时间，参加者是哪些人，主讲人是谁，会议的主题是什么，掌握这些关键信息之后再进行分析。一般情况下，没有特别精准的目标，建议不参加。

家务型的社交活动属于小范围的家庭式亲情互动。这一类活动在中国的人情社会中是非常普遍的，如果没有特殊情况，人们都会选择参加，如老人过寿、新房入宅、亲人婚礼等。人们一般会根据举办地与居住地的时空距离和要花费的成本决定是否参加。家务型的社交活动近年来可能变得不如以往那么多，因为现在很多人的亲友分别住在不同的城市，甚至还有居住在国外的。出于这些原因，很多时候亲情变得寡淡无味了。如果时间允许，我们还是要参加这类活动，因为人奋斗一生的目的就是让自己和家人幸福，通过参加家务型社交活动与亲友见面也是创造幸福的机会。

听听老人家讲过去的故事，体会孩子们聚在一起的欢乐，与同龄人畅谈事业梦想，这是非常幸福的事情。不知道从什么时候开始，有些年轻人不愿意参加家务型的社交活动了，究其原因无非就是看不惯、听不进老人的唠叨，这是非常错误的。我们每个人都会有老的那一天，孝顺可以用很多方式表达，学会倾听就是其中最容易做到的一种。哪怕你一言不发，静静地坐在老人旁边倾听，老人心里也是开心愉悦的，这就是什么都不能替代的亲情。

兴趣型的社交活动对自己算是一项福利，毕竟人生难得能有几样自己喜欢的事情。兴趣型的社交活动针对性很强，它能够汇集志同道合的人一起参与热爱的活动，因此人们参与这种社交活动的热情是非常高的，但要注意避免频繁地参与。此外，对于运动强度很大的兴趣型社交活动，要充分评估自己的接受程度。

兴趣型社交活动一般会有固定的参与时间，是一种有组织、有计划的社交活动。兴趣型社交活动受到了年轻人的追捧，原因是他们可以在这类活动中找到志同道合的人。因此，此类社交活动的吸引力很强，参与人数多的活动更是组建了专门的服务组织进行服务。

有些兴趣型社交活动的负责人甚至为此建立了线上平台，或是专门开一家公司管理这类社交活动，直接把兴趣做成了生意。在未来，这种形式会越来越多，其受众也会越来越精准，人们的精神文化生活会因此越来越丰富多彩。用商业的逻辑来运营兴趣型社交活动是非常不错的"商业＋兴趣"的营销模式。

学习型的社交活动是许多上进的人喜欢的方式。这部分人会非常主动地获取这类社交活动的参与权。这种学习型的社交活动往往都有一定的门槛，虽然也有公益的，但品质参差不齐，很耗费精力。疫情过后，此类的社交活动将迎来大流行的发展阶段，各类读书会、演讲会、管理会、金融理财俱乐部等都会受到许多人的欢迎。这类社交活动创办的目的就是满足人们的各种需求，因而会在很长一段时间里存在并发展壮大。

当大家可以主动选择自己需要的兴趣型社交活动时，可能会迷茫，因为兴趣型社交活动的门槛和质量有高有低，大家一定要根据自身的承受能力与实际需求做出正确的选择，不要在盲目选择之后抱怨自己，这样原本想获取快乐的愿望也被扑灭了。

第二节 找到自己的兴趣型社交活动

有些社交活动并不是你一开始就喜欢的，它是你在特定的环境里受到环境与他人的综合影响而产生好感，从而触发你参与的欲望，并在不断加强后才最终成为你生活中的一种爱好。

在物质生活不断丰富的今天，兴趣型社交活动也发展到了异常火爆的阶段，人们会选择参与自己喜欢的兴趣型社交活动。所谓兴趣型社交活动就是出于生活或工作的需要，人们主动寻求符合自己需求的社交活动。

人们在选择兴趣型社交活动时有不同的目的。有的是为了丰富自己的业余生活；有的是为了结交更多志同道合的朋友；有的是为了满足生活或工作的需求。

人们参加多项兴趣型社交活动的情况较多，但要考虑自己的时间分配与兴趣投入的热度，这项社交活动对自己的生活或工作是否有正向积极的作用，以及这项社交活动对实体门店的经营者和管理者是否有更多的"加分"，这些都是衡量的标准。通过兴趣型社交活动来拓展自身的优质朋友圈，这是一个不错的渠道。拥有兴趣爱好会让人们对生活的热爱提升一点点；通过不断的积累也会让人们对工作的热情有所提高。因此从某种意义上来说，参加兴趣型社交活动可以让人们的生活变得更加丰富多彩，让人们对工作充满激情与无限的创新动力。

结交更多志同道合的朋友无疑会为生活和工作增添色彩，同时也让人们对生活和工作充满了期待。正是因为有了期待，才使每一天的努力有了更多意义和价值。其实每个人都为了这份期待不断与生活中的困难作斗争，通过参加兴趣型社交活动来点燃内心的生活热情和工作斗志，这也是一种提升自己的良策了。

为了提升工作能力而参加的活动就更有针对性。当你感觉自己的工作能力有待提升并积极寻求方法提升自己时，这就是真正意义上的自我成长，而不是掩盖自己的不足，还感觉掩盖之后不足就会慢慢消失，这是错误的想法。

不管是哪种不足，你都要积极面对并设法改变它，这样做是值得鼓励的。有些不足甚至要靠外界的力量进行弥补，比如管理水平、个人领导力等就需要有人指导，这种借助外界力量提升自己的案例有很多。有的人会去找老师指点迷津，有的人会去找与自己优势互补的合作伙伴，这些行动就是个人内驱力的体现。在你发现了自己的问题之后，就要正视它、解决它。

有些兴趣不能强求，比如你是一个初级武术爱好者，却天天想着参加比武大赛，这个就不太适合你当下的需求。你可以喜欢，但不能痴迷，参加的活动要接近自己现实的需求。不是不让你专注，而是这个兴趣型社交活动要符合你的水平，只有这样的社交活动才能让你感到愉悦，你才会坚持下去并有所收获。

因此，兴趣型社交活动的选择也是一门很大的学问。发自内心的喜欢是做好一项事业最大的动力，但兴趣要与现实需求相结合人们才会坚持得更久。经营需要持久动力，培养兴趣也要坚持长期主义，这就又谈到修身树德的初心上了。坚持长期主义能让你的心中有一股坚定的力量，这股力量一定不是虚于表面的，是可以长期保鲜、持续为你赋能的，而且还会增强你克服困难的能量。

兴趣型社交活动源于兴趣，用于生活和工作。大家要用好它带来的一切能量，并设法将其保存、传递给身边的人，如实体门店的成员、顾客和同行。

第三节　找到自己的三个标签

标签可以让我们更清晰地认识自己。现代人的生活工作节奏快，这是新时代的一大特点，在这个时代找到属于自己的标签很重要。

我们可以将自己具有的标签关键词罗列出来，然后邀请亲友客观地判断和总结，逐一排除不精准的标签。通过这个方法，我们就可以快速地得到自己的标签。

标签的作用很多：第一，有助于提高社会大众对自己的识别度；第二，可以更加明确自己的社会竞争优势；第三，可以提高自己努力方向的精准度；第四，可以对个人进行品牌化运营；第五，可以增强个人在具体领域中的权威。

作为社会中的独立个体，每个人都希望自己能够被他人快速识别，因此识别度对于现代人来说尤为重要。在社区范围内，识别度对于实体门店来说也是十分重要的。顾客在有需求的情况下第一时间想到的是哪家门店，这家门店就是他的最佳匹配目标。比如谈到空调有些人会想到格力，谈到椰汁会想到海南，谈到天安门会想到北京。这些地域和品牌就是有了明显的标签才让广大顾客在第一时间捕捉到它们。

个人的标签也相当于一个品牌。实体门店要有自己的标签，如早点首选、宴请首选、家电首选等。个人的标签与门店的标签是可以相互促进的，这种促进能对顾客释放整体效应，如董明珠也是格力的代名词。在社区中，顾客的潜意识会主动识别与匹配自己喜欢的实体门店。实力好、传播好、口碑好的门店，其识别度也会更强。抢顾客的"战争"就是在这样一种无声无息的状态下进行的，你不用去看别人如何出牌，静心选好自己的标签并坚持下去，让标签在顾客心里扎根，才能打造最稳固的顾客关系。

没有标签，要树立标签；有了标签，更要守护标签。标签一般不要超过三个，把这三个标签按重要性进行排序，优先选择最重要、最贴切的标签。在提炼标签的过程中，经营者一定要充分听取大众的意见，不能独断专行，必须从门店的实际出发进行甄选。这个标签还要得到广大顾客的一致认同。

一个人找到了兴趣是其一大幸事。如果你还从事着自己喜欢的工作，不管你经历多少艰难险阻，都是值得的，这可能就是我认为的"人生赢家"吧！实体门店的经营者如果喜爱自己当下经营的领域，那么你的身上又增加了许多别人没有的内驱动能，这种动能续航能力极强，抵抗能力极高。别人给的帮助是有限的，但自己给自己的力量是无穷的、源源不断的。你若能带着这种力量去拼搏、去拥抱世界、去积累人生路上的风景，就会收获美好无限的未来。

如果你找到了兴趣，那就尽情地发挥；如果你没有找到，那就不断地探索，总有一天会找到，兴趣每个人都有，它是与生俱来的。这种探索兴趣的力量并非遥不可及，只要你静下心，它就会慢慢向你靠拢，直至充满你的全身心，使你以全新的面貌迎接新的一天。

找到了标签就找到了方向，找到了方向，你就有了内驱力。标签要精准，方向要明确，如果自己找不到，就借助别人的力量去找。

第四节　社交不等于饭局

现在很多人都把社交跟饭局画上等号，这显然是不对的。社交是出于生活或工作的需要所进行的一种社会活动，而饭局只是社交活动的一种形式。饭局在社交场上有着重要的地位。人类饮食结构不断演变的同时，饮食文化也在不断的丰富，吃饭的意义和价值不断深化，造就了今天饭局的重要社交地位。

饭局上有很多规矩，饭局的位置座次有一定的顺序，这让很多经常参加饭局的人非常累。如果饭局当中还要对他人进行阿谀奉承、溜须拍马，就会让更多的人连连拒绝。这个时候经营者就要向内对照自己，因为经营者也会经常组织饭局。经营者应该营造什么样的饭局氛围来满足不同人的需求，这个问题很考验人的智慧。

应该营造轻松快乐的氛围，对此我想大多数人不会否定。在组织饭局的时候，经营者要注意参加人员的结构，应该把健谈开朗的人与沉默寡语的人安排在相邻的位置，让饭局的整体氛围、座次相对平衡，这样安排才能使整个饭局发挥积极的作用。组织饭局最重要的是为来宾提供轻松愉悦的氛围，使其在愉悦的基础上进行商谈或是互动交流，让参加饭局的每一位来宾都能放松自己，与其他人坦诚相交，从而提升饭局的有效性与高效性。

有效是前提，高效是目标。没有有效这个前提是谈不上高效的。我想很多人都会有选择性地参加饭局，我参加饭局有以下几点原则：一是不参加烟酒无度局；二是不参加熬夜无度局；三是不参加盲侃虚言局。每个人都应该有自己的原则，并且应该把健康放在第一位，但往往有一些人就是把所谓的义气凌驾于健康之上，这种爱面子的傻事，我劝各位还是三思而行，因为最后所有的结果都将由你自己来承受，没有人能为你分担。

经营者有选择性地参加饭局体现了其坚守原则。原则就是不能打破的定律。不能今天定原则明天就打破，这种原则不要也罢。一个不坚守原则的人很容易成为墙头草，并且会养成不讲原则的习惯，这不仅会对生意、夫妻感情有影响，对子女的教育也有很大影响。这种习惯一旦养成，人不仅会变得没有原则，还会变得没有底线，甚至对其个人的人生产生致命的影响。

有时候一杯酒、一支烟，你觉得无所谓，但当你经常认为无所谓，你的身体就会有所谓，这种有所谓会对你造成一生的伤害，而且是无法逆转的伤害。实体门店的经营者或管理者身上的责任都很重，因此更要把握好原则，不要为了那些所谓的业绩透支自己的身体，这种代价实在是不值得、不划算！

经营生意、经营人生的道路有很多，不是只有以牺牲健康为代价获得成功这一条路，这条路是不归路，大家一定不能走。在社会中，每个人的压力都很大。但是不要忘记越是压力大，就越要重视自己的健康。只有这样你才有更多的能力去完成交付，有更多的能力为家人遮风挡雨。当你躺在医院的病床上时，全家人都在病房里照顾你，你已经没有资格为家人负责了，连自己都照顾不好的人，怎么可能为别人负责？疫情防控期间很多人的表现就印证了这一点。大家要时刻坚守原则，保护好自己的身体。有些人不是不想把健康放在首位，只是他们不够坚定。在健康这一问题上，真心希望实体门店的经营者好好思量。

社交不等于饭局，饭局是社交的一种形式。饭是肯定要吃的，但要吃得开心愉悦；酒是可以喝的，但不能贪杯；烟是不能抽的，请身边的人监督你戒烟。这一切的意义在于你要好好活着，只有身体健康，你才能为家人、同事、朋友负责，千万不要被歪理邪说洗脑。唯一能解决健康问题的方法就是坚守原则，永远守住健康生长的定律：向下生根才有向上生长的养分和动力！

多组织、多参与正向积极且愉悦快乐的饭局，你会发现不是所有人都在泥潭之中，还有更多人生活在健康、积极、向上的花园里。他们享受着曼妙的时光，与父母相处和谐，与同事共同进步，在社会中砥砺奋进。

有些时候不是你不想进入这个花园，而是现实让你迷失了方向。你总以为所有人都在这条轨道上，你的眼睛能看到的东西只有这么多，或者是你的思想受限了，又或者你看到的事物和经历的事情让你认为这个世界就是你想象的样子。其实不然，这个社会的风景还有很多，这个社会也从来不缺少快乐，只是我们没有跳出思维的框架重新审视自己，这对你我来说都需要勇气，这份勇气不需要太多，哪怕只是挪一下脚步，你就会发现不一样的天空，你的内心就会变得更加安定。经营者要做到以静制动，积聚能量，厚积而薄发。经营门店也是自我修行的过程，你的门店就是你修行的道场，你的同事就是你的道友，你的顾客就是渡你的人。

第十二章

门店运营机制的转变

Chapter 12

第一节　从雇佣制到合伙制

"打工"这两个字将很快成为历史，同样，"老板"这两个字也可能会被团队领导人、企业创始人、创始合伙人等团队属性更为明显的标签替代。"打工"一词诞生于我国改革开放初期，时代的进步少不了打工人的见证与参与。当某一天，他们退出历史舞台时，整个商业体系将会发生一次翻天覆地的迭代。当人们的思想变了，体系必须随之发生改变。

越来越多的人不愿意打工，除了钱赚得少之外，快乐指数也不高。年轻的打工人早就不把工资看作幸福的唯一标准了。他们有了许多与老一代打工人不一样的思维和观念。除了有人为他们的生活兜底以外，他们大多有较高的文化素质，因此也有了更好的选择。他们普遍认为自己与老板是平等的。

雇佣制的落幕只是时间的问题。每个人都想要主权，地位平等是再正常不过的事情了。因此哪怕知道创业的风险有多高，他们仍选择创业，这就是年轻人的勇气和底气。

实体门店的经营者必须正视这个问题。大家要提前主动去更新员工的身份，让他们成为企业的主人或合伙人，与企业创始人享受同等的待遇。在商业环境中，这可能是一场危机，也可能是一场机遇。大家要积极看待并做好角色转变，从老板变成团队的服务员；用智慧把经营的成果在团队中进行合理分配，让更多的"主人"走进来，这就是核心的转变。

谁也阻挡不了时代的变迁，这种变迁是进步的，是大家所共同期待的，也是实体门店的趋势。经营者经营的核心从门店转变为人心，从以前的一个人作战转变为未来的一群人作战，门店始终是朝着积极的方向发展的，如果经营者能够善用这些力量，抓住这个机遇转型，越早越好，就能让生产力得到充分释放，也能以开放性的思维面对从雇佣制到合伙制的转变。

之所以要转变，是因为雇佣制的管理体系跟不上时代的发展了，不管是单体店还是连锁店，在经营管理上都需要深度的变革。无论是哪个领域，都会走到这个拐角，有些提前转型的门店还处于变革的初期，其经营者没有真正放下自己，接下来经营者需要拥抱所有的团队成员，使其真正走进门店。因此经营者必须有勇气、有智慧、有魄力来迎接时代的变革。

很多实体门店的经营者可能还在怀念一个人说了算的雇佣制时期，虽然那时权力集中，经营者的主权很大，但也制约了门店的发展。如团队劲头不强，团队为企业服务的周期不长，流水的兵给企业增加了培养新人的成本与风险等问题频发。

合伙制则不同，想扩张的门店可以从团队开始裂变，这既解决了团队问题又解决了资金问题；想发展区域市场的门店，可以让团队成员做分公司的负责人，这既解决了忠诚问题又避免了管理真空。团队越来越大，市场也就越来越好，到最后经营者只要为大家做好供应链的服务就够了。把原来实体门店的经营者推到平台上，这样供求关系会更加和谐，因为经营者是与团队一起成长的，有感情基础，这样市场与团队会更加稳固，体系也会更加牢固，还能赢得团队的感激之情，这不就是经营者期待的结果吗？

是否能达到预期就看实体门店的经营者愿不愿意放下身段拥抱这个结果了。但是，不管经营者放不放得下，这个模式都必须迭代。时代推动的东西由不得人们选择的。当大多数人都顺时代浪潮而行，少数人的"抵抗"是没用的，这就是时代的浪潮。想当年没有微信、支付宝的时候，我们谁也不会想到这么快就进入数字化时代了。时代的进步是人类不断创新的必然结果，不可违之，也不必违之。

雇佣制时期，企业的风险由经营者承担，进入合伙制时期，风险就是大家共同承担了。从这个角度看，这一模式对企业的发展是利大于弊的，它能让每个团队成员都拥有主人翁精神。当每个团队成员都成为企业真正的主人时，他们的主人翁精神自然就会迸发。经营者要专注当下，脚踏实地，而不是到处学习如何搞定团队的技巧。只有把原来管理团队的思想转变成服务团队，经营者才是真正地在转变了。

从管理者变成服务者，经营者的地位没有变低，而是格局提升了。实际上经营者的地位更高了，更有权威了。从管理者变成服务者是合伙制时期经营者必须完成的核心转变。从管理者的一言九鼎到服务者的纵观全局，这本身就是一种商业思维的提升。放下才会拥有，成长的力量源自内心。

打工人会慢慢消失，经营者必须接受这个事实。与其浪费精力抱怨团队不懂感恩、不好管理，不如早早放下，转变自身角色，努力搭建事业的舞台，让团队成员转变成合伙人，共同享受这个舞台。从早前的相互猜疑到未来的共创共享，经营者是时候要放下雇佣制的旧思维了。

从打工人到合伙人，团队成员内心的变化是一个缓慢的过程。从客人变成主人，其工作的干劲会不一样。实体门店的经营者是先行者，能最大限度地信任新合伙人，毫无保留地"陪跑"，对于这一变革经营者需要早日下定决心。这一变革不是试探性的，而是长期性的，可能在一开始会有很多问题，这都是正常的，因为经营者还没有做好进行变革的准备，这需要一个适应的过程。只要经营者坚定地往前走，这些问题都会迎刃而解。

从传统的雇佣者转变为风险共担的合伙人，团队成员也需要一个适应的过程，给彼此多一些时间，让大家在转变的过程中充分磨合，后期就会非常顺利。当第一梯队磨合成功，后期就可以由他们去传帮带了。实体门店的经营者可以考虑建立供应链平台。合伙人的分工明确了，团队才能真正稳定下来，这个时候经营者才会真正转变为服务者，其工作的核心就是站在合伙人的立场来考虑问题，解决合伙人前行路上遇到的问题，满足合伙人的需求，这个时候经营者的核心竞争力才能真正凸显。经营者仍然是带兵的元帅、大家尊敬的引领者，只是经营者的身份发生了转变。但经营者的思想仍然走在其他人的前面，经营者仍然是影响力的中心。经营者必须比其他人更加努力，只有这样经营者的思想才会不断精进，不会被时代淘汰。

转变之后的形势有一个由阴到晴的过程，经营者的内心也会经历起起伏伏，很多人熬不过这个过程就输了，但是输了之后仍然得面对眼前这个局面。你我都不可能阻挡整个社会前进的脚步。

新时代的打工人早已不是没有梦想、没有追求的打工人了。随着时代的发展，创业的机遇不断增多，新时代打工人的物质资源得到了一定的保障，他们逐渐从选择就业转变为选择创业。近年来有许多打工人选择回乡创业，这说明了他们的思想在转变。还有一些年轻人虽然适应了大城市的生活，但是不满足于现状，心中的创业梦仍在燃烧。由于目前很多实体门店的经营者还在固守阵地，可能导致年轻人的创业之路不是那么顺利。但年轻人创业是一个趋势，实体门店的经营者要迎合这个趋势变被动为主动，在年轻人的创业大军到来之前改变自己，从雇佣制转变为合伙制，这样做会获得双赢的结果。

早一点转变就会早一点占据有利的舆论条件。从实体门店未来发展的角度来看，过去的雇佣制不符合企业未来的发展，经营者应及早改变，制定好应对策略，分好钱、分好工、分好人。待"三分天下"稳定之时，江山已稳固，团队已齐心，市场的主导地位也就牢牢把握在自己的手中了。

实体门店的经营者现在就要把未来的事业布局好，提前打好根基，到了真正亮剑的时候就不用临时抱佛脚。核心竞争力是提前打造的，在社区范围内，凸出的核心竞争力可以让顾客对门店产生信赖。实体门店的顾客以街坊居多，在一定区域范围内信息传播的速度很快，很容易产生蝴蝶效应，因此经营者必须坚守长期主义才能获取顾客持久的信任。

在制定相关的合伙人机制前，一定要充分做好调研功课，从平等互利、长远发展的角度看待合伙人机制，不要照搬照抄其他企业的机制，这样会害死自己的企业。借鉴来的变革机制一定要谨慎使用，经营者可以广泛听取内部团队、外部专业人士的建议，并以此制定一个试行版的机制，然后再在这个机制的基础上进行优化调整。没有一步到位的机制，经营者要给自己和团队一个适应的过程，而且这个过程还要分阶段来实施，重要的是大家要有这耐心来共同完善这个机制，最终达到平等互利的目标。

打造合伙人机制要遵循多赢的原则，并且需要认真进行财务核算。一个机制必须过得了财务这道关，数据要科学合理。经营者可以咨询专业的财税公司，并且向全员普及相关的财务知识，确保财务数据公开透明，不做任何隐瞒，以免合伙人之间相互猜疑。相互猜疑对合伙人机制的信任基础非常不利。财务机制后期也要公开透明，让每一位合伙人都有知情权、表决权，因为权利与责任是统一的。

实体门店未来的发展核心仍然是人才，因此设计一个科学合理的合伙人机制非常重要。经营者在发展门店的同时要招募优秀的合伙人，与其共同完成门店的发展目标，通过合伙人机制解决门店发展的人才问题。在制定合伙人机制的时候也要充分考虑企业的实际，不要好高骛远、夸大其词，否则合伙人会有超出正常发展范围的期待，之后发现实际情况与期待差距太大，会有心理落差，从而影响其信心。

不管是传统的雇佣制还是未来的合伙制，门店的发展之路都要脚踏实地。别人愿意从打工人变为合伙人，愿意在你身上投资、投人、投时间，你就要珍惜这份信任。这份信任是你多年经营的成果，比丰厚的盈利更加重要。

一边是新打工人的内心追求，一边是原有实体门店经营者的破局前进，对于两边都是绝佳的机遇，就看大家如何把握了。现在不是你想不想这么做的问题，而是必须要做的问题。商业环境的发展日新月异，转变早已是大势所趋。很多具有前瞻性的经营者早已开始布局设计合伙人机制了。

很多经营者可能很早就听说过合伙制，但是真正实行合伙制的经营者很少。大部分经营者还是不放心、想不开、做不到，或者说根本就没有想过要转变为合伙制。合伙制不仅仅是一套利益分配的机制，更是一套全新的从战略到营销落地全过程的管理体系，是一项系统性、长期性的工程。有些经营者在合伙制的门口转了一圈就又回到雇佣制的漩涡里了，他们担心自己的地位会受到挑战和威胁。如果没有进行根本性的合伙制变革，是不会有优秀人才与经营者携手共创的，这会导致门店失去建立核心竞争力的先机，若经营者到后期才明白这个道理，将于事无补。到那时很多优秀的人才已经成为别人的合伙人了，市场格局也完全变了，再想重新整合一支优秀的队伍，难度就大了。

经营者越早觉悟越好。很多优秀的人才很快就会逃离雇佣制的企业，上进的人都是有梦想有追求的，当这种梦想和追求在目前工作的企业得不到满足时，这部分人一定会寻求其他实现的渠道，合伙制就是符合他们需求的渠道，不用从头来过，又有平台发挥，只要"三分天下"做得好，这些人就会积极加入，与经营者一起共创辉煌。

新打工人在选择平台时会比较看重它的发展历史和经营者的口碑与为人。他们加入的前提是经营者有较强的合作精神，以及开放包容、谦逊友好的态度，这些都是实体门店经营者的必备素养。从雇佣制转变为合伙制要求经营者用开放的姿态去面对未来，至少经营者要提前做好准备，这样才能收获期待的结果。

雇佣制基本上已经完成了它的使命，合伙制的条件基本成熟，这是实体门店商业环境的重大变革，基本上已成定局。实体门店的经营者要提前做好功课，无论是哪个领域，哪怕换个行业重新来过，都会面临团队建设的问题。未来顾客会向优质门店倾斜，顾客需要优质的服务，而优质服务的背后必然要有优秀的人才作支撑。如果经营者还在用雇佣制的思维来管理门店，不停地招聘、挖墙脚，最后招来的都是只认钱的员工，这种方式是招不来那些真正具有合伙人潜质的优秀人才的。

第二节　从中心化到去中心化

去中心化不是不要中心，没有中心就不可能实现去中心化。当下互联网经济里面就有很多去中心化的案例。很多平台就是根据去中心化的原理快速建立起来的，去中心化的核心思想是让用户成为中心，用户也可以担任促进者、创作者、消费者等多个角色。人们在购物类的平台上既可以消费，也可以开店；人们在视频类的平台上既可以消遣娱乐，也可以进行创作，以获取一定的回报。这种有无数节点的去中心化模式就是因为迎合了人们的多元需求，才让各类平台获得了前所未有的快速发展。这一模式以科技手段作为支撑来实现去中心化的环境要求，比如智能手机终端、5G 网络等技术。

从实体门店过往的发展历史来看，中心化的现象是比较集中的，但随着近年来移动互联网的快速发展，实体门店去中心化的趋势也在不断地向前。比如有些实体门店在各类线上平台进行宣传展示、线上交易咨询等，有实力的实体门店甚至还建立了自己的信息服务闭环平台，这意味着他们不仅仅在第三方线上平台开设了与顾客沟通的窗口，还通过建立自己的网站、应用程序等形成了与顾客直接互动的渠道。这样的闭环平台可以帮助实体门店更好地管理顾客数据，提供个性化的服务，与顾客建立更紧密的关系。

去中心化的前提条件是必须有一个中心。去中心化有三个方面：一是管理去中心化；二是经营去中心化；三是发展去中心化。

管理去中心化就是从雇佣制到合伙制的转变。但前提是这个中心一定要稳，如果没有一个稳定的中心，那么管理去中心化就无从谈起。这个中心指的是实体门店经营者的权威地位或是优质的供应链，又或是核心的技术壁垒。经营者应该在门店有稳定的基础之后再来谈去中心化，在管理去中心化时，一定要把握好时机再做决策。

管理去中心化还有一个重点是不能急于求成。中心化管理和去中心化管理在很多理念上是背离的，因此经营者要循序渐进，切不可操之过急，过刚易折。比如在决策方面，要从"一人说了算"变成"民主决策"，这就是一个大的颠覆，很多机制都要推翻重来，这都是涉及企业核心利益的大事。

经营去中心化讲的是经营策略。传统经营中的单一模块早已不能满足顾客多元、个性化的需求了，顾客需要更便捷的方式与实体门店进行沟通，表达需求。例如云端远程服务，现在很多医生通过云端问诊、云端开药等移动互联网模式进行执业，但是他们也少不了以实体门店作为支撑，比如很多医生必须要有实体医院的执业证明作背书才有资格在互联网医院接诊。在这里，实体医院就是中心，脱离了中心，医生就无法进行线上工作。这就是经营去中心化，中心还在，门店只是在中心之上建立了多个节点，让每个人在平台上发挥最大的价值，以此来提升效率，满足顾客的个性化需求，这个过程就是经营去中心化的具体表现。

实体门店的经营者应该从发展的角度来思考和实现经营去中心化，以一个中心为基础来构建去中心化的平台。不论是大型门店还是小型门店，都可以根据自身的规模来搭建相应的平台。现在市场上的各种平台基本上可以满足不同体量规模的实体门店的需求。经营去中心化要解决几个实际问题：一是拓展宣传推广平台的渠道，门店可以自己建设这些渠道或利用第三方资源来实现；二是要用去中心化的思想来争取更多的顾客，不断扩大实体门店的辐射范围；三是满足顾客对消费场景的需求，这种消费场景需要体现人性化，为顾客提供便利和高效的服务。

经营去中心化的核心就是大家都非常认同的分享经济，直白地说就是让消费者变成你的免费业务员。这几年有一些大的房地产公司就是利用去中心化的思想来拓展业务的。想让顾客主动成为消费体验的分享者，就要重视顾客对门店提供的服务的满意度。每个人的心理都是一样的，只有自己认同了才会分享给身边的人。因此实体门店必须脚踏实地，做好服务，把控好品质，这样门店才能利用好去中心化的平台，不然再好的工具也没有用，在中心不稳时谈去中心化是不切实际的。

经营去中心化就是要让每个顾客都成为主角，但是他们又都脱离不了这个中心，这就是中心的重要性。要想让顾客成为实体门店的推广促进者，除了建立利益关系之外，还要让顾客在去中心化的平台上享受到门店营造的优越感，这种优越感一定是能让顾客直接感受到的。比如各种节日的小礼物、各种活动的贵宾待遇等都能凸显顾客的尊贵身份。哪怕只是会员身份的名称，门店都要精心设计，这是顾客会在乎的情绪价值，没有哪个人不希望别人关注和认可自己。

只建立平台对于经营去中心化是远远不够的。门店还要进行线下的推广，让更多的人知道，才能有更多的人使用平台，才能发挥平台的潜在价值。在平台上面还要输出能够让顾客长期关注门店的内容，比如提供免费的公益课程或是举办打卡积分换购礼品的活动，以及赠予顾客购买优先权与特惠权等，这样才能让门店的平台成为顾客生活的一部分。这是实体门店经营去中心化的常态化工作。当平台的用户基数大了，门店还要不断地增加高质量内容的输出，持续地让用户得到实惠，才会有更多的用户愿意长期使用门店的去中心化平台。

经营去中心化不能操之过急。它是一项系统性的工作，门店越是深耕，它的价值就会越大。持续深耕可能会使门店的平台发展成为社区的综合服务平台、最贴近人们生活的标志性平台，这对实体门店的业务发展和品牌传播都是一股非常大的力量，能够为经营者拓展门店、快速形成品牌效应打下坚实的基础。建立去中心化平台的前期工作有很多，做好这些工作不仅需要耐心也需要恒心，要知道任何一个平台都不可能一夜成名。

经营去中心化还需要门店以顾客为中心经常更新有价值的信息，满足顾客的需求。门店要尽可能地以开放的思想创作内容，只要是顾客的合理需求，门店就要努力做到，而且要让顾客使用起来感觉非常便利，顾客黏性才会不断加强。实体门店的中心价值也会受益于经营去中心化的思想，两者相互促进，缺一不可。

发展去中心化要坚守初心，不能三天打鱼，两天晒网。在过去的几年中，很多实体门店在运营自媒体时出现了走走停停的现象，有些门店的公众号推文半年以上没有更新，推广的质量也堪忧，一看就是没有用心，很多顾客见此就会果断取消关注。经营者希望这些工具给门店带来收益，总觉得开通了之后就可以坐享其成了，这世上哪有这么轻易成功的事，考验经营者的就是这份坚守的初心。你做到了，回报自然向你靠拢；你做不到，回报自然与你擦肩而过。这是平等的，也是残酷的。

发展去中心化的内容可以做得很丰富，但是经营者也不要贪大求全。打造去中心化的平台是一个漫长的积累过程，顾客需要在去中心化的平台上找到价值所需，实体门店需要在去中心化的平台上找到目标顾客。对于经营者来说，关键在于你是否愿意长期建设去中心化的平台。每个商家都想让顾客永远跟着自己，可是经营者有没有用经营一辈子的耐心来对待顾客呢？我想实体门店的经营者心中都有自己的答案。很多实体门店的经营者总是觉得这种想法不现实，这种不现实的原因是经营者已经对这种想法下了定论，因此，它也就变得很难实现了。

长期坚持正向的思想才能做好经营去中心化。每家实体门店都想与顾客建立长久的生意往来关系，但门店必须采用长期主义思想，不然都是空谈，大多数门店都会因为追求短期利益而功亏一篑。市场越残酷越能检验出实体门店的竞争优势。很多顾客为什么会舍近求远去他们认可的那家实体门店消费，就是因为除了商业范畴的服务品质以外，顾客还想让内心的情绪价值得到满足，这份情绪价值往往超越了服务品质，直抵人的内心深处。

顾客的这种满足感往往被门店视而不见，因为这种满足感要经历很长时间的积淀才能达到情绪价值的水平，很多商家等不起，也不愿意等。等得起的、愿意等的门店都笑到了最后，成了百年品牌，成了百姓心中可信赖的依靠。那个时候门店卖什么已经不重要了，重要的是门店已与顾客建立起了充分的信任，这份信任是用无数个四季换来的。门店一路伴随着顾客成长并成为其美好回忆，这些美好回忆就是情绪价值的来源。门店坚持满足顾客的需求，顾客就会给予门店回报，这就是坚持的力量，它让经营者把经营理念变成了一种信仰，并用几代人的行动来诠释这一信仰。

向下生根，打下扎实的基础就是建设中心；向上生长，实现发展去中心化的路径：不自我设限，最大化地运用互联网工具进行自我赋能。

向下生根需要经营者用长期主义来做思想引领，这是中心稳固的前提。做到一个中心点不动摇，根就扎得深，根扎得深，步子才走得稳。古人云："脚大行路稳。"因此实体门店的经营者要先建立中心，再实施去中心化的战略，千万不要本末倒置。在商业场上，有很多经营者被假象所迷惑，各种拔苗助长的案例太多了。经营者要看清楚门店的根够不够深、基够不够稳，明确地看待企业当下的真实情况，有计划地进行去中心化。如果条件达到了，就顺理成章地实施；如果条件没有达到，那就要努力让一个中心先扎实地成长起来。

向上生长有无限的可能，因为根深才会叶茂。根部的养分充足，去中心化的建设才会发挥更强的作用；如果根部是枯竭溃烂的，再好的去中心化平台都没有任何用处。向上生长的持续动力来源于强大的根部，经营者在进行去中心化的时候一定要清晰地认识到这一点。在疫情防控期间，许多商家都在线上争抢顾客，你会发现，原来基础打得好的、软实力强的品牌，很快就会得到顾客的青睐，之前那些短期利益至上的商家就算是花钱投放流量，最终的成交量也不理想。无论是线上还是线下，无论场景如何变化，只要顾客认同你，影响就不大。如果顾客没有真正认同你，即使线上有再多的流量也无法转化成线下的交易。

这就像很多网红的人设一样，出现一点危机就会整个崩塌，这是因为这种人设缺乏稳固的根基，更不具备竞争力，只是短期之内用各种套路来蒙蔽顾客，这种做法注定是不长久的。许多网红在拥有一定的流量后，总纳闷粉丝为何无法转化成收益，他们没有明白一个问题，就是顾客为什么要为一个自己不认同的人买单？问题的关键在于你带给粉丝的核心价值是否有生命力、是否可持续，那些所谓的流量网红只要一对照便可知晓不能获得收益的真正原因。在此我也希望那些缺乏核心竞争力的网红回归务实的工作，把自己的功夫练扎实，通过自己的努力为粉丝分享高价值的内容，只有这样做，网红才能真正让自己的综合竞争力提升，才有可能被大众熟知。

我的一位同学建议我通过线上平台做内容输出，可我始终没有这样做。因为我非常抵触通过网络一夜成名的捷径，这种方式会让很多人抱有一夜成名的幻想，从而轻飘飘地虚度时光，实在让人觉得可惜。好多不明真相的网民在网络世界里盲目崇拜别人，看着某个博主光鲜亮丽，总幻想着自己能跟那个博主一样获得成功，因此就不停地买那位博主的课，这着实令人伤心。很多人积攒的一点存款也被骗去了，当梦想破灭的时候，他们中的一部分人可能会受到沉重的打击。

这些人没有中心就要执行去中心化，最后得到的一定是遗憾和后悔。总想走成功的捷径，不如脚踏实地地把自己的根基打好，打好之后再用各种工具来帮助自己，回报自然是丰厚的。在中心没有打牢之前千万不要进行去中心化的操作。人是这样，企业也是这样，做实体门店更是这样。实体门店一定要本着长期主义，坚持与顾客共同成长的原则来经营。哪怕是经营者改行换业了，顾客也会跟随经营者，因为顾客信任经营者，这种信任是最稳固的，把这个问题搞明白了，支持经营者的人就会越来越多。

就算经营者经营不善使门店倒闭了，但只要经营者在过去的经营过程中赢得了顾客的信任，不管经营者开什么样的店，顾客仍然会前来支持。因为经营者经营的是人心而不是生意，这就是本质的区别。人心指的就是门店的根基、中心。只要能使中心屹立不倒，门店随时可以东山再起。在历史上有很多英雄人物做到了东山再起，大多是因为其人品和影响力经营得好。坚持做好中心非常不容易，在无数个日子里，经营者必须始终坚持童叟无欺、品质如一，这是做中心的根本要求。但是有很多人做不到这一点，他们受暴利思想的影响，总以为眼下赚取的暴利是自己的"智慧"发挥了作用，就是这种"智慧"在摧毁他们的未来。这种情况在商业场上比比皆是，不胜枚举。

做生意是为了更好的生活。好好生活是人们的本质需求，我们应该享受当下的每个瞬间。实体门店的经营者应该用长期主义看问题，潜心打造门店的根基，在达到条件的时候再实施去中心化。通过这样的努力，经营者可以开启新的发展局面，吸引更多优秀的人才与门店一起成长。这样做的收获不仅有财富方面的，还有生活方面的，这些收获会使经营者更加平静。这种平静能帮助经营者找到生活的意义，获得奋斗的动力，确定经营的方向。

商业活动构成了人们生活的一部分，日子要一天一天过，生意也要一天一天做，把每一天过好，把每件事做好，这本身就是一种人生境界。

从中心化到去中心化，这两者并不矛盾，反而是相互促进的。希望大家能够幸福地走下去，结交更多志同道合的朋友，把实体门店持久健康地经营下去。当你在垂暮之年回首过去时，是幸福满满的感觉。

第三节　从传统粗放式到全面信息化

时代在发展，人类在进步。实体门店作为离民生最近的一环，其百花齐放的盛景随着社会多元化的发展不断涌现，业态也不断优化升级，日益迸发出新的活力。

三年多的疫情，表面上看让实体门店苦不堪言、步履艰难，但我认为反而在某种意义上促进了实体门店的快速发展。很多实体门店的经营者利用这三年多的时间装修升级门店、开发设计线上平台、为团队养精蓄锐、谋划未来的发展。这些经营者用发展的眼光面对当下的困境，始终充满信心地向前行进。

为什么说疫情在某种意义上促进了实体门店的发展呢？

第一，三年多的疫情让许多传统的实体门店的经营者具备了互联网思维，纷纷建立线上宣传销售渠道来推动实体门店的线上经营，因此疫情间接助推了实体门店实现线上运营。

第二，疫情让实体门店的经营者对互联网有了全面的认知。他们纷纷从零开始建立账号，维持账号的活跃度，拍短视频，等等。实体门店的每一个成员都加入了线上运营的队伍，有做直播的、有做助播的、有做文案的。以前没有做过的事情，门店现在都开始做起来了；没有人教的内容，店员们都会自学。有了移动互联网、智能手机终端、5G 网络等技术作支撑，实体门店整合了线上平台，有的门店还为此组建了专门的团队，成立了专业的部门，重视程度非常高。除了全线登录第三方平台之外，实体门店的自媒体运营工作全面展开，这给年轻的团队成员提供了施展拳脚的机会，他们更能适应这种线上的节奏，更能把握顾客的实际需求。一部分门店在"试水"之后尝到了甜头，纷纷进行更大规模的线上运营。不得不说疫情三年多来，线上运营普及程度之高前所未有。

有了三年多的宝贵经验，实体门店具备了实现全面信息化的良好基础，三年疫情推动了实体门店全面信息化的进程。可能对绝大多数的实体门店来说，打造线上运营大数据还有点远，那经营者可以从小数据入手。小数据就是实体门店自身闭环内的数据链。其实门店在三年多的疫情中已经建立了许多数据链，只是经营者没有数据信息化的概念，之前都是以营销为上线的短期目标。

谈到实体门店的全面信息化，就不得不讲线上平台的算法。很多实体门店的经营者对算法是一头雾水。举例来说，抖音系统通过高效的计算为用户推送符合其喜好的视频，这背后靠的就是算法。用户在抖音上的浏览记录、所看视频的完播率、在视频上的停留时间等个人信息都会被大数据系统捕捉，然后系统会对用户画像进行分析，之后根据分析结果为用户精准推送可满足其需求的信息和视频，这个过程就是算法工作的过程。

实体门店的流量数据规模没有那么大，但是门店的数据分析与大数据的算法是一致的，就是以用户为中心推送用户想要的信息，这种精准匹配就是算法的核心。

实体门店的全面信息化需要有计划地进行。经营者要用系统性的思维来面对信息化。第一，要建立数据的生产基站，即登陆各种线上自媒体平台。第二，要建立闭环数据库，数据库的数据必须真实有效，不然会影响后期的数据处理结果，这就像是医生远程问诊一样，你总是瞒报病情，那医生的诊断结果肯定会有误差。大数据的采集也是一样的，如果初期采集的数据有误差，那么计算的结果肯定也会有误差，因此现在很多平台的系统算法还在不断地优化。因为大部分开放式的平台都想借助公平的算法用海量用户的创作内容来扩大平台的数据量，所以很多平台一开始的工作重心都放在了推广和吸引用户上，只有这样后期的经济价值才会凸显出来。

早期的滴滴打车和快的打车之间的博弈就是一个很好的例子。双方都建立了线上平台，但都苦于用户量少，因此他们就用"烧钱"的模式进行竞争，通过低价、为用户提供大量的打车补贴或其他优惠来吸引用户。一个线上平台必须有大量忠诚的用户才能有可持续发展的未来。

实体门店也是一样的，有些门店建立了自己的自媒体平台，但经营者要关注用户量和用户在平台停留的时间。建立平台是第一步，吸引用户是第二步，持续输出高质量的内容来吸引用户是第三步。第三步是最重要的，不然用户一窝蜂地进来，也会一窝蜂地离开，门店建立自媒体平台就没有任何实际意义了。

实体门店的全面信息化已刻不容缓，因为未来的互联网工具会更便捷，用户终端也会更稳定，这样一来，线上平台就是每个实体门店的必备工具。不管门店与用户交互的频率有多高，都必须有云端的沟通平台。尤其是年轻的用户，他们早已习惯了线上沟通、线下体验、再线上下单的消费模式了。如果门店连线上通道都没有打开，就会失去很大一部分用户，因为他们在线上各类平台获取不到门店的信息。实体门店一定要重视这一点，哪怕门店目前没有专职人员负责线上平台的工作，但是至少可以先把线上通道建立起来，让用户在云端可以获取到门店的信息，当顾客在线上初步了解了门店之后，很可能前往门店进行线下体验。

全面信息化的保护。数据保护要有风险意识，第一要对数据进行备份，备份要在线上线下同步进行，线上备份要选择稳定的平台，线下用移动存储设备进行备份。一般建议线上备份一份，线下备份两份，以每两周更新一次的频率进行数据的留存保护。对于门店来说，数据能帮助其做出科学的决策，提高其效率和竞争力。

全面信息化的应用。信息化的本质就是把以往零散的信息进行数字化，不仅能提高工作效率，还能实现数字化管理，对数据进行全面的分析，这对实体门店的长期经营十分有利。顾客的消费喜好、消费频次都能通过数据分析得到可靠的结论，如果由人来进行分析，不仅需要更长的时间，其主观想法也会对数据分析的结果产生较大影响。

门店数据的不断增多，意味着其可能产生的价值就越大。这是一个不断积累的过程，需要实体门店把数据收集与分析作为日常工作来跟进。门店的数据收集一定要准、数据保存一定要稳、数据提取一定要严、数据管理一定要秘。门店应该遵循以上四个原则来实施全面信息化的工作，建立门店信息化建设的管理章程，对门店进行规范管理并长期坚持下去。

经营者前期要将更多的精力投入信息收集，可以根据门店的实际情况制定吸引用户关注线上平台的策略，要让新用户与老用户都能享受到福利，既不能让老用户感到失落，又不能让新用户感到失望。用户关注门店的线上平台之后，门店要科学管理与运营线上平台。用户在线上平台的体验感是非常重要的，线上平台的响应机制、反应速度、服务热情等都会直接影响用户的体验感。经营者可采用分工协作的方式对线上平台进行管理。线上平台的服务水平会直接影响实体门店的口碑，因此经营者必须重视。不能建立之后就任其生长，不管不问，那门店的线上平台就成了一个摆设，不要也罢。

在线上，因为门店与用户未曾见面，基本上是以文字来沟通交流的，所以门店店员要在文字沟通上体现团队的服务意识。经营者要对团队进行语言表达方面的专项培训，从而使用户充分感受到门店的温暖，这是一项需要投入大量时间和精力的任务。线上的服务也要让用户感受到足够的尊重，为其营造一个愉悦的沟通场景，这是最基本的服务原则。当被问到比较专业的问题时，店员一定要谨慎回答，千万不能疏忽大意。店员的随口一说可能会给门店带来不可挽回的损失。

虽然在全面信息化的建设过程中有很多风险，但门店不能因此而不去做，这是没道理的。全面信息化的建设是一个战略问题，只要经营者坚持原则，认真对待，风险就会大大减少。实体门店的经营者一定要从战略的角度看问题，在实体门店未来的发展道路上，全面信息化是一项必须完成的工作。全面信息化会给门店带来很多有利的东西，而且已经有很多门店在实践中得到了相当不错的回报。

全面信息化是一项长期工程，门店要做好长期准备，不要在短期内期待过多，不然经营者的耐心很快会被消磨掉，这是非常可惜的。做好长期准备是为了让门店把全面信息化的工作做扎实，只有把全面信息化的工作做扎实了，门店之后才能从数据当中得到回报。这跟前文中我讲的去中心化的逻辑是一样的。数据库就是一个中心，数据采集就是中心的根，这个根稳固，基于此分析出来的数据才会真实有效。

经营者要对全面信息化进行不定期优化，从门店的实际需求出发，设定自己想要从数据当中获取的关键信息。业态不同，需求也各不相同，经营者可以先提取一些关键词进行分析，之后通过内部讨论和外部请教的方式确定门店的定位和优化方向，这样得到的结果比较客观。信息化分析得到的数据可以为各种决策提供有力支撑，而且这种数据支撑最真实，其效率也是人工统计无法比拟的。信息化分析得出的各种数据结论应用的范围很广，经营者可以从中获取消费特点、消费周期、消费类型、消费季节性等关键商业信息，对此加以研究就可以形成精准的营销策略并使其落地，再也不用进行大量的市场调研来判断自己的策略是否有效。

社会大数据，门店小数据。在未来，人们的一言一行都会被大数据系统记录保存，人们的生活将会在大数据的支持下变得越来越精彩。过去三年多的抗疫过程让人们感受到大数据的强大力量，社会中的每个人都是大数据的贡献者，同时也是大数据的受益者，这就是大数据给经营者提供的共创共享的机遇。因此，从小的门店开始，小数据也会变成大数据。只要经营者有全面信息化的决心，门店就能真正受益于全面信息化。每个门店都有平等的机会，但是大家也要明白信息化、数据化的背后必须先有付出，付出之后才会得到回报，走捷径是毫无意义的，不要总想着不劳而获。既然你选择了实体门店，就务实地做好每项工作吧！

第四节　从单体店到连锁店

在现实中，并非每个行业都适合同样的策略，有的应该专注于深度发展，有的则应拓展广度，还有一些则应注重厚度的积累。因此，并非所有行业都能走同一条道路。但尽管策略因行业而异，经营者所秉持的正向思维却应是始终如一的。有些行业受到时代因素的影响消失在了历史的长河中，而另外一些行业则成为商业迭代的铺路石。对于实体门店的经营者而言，关键在于根据自己所处行业的特点，结合实际情况，明确自身的定位和发展规划。无论是专注于深度，还是追求广度，抑或是强调积累厚度，都必须以自身的行业背景和现状为依据，这样的定位能够帮助门店更好地应对市场的挑战。

单体店和连锁店都有自身发展壮大的渠道和路径。迪士尼主题乐园在中国大陆仅有一个，却让 14 亿人为之向往，因为其文化基础很扎实，经历了长时间的积淀。中国著名小吃——沙县小吃，它的门店数量很多，门店面积很小，受众面很广，但是它没有真正做到连锁，只是表面上的概念连锁，这是非常可惜的。如果有人能够把沙县小吃的制作标准进行规范统一，把所有同业都整合起来，它有可能成为中国最大的餐饮连锁品牌。

不论经营者是想做大单体店还是想做多连锁店，都不能照搬那些所谓的成功案例，应做到取其精华，去其糟粕，这才是明智之举。实体门店的未来需要经过时间的检验，因此经营者一定要做经得起时间检验的规划，并付诸行动。只有这样，你的实体门店才能有资格谈根基大业，才能有传承发展的基因，才能让团队成员锲而不舍地勇敢向前。

单体店的纵向发展是精益求精的过程，体量也能做到无限大。重庆有家火锅店可以同时容纳 1 万人就餐，是全球最大的单体火锅店，也是全国知名的火锅巨人名店。这种单体店纵深发展的过程是有计划的，实体门店的经营者要进行正确的判断，选择适合门店的发展模式。选择没有对错，但一定不要轻易模仿。有些人可以把一个店做成一座城，有些人可以把一座古塔扩建成一个 5A 级的风景名胜区，这都是单体店深度发展的模型。这种单体店一旦形成品牌，就会产生无限的品牌价值。

少林寺亦可被视为一家独特的单体店。这家单体店经历了上千年的文化积淀，经久不衰，现在已经成为一个大 IP，其品牌价值不断得到开发和延伸。这个案例告诉大家，单体店的纵向发展在于向下扎根，把文化内容做到极致。正因为有好的根基，单体店就有了很多动人的故事，那么可发挥的文化元素就有很多，其品牌价值的呈现就可以更加多元化。大家可以从少林寺这个案例中学习经营实体门店的经验，结合自身实体门店的情况进行优化和重构。

少林寺在商业中属于一个特殊案例，其发展融合了佛教文化的影响和名人故事的影响，但是少林寺的历代掌门人如果不守护这个"门店"，这个"门店"就不可能发展到今天，这个"门店"的文化也将无从谈起。因此少林寺的商业逻辑大家可以拿来进行借鉴和学习。

连锁店的发展逻辑跟单体店不同。连锁店有以下几个特点：一是讲好故事，没有故事就要创造故事；二是建立标准化，这种标准化是基于系统性逻辑建立的；第三是供应链战略，供应链是连锁店长远发展的竞争力。以上三点是一家连锁店应具备的基本要素。但连锁店的发展核心还是团队，因为连锁店的服务要靠团队来实现。

连锁店采取的是横向发展策略。连锁店往往比单体店更加重视品牌的打造，在形成品牌的过程中，连锁店在大众传播上有一定优势，因为分店多就意味着宣传"基站"多，"基站"多就代表"信号"的传输很稳定，所以连锁店的品牌传播有很大的优势。

连锁店的经营者都有一个共识，就是不要盲目扩张。在近几年，很多经营者会借助资本来推动连锁店的扩张，虽然解决了短期之内的资金问题，但是如果团队能力与管理服务体系跟不上，就会出现盲目扩张综合症。这种盲目扩张综合症有时候是被资本绑架所造成的，有些经营者急于求成，就会铤而走险，主动接受资本的投资。当实体门店遇到资本市场的诱惑时，一定要做好风险评估，不要因为一时冲动，断送了多年积累的基业。

连锁店的扩张一定要在经营者的能力范围内进行。不是门店多就能成为赢家，而是看连锁店能走多远。单体店也好连锁店也好，经营者要弄清楚往哪里去、跟谁一起去、怎么去？一定要明确这几个根本性问题的答案，明确答案之后就坚定不移地执行计划，并不断优化升级门店的发展体系，以适应不同时期门店的需求。

实体门店的连锁发展方向是多元的。目前市场上有直营店、控股店、加盟店、授权店、合资店、店中店等多种形式，区别的核心就是财务的管控比重。很多连锁店只是名义上的连锁店，基本上是加盟者自负盈亏的。这种连锁店就是总店在提供优质供应链的基础上形成标准化的体系，之后进行整店的对外输出，但是总店没有对分店的财务进行管控，这对后期门店与资本的对接影响很大，门店可能要通过长时间的改革才能达到资本市场的要求。当然这还要看经营者对门店的定位，一些以技术为核心的行业就不适合加盟的发展形式。

不同行业的实体门店要选择不同的扩张策略，建议经营者采用稳中求进的策略。不要让贪念作怪，左右你的判断，更不要相信所谓的资本大咖的种种吹播，只有经营者自己最清楚门店的未来应如何设计。我赞成门店经营者有选择性地进行学习，但不赞成对某些人进行盲目崇拜，这样很容易迷失自我，甚至会直接影响门店的发展。这些影响不伤及门店的核心还好，如伤及核心，门店将会遭受无法逆转的损失。

横向发展连锁店不仅需要时间的检验，还要完善各类系统、打造供应链、为团队配备人才等，这些系统性的工作均需要耗费大量人力、物力、财力，很难在短期之内完成，经营者一定要有耐心，要创造一个让企业扎实成长的环境，用长期主义的思维规划实体门店的发展战略。

单体店与连锁店的经营发展有很多共性，比如实体门店的系统打造，单体店是打造纵向发展的直入式服务体系；连锁店是打造横向发展的标准化多元裂变体系，两个方向相互促进、相互独立。体系的打造要以实体门店的实际情况而定，有的是阶段式的需求，有的是全过程的需求，适时取用即可。

实体门店的发展思维可以转变，但是初心不能变。有很多实体门店的经营者在成功之后没有选择上市发展，也有一些成功的经营者更关心社会效益。如他们的企业为社会提供了多少就业机会、创造了多少残疾人岗位等。表面上大家都在追求财富，实际上有一部分人真正追求的是为社会创造价值，这个价值创造了，其财富目标仅仅是顺便实现的一个小目标而已。

因此大家在经营实体门店之前要想清楚一个问题，就是你能为社会带来什么。把为社会的进步贡献力量这一使命加进你的商业目标中，你会得到很多人发自内心的认同，当然这个使命需要你主动承担起来，这对整个实体门店的故事与文化体系的建设都会起到引导作用。很多经营者的目标都是获取财富，但他们常常忽略了追求财富过程中所创造的社会价值，这种社会价值才是企业长远发展的关键因素。这种因素不会受外界的影响而轻易改变，这就是使命带给企业深层次的回报。这种回报不是财富换来的，而是你坚持初心得到的，这种福报不是谁都能够得到的，得到的人一定会真正明白拥有使命的重要性。

第十三章

拓展思维的转变

Chapter 13

第一节　实体门店的招商通道

很多连锁店的经营者都是本着给钱就干的原则来扩张自己的疆域，这是极其危险的操作，因为每一个经营者的抗风险能力是不同的。如果一家门店经营者的抗风险能力很弱，那么这家门店的健康发展就得不到保障，如果这家门店关门大吉，就会对整个连锁品牌体系造成非常恶劣的影响，这种影响会导致品牌形象受损，可信度直线下降。

麦当劳的招商加盟政策非常严格。他们非常重视对品牌的保护，招商时会对加盟者的各项风险指标进行评估，从而为品牌的健康长远发展过滤危机，这才是连锁店招商加盟时应该遵循的原则。放眼当下获取的是短期小利，放眼未来获取的是长期稳定的回报。这是品牌创立之初经营者就应该坚持的原则之一。它将引导经营者得到自己想要的结果，这个结果不是目标而是需求，真正的目标要在品牌建设的基础之上来设定，只有这样实体门店的传承基因才会真正体现出来，我们国家的品牌才能更好地屹立于世界之林，获得更大的发言权和发展主动权。借助实体门店来输出中国文化，让商业与民族精神紧密连接，这样大家不仅享受了五千年文化积淀的福祉，更能反哺文化，相互促进，强势进军世界市场。这不仅是你我的荣耀，更是整个中华民族的荣耀。

实体门店的招商应该招一家稳定一家，而不是招一家"伤"一家。财富失去了可以再赚回来，但是口碑丢了可买不回来。经营者在制定招商政策时，一定要遵循持续发展的原则，没有这个前提，实体门店很难有持续发展的动能。实体门店在招商过程中要谨慎选择合作伙伴，注重长远的合作关系，以保持门店的稳定和良好的声誉。

第二节　招商打榜的基本要素

经营者在招商之前要充分梳理门店的竞争优势，并在梳理优势时遵循差异化、奇特化、精深化三个原则。差异化是指避开同质化的竞争；奇特化是指凸显唯一性的竞争；精深化是指输出企业的精神。

面对庞大的市场，每个企业都在用"洪荒之力"整合自己的优势进行打榜，然后让顾客做选择，这种商业环境所形成的氛围就是看谁的势造得好，这是之前的招商逻辑。在未来的招商逻辑中，实体门店的招商光靠各种包装是不可行的。如果你是来招摇撞骗的，你的福报就会受到影响，这对你的人生命运极为不利。希望那些想通过对外输出加盟实现暴富的经营者尽快停下脚步，这种做法实在不可取。

全面打开招商通道之前，最好先打造样板市场。由于地区的差异，经营者所打造的各种服务体系需要在实战当中进行打磨优化，服务团队也需要同步训练，这些都是需要时间的。经营者可以通过样板市场反馈的数据进行分析和决策，此外这些数据也是经营者决定开放招商的信心所在。服务体系、获客渠道、盈利机制、团队管理、运营管理、物流管理等，这些经营实体门店必备的制度与规则需要提前明确。未来的市场竞争是综合性的，不只是针对产品的竞争。实体门店能够接触终端消费者，可以检验顶层设计的可靠性，也是服务反馈的集中地。

在细分市场的时候，依然要找到自己业态的特点。差异化的元素越多越好，越细越好，经营者不能使所有商品都具有差异化，这不现实，只需要部分商品差异化就足够了，但是这部分商品一定要具备绝对优势，经得起市场的考验。如果经营者能为这些差异化商品申请专利、加以保护会更好。把差异化的优势做实做足，这也是实体门店长远发展的要素之一。市场越细分就意味着商品专业度越高，最好能把商品细分到一个没有竞争对手的市场，也就是说使自己成为某个细分领域的开拓者，这本身就是一种不可替代的竞争优势。

其实不是所有业态都要开加盟店，有一些业态也很适合店中店的模式。在店中店模式中，经营者可以把准入门槛降到最低，把成本节约下来回馈给消费者。受众比较多的商品就适合店中店的模式。有些业态并非必须拓展专卖店，把品牌形象植入消费者的心中才是最稳定的。有些实体门店在招商加盟的初期，很多产品链是不齐备的，很难撑起一家专卖店的运营。如果采用店中店的模式稳步发展，也可以达到经营者想要的商业目标。经营者不要一味地在门店发展过程中讲究面子，强求自己去开专卖店，这样做的风险很高。当经营者还不能驾驭专卖店的时候，应多花时间武装自己，经验丰富之后再发力也不晚。

在打造直营店时要结合门店的发展情况，不要求大求多，不要让自己的现金流接近"枯竭"，这是非常危险的信号。经营者不要带着太多的赌性运营实体门店，那样会把"赌"性变成"毒"性，这对实体门店的发展极为不利。很多人说这样的思维是不是太没有魄力了，这么理解就大错特错了。一个人志在远方，设定的目标才能宏大，不追求短期利益而是放眼未来的人，才是真正有魄力的人。把前进的每一条道路都铺平铺好，让后面的大战略能够顺利推进，这才是大魄力、大谋略。

在打造门店形象方面，并不是通过大规模的投入来呈现的，要多在创意上下功夫，多在文化上下功夫，做出自己的特色，关键还要符合实体门店的气质和个性。把商业的元素进行艺术化的处理，往往可以达到事半功倍的效果。如果把一个小小的实体门店打造成集艺术与商业于一体的创意空间，这将是一件非常幸福的事情。由于顾客对于实体门店的环境需求越来越个性化，因此很多装修公司的设计团队也在不断创作适合实体门店空间的作品，有些年轻的设计团队会采用非常大胆的设计风格来博取顾客的喜爱。

经营者不要忽略了线上虚拟门店的打造。线上虚拟门店可以 24 小时零距离地与顾客进行互动交流。目前有很多实体门店采用 VR 技术把门店搬运到线上，让顾客在到达实体门店之前就可以沉浸体验门店的实际场景，这种线上 VR 浏览形式最早流行于各大景区，之后被各个领域使用，受到了广大顾客的欢迎。结合科技的手段缩小门店与顾客的沟通距离，这对新形势下的商业发展起到了非常重要的作用。即使没有 VR 技术的支持，门店也不能忽略了线上虚拟门店的打造，因为它不仅仅代表了实体门店的形象，也是实体门店文化输出的一个综合平台，同时它也能展现品牌调性。很多实体门店的经营者不重视线上虚拟门店的整体打造，这是非常可惜的。关注门店的顾客会通过各种信息渠道来了解门店，每一个信息渠道都极其重要，如果门店还没有打造好，就先不要打开这个信息渠道。

如果经营者把每一个信息渠道都做了精心的打造，那么渠道的独特风格、简单操作把浏览信息也变成了一种享受，这种享受本身就是一种服务价值，这对门店的招商、招聘、招客都非常有帮助。同时，这也体现了实体门店经营者的价值观和责任感，代表着门店的服务态度，这个态度也是企业精神的一部分。经营者不要忽略每一个细节，因为顾客会认真地对比和评判你与对手的产品和服务。能把每一件小事都认真负责地做好，取得的效果不亚于经营者在招商会议上的热情分享。

第三节　结合数字化与智能化

随着科技的不断进步，数字化与智能化正日益成为实体门店的引领之道，为实体门店的发展带来了全新的机遇与挑战。在这个充满活力的时代，传统的实体门店正在经历一场深刻的变革，与数字科技的融合催生出了前所未有的创新体验。数字化技术让门店能够深度了解消费者的需求，智能化技术则为门店的定制服务与精准营销提供了强有力的支持。

无人值守智能门店是门店数字化和智能化的一个典型例子。这类门店将数字技术和智能化系统应用于实际的运营中，旨在为顾客提供更高效、便捷和个性化的购物体验。

近年来无人值守的智能门店越来越多。特定的一些业态可以通过这种方式呈现，但一定要满足无人值守智能门店的要求。第一，顾客可以自助完成整个购物过程；第二，门店不需人工服务便可完成销售过程；第三，门店不需要教育顾客便可完成交易过程；第四，商品单价不会过高。基于这几个特性，目前采用无人值守智能门店最多的是快消品行业，预制菜与果蔬等行业也在积极尝试无人值守智能门店。无人值守智能门店的优势跟劣势都非常明显。优势就是节约人力与空间，可以 24 小时营业，高效运营；劣势就是不能提供附加值服务以及面临着隐私保护和技术可靠性等一条系列的挑战。因此经营者在选择无人值守智能门店这种方式来拓展市场时，要通过充分的调研来客观判断这种方式与自己所经营的业态的匹配度。像服装鞋帽等行业采用无人值守智能门店模式就行不通。

实体门店的市场拓展可以根据自身情况进行。大家在做商业运营的时候不限方式，可以进行多元化的渠道建设，渠道之间可以优势互补，但是一定要选对渠道，选择最适合门店的渠道逐步达成经营者的商业计划。实体门店的拓展形式有很多，在选择形式时经营者要有算总账的思维，不是所有门店都要盈利，有些门店可以赔本赚吆喝。经营者可以根据门店的盈利模型对门店进行分类，当然也要与门店的盈利模型进行结合，有的门店是以团队的业绩进行分配的，有的门店是以总业绩的提升进行分配的，这些各不相同的分配机制会影响到顶层设计。经营者要分析类别，之后再对自己门店的招商拓展体系进行系统性的优化和调整。

第十四章

品项管理的转变

Chapter 14

实体门店的品项繁多，需要进行科学的分类。每种品项都有它的核心功能，这种功能是品项管理的核心，要把每一种品项放到合适的位置上，使其发挥相应的功能和作用，这就是设计的核心。作为实体门店的经营者或管理者，一定要把这个原理搞清楚。每个品项都有它特定的功能分类，经营者要通过大量的调研和分析来明确商品的定位，在了解了整个门店所有的品项之后，客观地制定每种品项的营销策略。

第一节　品项的分类

第一种是高利润品项。这种品项在利润贡献率上来说占比是最大的，要在行业内进行充分的评估。高利润品项有一定的核心竞争力。顾客愿意花高价购买它们，不仅仅因为其性价比高，还因为它们能提供附加值，满足自己的综合需求。对于这类商品，设计理念应与同行有所区别，以免其他竞争者轻易模仿，引发不正当的价格竞争，从而损害顾客对这类商品的信心，进而对整个市场造成负面影响。

在服务方面要求比较高的业态，还要注意团队的服务水平能否匹配高利润品项，如果团队的服务水平达不到高端客户的要求，经营者就要想办法在其他方面进行弥补或进行策略上的调整，又或者提供更多的附加值。

经营者需要警惕高利润项目错误发展成暴利项目。高利润是在合理的定价范围内获得的，但是暴利的性质就不一样了，暴利容易让部分经营者丧失底线，无法抵抗诱惑。经营者一定要把握好这条红线，不然会使整个经营理念体系崩塌。这是一个原则问题，经营者千万不要让贪念作怪，应将商品的价格控制在合理的范围内。

事实上，很多实体门店都在暴利问题上吃过亏。有的顾客由于经济实力不足甚至通过贷款进行消费，但后续因无力偿还，就可能会与门店发生纠纷，不明真相的其他顾客和舆论会一边倒地攻击门店。而且当下是自媒体时代，这种事情会对整个门店的声誉造成极大的影响。面对这类问题，很多门店都是用退款或是赔偿了事，但此时门店的声誉已受损，修复起来也极其困难。

在设计高利润品项时，要确保该品项能够满足顾客的需求并能体现门店的核心竞争力，从而才能获得定价的主动权，这些因素会影响高利润品项的功能定位。

高利润品项的功能定位不是一成不变的。当市场和顾客的需求发生变化或受季节变动的影响，高利润品项的功能定位可能会随之改变，这时经营者就要重新设计品项。因此高利润品项的设计周期需要根据市场的竞争情况进行调整，这相当于营销体系的动态决策。

第二种是高流量品项。这类的品项的性价比超高，广受顾客喜爱。这类品项的价格合理，顾客消费时会感觉很实惠、很划算。门店销售这类品项可能会略有亏损，但是门店需要靠这类品项来吸引流量，提升门店的人气指数。这一类品项并不适合所有顾客，那些对产品品质要求较高的顾客就不是这类品项的受众。

高流量品项的设计也有周期性，其中有一些品项还有很强的季节性和反季性的特点，进口的外贸商品更突出季节性。经营者在设计高流量品项时要判断这类品项能否吸引大量的流量，这一点是可以测算的：一是根据该品项的历史热度；二是根据该品项的历史消费频率；三是根据该品项的利润值。利润值处在微利是比较合适的，这类品项应通过薄利多销的手段获得流量。经营者也要对同行进行调研，比对历史和实际数据，不要闭门造车，以免偏离市场的实际需求。

高流量品项要经常进行更新升级。高流量品项的推广周期通常不超过 2 个月，从而避免消费者产生视觉疲劳。高流量品项还有一个功能就是促进顾客的连带消费。一位顾客走进店里，除了购买高流量品项之外，还有购买其他品项的机会，因此高流量品项具有复合功能。我们可以回想一下，很多超市的动线设计都是曲线环射状的。有些顾客进入超市前只想买一个产品（高流量品项），最后从超市出来却买了很多连带产品，因此高流量品项的连带效应是非常显著的。

以服务为主的门店在高流量品项的设计上还要充分考虑售后服务的成本及消耗周期，以免造成服务成本过高、消耗周期过长的情况。建议经营者设计高流量品项时以无服务、无售后的快消品或家居品为主。

第三种是高复购率品项。高复购率品项对顾客来说通常是比较熟知的产品。

设计这类品项时，经营者要分析整体复购率高的品项对总利润的贡献率是多少。贡献率高的，就坚持长期上架销售；贡献率低的，可以分阶段上架销售。复购率直接体现顾客对此类品项的消费周期，门店应尽量选择顾客需求大、消耗快、口碑好的品项进入高复购率的备选区。如果是信息化管理的门店，还可以通过后台数据直接调取复购波形图，判断这类品项的功能是否发挥到位。高复购率品项的功能定位也是复合的：一是可以助力流量增长；二是可以增强顾客的黏性；三是可以促进连带消费；四是可以提升顾客的上门率。综合来说就是高复购率品项的盈利属于中高水平。

经营者要注意高复购率品项的库存管理。有些业态要注意该类品项的有效期和季节性存储等特点。顾客可能难以接受某些产品过了有效期，此时若上游供应商不配合，很可能导致门店的库存风险加大，进而给实体门店带来一定的损失，因此控制好实体门店的库存水位也是一项值得长期关注的重点工作。

高复购率品项的设计一般有 A、B 两个方案，超过两个就会影响顾客的快速决断。从消费心理学来看，选择越多，问题就会越多，问题越多，阻力就会越大，这种自我设障的做法经营者要尽量避免。有很多经营者总是希望所有的品项都能够大卖特卖，而没有对品项进行管理以及对品项的功能进行定位，因此其门店的品项结构很混乱，完全跟着自己的感觉上架产品，这种做法对实体门店的经营是非常不利的。

第二节　品项的管理

在经营实体门店的过程中，品项管理是一项常态化工作，它更像是将实体门店的所有商品进行分组，每一组商品在不同时期发挥的功能也不同，因此如何分组非常考验经营者的智慧。任何事情只要你用心就会找到好的方法和策略，但是好的方法和策略也要经历时间的打磨，经营者不能在刚开始没有见到效果时就急于否定自己的决策。经营者不能有惰性，由于市场每天都在变化，随时掌握市场的动态、及时改进策略对于经营者来说十分重要，特别是一些三、四线城市的实体门店经营者，其所在城市的生活节奏比较慢，如果懒惰成瘾，那门店的未来是没有保障的。

经营实体门店需要不停地学习与实践，经营者不能有点成绩就忘乎所以，不理店务。品项管理要求经营者有杰出的敏锐度与洞察力，只要多注意分析、观察和总结，自然就会找到其中的奥妙，切不可一切顺其自然，守株待兔。

品项管理要求创业者和经营者提升战略思维。很多创业者不具备这种思维，即站在实体门店的未来看问题、集智慧、解难题。创业者可以自己学习领悟，或者向他人学习取经，也可以通过与第三方合作来弥补自己的短板以及整合优质资源来具备战略思维。

加强品项管理才能明确门店的发展方向，学会品项管理才知道如何进行品项设计，做好品项设计才能迎合顾客的消费需求。这是一个由浅入深的营销逻辑，只有搞懂了这个逻辑，经营者才可以轻松自如地管理好实体门店，门店的业绩才能稳定。

门店形成品项管理的体系之后，这一体系会成为实体门店发展的核心竞争力之一。因为这个品项管理的体系是你通过门店的实践和经营情况打磨出来的，是最适合本店的，同行想模仿都难。体系一般比较难形成，而且需要经营者下定决心完善好、应用好，从而使品项管理体系成为门店团队成员的必修课。这门必修课是门店经营者通过实践总结得出的，谁也窃取不走、模仿不来。

第十五章

供应链管理的转变

Chapter 15

第一节　处理好供应链关系

供应链管理是重中之重。无论是供应链上游还是下游，每个环节的供应商都十分关键，都要与其友好相处，千万不要因小利而伤和气，最终吃亏的还是自己。在供应链中，大家都非常在意自己的信用，因为供应商之间的信息都是互通的，如果你的信用很差，那么供应商就不敢向你提供服务或不会大批量发货，这可能会让你的现金流断裂。如果你有较好的信用，供应商基本上都会给你最大的支持，这样一来你在供应链方面的优势就会比对手大，如进货的性价比更高、到货的效率更高等。

确认要付的款要尽快结清。付款快是因为相信对方，与其让供应商催三催四，不如主动结算，你的结算爽快，供应商提供给你的条件也好，这是对等的。很多人总觉得拖来拖去显得自己能力很强，供应商不敢拿你怎么样。其实大家都是做生意的，如果做得不开心，又怎么能够大方待你。当下有很多人信用缺失，甚至偷偷"跑路"的也屡见不鲜，最后整个产业链条都因此被拖垮了，这种害人害己的事情真不应该发生。

良好的供应链是确保实体门店正常运营的基础，也是一个行业生态链的核心组成部分。与供应商彼此信任，彼此尊重，才能使整个供应链稳定牢靠。虽然供应商与门店不属于一个公司，但大家都是这条供应链上的一环，是命运共同体，在共同利益上一定是大家好才是真的好。不要为了一点小利就抱怨不断，最终导致自己信用降低，这只会让风险变得更大，耗费的精力更多。

拥有稳定的供应链是实体门店长远发展的基石。一些体量足够大的企业都建立了自己的供应链，但真正可以做到全部自供的很少。这世界上的生意都是要多方合作才能长久，就算是世界500强企业也需要各种供应商来满足其需求。不要妄想什么都靠自己搞定，那是绝对不可能的。

在存量上，小的门店居多，其很难做到自供，因此体量小的门店更应该维护好自己与上下游供应商之间的关系，确保能够达成多赢的结果，这样做是为了确保自己在遭遇困难的时候能够找到"救兵"。

你做的是生意，但是做生意的本质还是做人。把做人的根本弄明白了，你就会重视供应链的维护了。平等互利永远是做生意的根本原则，不要看不起别人，别人才不会看不起你。如果大家做生意都能以诚相交，那么生意一定会长久稳定，有困难大家抱团取暖，有幸福大家相互分享。

有些门店在达到一定体量时，会顶着压力建设自己的供应链，总想着建好供应链之后就可以实现利润最大化，但经营者也要清晰地认识到风险与利润是并存的。当门店的体量不足以支撑供应链的运转时，会把实体门店送入万劫不复之境地。因此建立供应链一定要评估好自身的吞吐能力，不要一味地计算利润。经营者可以分阶段地建设和完善供应链，从而把风险降到最低。

第二节　建设自己的供应链

还有一种策略是共享供应链。这种方式是站在行业的高度上解决供应链的问题，它要求经营者把供应链的核心优势充分整合后再共享。在共享供应链建设之前，经营者应提前与潜在的顾客进行沟通、洽谈，达成协议并建立关系，以确保这条供应链上的供应商在运作过程中有稳定的订单。这种策略的执行需要在共享供应链建设之初就预先安排好顾客的需求，从而降低共享供应链的风险，确保稳定的订单量和销售额，而且还可以回笼一部分现金用以支撑共享供应链的建设。这种做法可以优先保障实体门店自身的供应问题，还拓展了企业的利润创新点。如果无法在共享供应链建设之前确认顾客的需求，经营者一定要三思而后行，坚持采用这种策略，可能会将门店推向水深火热之中，到那时悔之晚矣。

供应链涉及的内容比较多，投入的资金比较大，管理的范围比较广，风险值非常高。经营者一定要做详细的评估，量力而行，切忌轻率而动。建立供应链是一个由小变大、由局部到全面的系统性工程，经营者不要妄想一步到位。小门店没必要建供应链，连锁店则建议整合供应链，就是与供应商进行合作，通过投资占股等方式降低建设供应链的风险，给门店成长的时间。在建设供应链方面，不要盲目随大流，这样做可以避免不必要的损失。

经营者应该先做好建设供应链的计划，把这个作为实体门店的发展目标，然后逐步实施。连锁店的快速扩张讲究天时、地利、人和，三者缺一不可。没有大体量的市场需求做前提，谈供应链都是为时过早，经营者不要只盯着眼下的那点薄利，应该让供应商赚的钱就大大方方让出去，只要供应商确保产品的品质及服务效率就足够了，不能因贪念过大而影响门店的长远发展。

经营者可以先选择一家企业的供应链体系作为榜样进行全面、深入的学习和研究，这样可以为门店的供应链建设提供一个参照模板。当然也可以多学习、多参观其他行业的供应链，了解之后再来决定自己要不要建设供应链。

从现实角度来说，大多数实体门店由于体量有限，基本上不需要建立自己的供应链，更重要的工作是处理好与供应商之间的关系。在处理与供应商的关系时有两点需要注意：一是诚实守信，这是经商之本，也是做人之本。有了信用，上下游之间的供应商才会对你的服务倍加珍惜。二是不要心存贪念，在薄利面前不要分毫必争，如果把供应商的利润挤没了，门店的原材料供应就会出问题，合作关系一定是双方取得了双赢的结果才能维持更久，如果你用这样的原则来对待供应商，我想你的供应商一定会大加赞赏，有好消息或风险也一定会第一时间告诉你。经营者要把供应商当成挚友来真诚对待，有时候他们的一句话就会给门店带来很大的商机或是帮助门店避免不必要的损失，事在人为的核心就在于此。

不管是上游供应商还是下游供应商，都可能成为你的核心合作伙伴。他们有丰富的从业经验和行业认知，整合的资源互补性也更强，因此经营者应该珍惜供应链上的每个供应商，从而创造更多的合作机遇。这就是有舍有得的智慧，如果经营者处处咄咄逼人，谁敢向这样的经营者靠拢，又有谁敢与之合作，最后吃亏的还是门店。以诚相交天下友，何愁不遇好贵人？行天道积福德，古圣先贤们早就把做人的道理告诉我们了。

如果经营者能与上下游的供应商都保持融洽的关系，相互帮助，有了这种和谐共处的基本条件，门店的商机就会有很多，各种尔虞我诈的骗局就会逐渐变少。与人为善，拥抱世事，很多问题也就迎刃而解了。

供应链上的每一个环节都是一个基站，如果其中一个坏了，其他基站就无法收到信号。其实，整个供应链就是一个命运共同体，大家要有这个共识，然后彼此才能站在长远发展的立场上相互理解、相互包容，共创未来，把精力多放到顾客身上，这样大家才能得到好的回报。在未来的商业环境中，经营者一定要敞开心扉，寻找各种各样的合伙人。因为未来的商业都是你中有我，我中有你。但是一定要树立良好的信誉和口碑，只有这样，优秀的人才愿意向你靠拢。这股力量现在就要积蓄起来，不能"等到"书到用时方恨少。

在当今竞争激烈的商业环境中，选择供应商被认为是企业成功的关键因素之一。供应商不仅仅是企业的交易伙伴，更是构建稳固供应链、确保产品和服务质量、降低成本、创新发展的基石。选择了一家好的供应商可以为企业带来巨大的利益，而一个错误的选择则可能导致生产中断、质量出现问题以及失去客户的信任。因此，无论企业规模大小，从实体门店到跨国公司，都必须认识到选择供应商的重要性，并采取审慎的、策略性的方法来与最佳供应商保持稳定的合作关系。

第一，要信誉可靠，如果一家供应商没有信誉，那其他的就无从谈起了。选择供应商应该选择经营周期长、行业口碑好、品质有保障的。经营周期长可以体现这家供应商的很多关键信息。因为客户稳定、品质如一、服务至上才能使供应商在行业之中有一席之地。经营者在行业中一打听就可以了解供应商的情况。

第二，选择供应商一定不能贪图便宜。追求品质才是持久之道，仅追求价格便宜会伤害顾客的利益，生意就会越做越难。

第三，看供应商的整体稳定性。供应商的频繁更换会对实体门店的经营造成波动。比如一家大型的供应商由于资金链的问题被总部或是品牌方取消了代理权，它可能很快会因此出现断货问题。实体门店花了那么长时间才获得的稳定客源，一旦断货就会前功尽弃，造成不可挽回的损失，严重的可能还会导致顾客退款，影响团队的业绩收入，团队可能因此失去信心等。

第四，看供应商的经营理念。供应商的经营理念体现了他的经商之道。供应商是否会以大欺小，是否有恶意提价等不正当竞争行为，经营者对这些问题要进行充分的行业调研。供应链上的每一环都会对实体门店产生影响，实体门店的经营者一定要选择相对稳定的供应商，这样才能为实体门店的长远发展打下坚实的供应链基础。

第五，选择供应商时要有备选。当一家供应商出了问题，无法发货时，经营者可以用备选来解决燃眉之急。无法发货会使实体门店产生经济损失，这种情况一定要尽量避免。因此针对一款原材料，至少要有两家备选供应商。

第六，考察供应商的抗风险能力。要仔细审查对方的资质材料，并将其备份存档。有些业态对行业的资质审查非常严格，比如药店、医院、餐饮门店、幼儿托管、烟酒等，都有相当多的法律法规对引入供应商的流程进行规范化管理。没有行业资质就代表这家供应商没有经过相关部门的审核和批准，其产品或服务不符合行业标准和质量要求。这可能导致严重的产品质量问题，进而影响门店的声誉，增加售后服务成本，甚至可能引发消费者的投诉或法律纠纷。因此，门店在选择供应商时务必进行充分的调查，确保供应商具备必要的行业资质和符合行业标准，从而降低门店的供应链风险并保障长期合作的稳定性。

第十六章

跨界结盟的转变

Chapter 16

第一节　跨界就是无界

不管在哪个行业，经营者都要用没有边界的开放姿态跨出本业，再整合资源来服务本业，这就叫作跳出框架看自己。经营者不要自我设限，要用无边界的思想开拓进取，借鉴、吸收和应用其他行业的精华和最佳实践。

虽然隔行如隔山，但行业与行业之间也有共通之处。不同行业之间可以进行合作，将彼此的特点结合起来，相互促进、相互赋能，实现双方都能获益的目标，这就是跨界合作的意义。

跨界首先要求经营者拥有开放的思维，这样做可以帮助经营者结识更多商界的朋友。在社交圈子里，各种商业组织、俱乐部，还有号称是商业平台的地方都在努力促成不同领域的合作，这是因为不同行业之间有很多互补的地方，彼此合作可以互惠互利。一个人的力量是有限的，一个领域的知识也是有限的，经营者大胆跨出去与其他领域合作，既可以扩展社交圈子，又可以引入新资源来提升门店的业务，两者可以同时进行，互不冲突。

跨界还需要经营者拓展经营思想。思想是通过个人的认知和实践而产生的自我行为指导体系。经营思想会受到个人认知的限制，如果经营者无法持续刷新自己的认知，总是停留在之前的认知水平上，那就不可能做到与时俱进，吐故纳新。跨界思维对于未来实体门店的经营者来说是必备的。

跨界让经营者有更加广泛的信息来源。经营者可以通过其他行业的现象或是成功案例，乃至失败教训来反思自己对门店的经营是否存在不足，这些情况的参考价值极高。不管在哪个行业，顾客的消费心理在本质上都是一样的，只是在不同行业表现出不同的特性罢了。在跨界时如果经营者在第一时间找到了共性，之后再寻找突破口就简单多了。这个突破口就是行业与行业之间合作的机遇。很多实体门店的经营者总是不主动，很大程度上是因为他们不愿意做跨界整合，那只能等着别人来整合了。现在有很多年轻人患上了"社交恐惧症"，通过这个现象我们可以看到很多年轻的实体门店经营者不是不愿意去跨界，而是内心对这件事感到十分恐惧。

但也有一些年轻人把跨界当成乐趣，更有甚者把跨界这一方法演变成了产业，他们建立了各种各样的平台，使全新的社交场景不断涌现，这说明了愿意跨界的人越来越多。拥有跨界思维的人，路会越走越宽。走出去引进来是未来实体门店成长的必经之路。

经营者通过跨界学习其他领域的优秀实践，可以帮助完善门店的服务体系，为顾客创造更多的福利。有时顾客的需求仅凭一家实体门店是难以满足的，因此经营者更要通过跨界看到不同行业服务顾客的优秀做法，从而尽全力满足顾客的需求。

当然你也可以多付出一点，自己创造一个跨界朋友圈，作为引领者在一定区域内打开跨界通道，这样做或许会得到很多以前收获不到的惊喜。你也可以根据自己的行业优势先为大家服务，而后再让大家相互服务。通过这种方式你不仅交了一帮好友，还搭建了一个务实的跨界平台，而你又是这个平台的中心，自然会受益良多。你要坚持做下去，让这个跨界平台的人气不断增长，当平台影响力达到一定程度时，你的社会影响力也会直线上升。当然，在实现这一愿景之前需要付出大量的努力。当你决定出发的时候一定要谨记"利他"这两个字，因为利他就是利己。

跨界能提升经营者的认知，帮助经营者交到更多的朋友。但这还不是最大的收获，最大的收获是经营者可以让一帮充满智慧的人聚集到一个平台上，由此可以汇聚超出个体的无穷力量，这份无穷力量使经营者在面对经营管理上的各种问题时能得到许多解决方案，这种收获是多方面的。要真正做好跨界朋友圈的引领者，经营者必须明确平台的愿景与目标，并让加入平台的朋友都清楚平台的价值体系。一套好的价值体系是一个平台的核心。

经营者可以通过提问的方式寻找价值体系。你从哪里来，要到哪里去，跟谁一起去，如何去？认真回答这几个问题，平台的价值体系也就找到了。

你从哪里来这个问题探究的是创立者创办平台的目的；要到哪里去这个问题探究的是创立者创建平台的目标和愿景；跟谁一起去这个问题探究的是创立者选

择的合作对象是哪一类群体；如何去这个问题探究的是创立者通过什么方法来实现其目标和愿景。这几个问题的答案就可构成平台的价值体系。确立价值体系相对来说较为容易，可执行起来却很难。很多企业都将价值体系的内容贴在墙上让员工记住，但大部分员工都没有为此付出行动。

第二节　跨界的理念

跨界就是不同领域的人聚集在一起，集中人气、能量、智慧和未来。人气的聚集使这个平台变得很有吸引力，换句话说，这个平台提供了别人想要的东西；能量的聚集使整个平台有创造巨大价值的能量；智慧的聚集意味着这群人可以一起解决实际问题，为实体门店的发展提供思路；而未来的聚集则意味着这群志同道合的人会共同努力，为彼此的发展寻找机会。

如果你是这个跨界组织的引领者，你必然是一个坚持利他的人。因为只有内心有大爱的人，才有可能使这个平台发挥作用、达成愿景。对于跨界组织的引领者来说，这一品质更加重要。如果你能坚守这一品质，那么这个跨界平台会带给你许多惊喜。

跨界同时也是一种生活态度。这种态度最明显的一点就是积极乐观，你持续地追求知识和变革，勇往直前，毫不畏惧前方的困难。这种生活态度本身就是一种无法估量的收益。一旦你明白了、领悟了，就会释放内心的焦虑，取而代之的是欢乐和真诚。这样一来，人们就不会有所谓的"社交恐惧症"了，而是欢笑和真挚、积极和乐观。

跨界不仅仅是在实际行动上涉足不同的领域，更重要的是拓展自己的思想和视野。它让经营者能够以更高的认知去看待世界，从而更好地适应现代社会的多样性和变化。希望经营者在经营实体门店的同时也能修炼自己的心态，使自己拥有面对失败与挫折的勇气。在社会里，经营者绝对不能闭门造车，不能像在三年多的疫情中一样进行自我隔离，这对经营者的工作、生活和家庭等都会造成不利的影响。以开放包容的态度聆听长者的人生总结，或者倾听年轻人的梦想，会让经营者了解与自己不同的人生态度。这种行为可以极大地拓宽经营者的视野，为经营者带来非常有价值的经验。

早上一睁眼，我们就拥有了全世界。阳光、雨露从来没有对任何人吝啬。我们应该在阳光雨露的浸润下舒服地过好每一天。实体门店就是大家经营人生的舞台，这个舞台的每一根柱子都是由你自己打下的，对事业的不断追求就是你人生态度的最好诠释。没有太多时间去抱怨，你要开心地过好每一天。

跨界能够为你带来更广阔的认知，它能让你在总结经验后重新启程，让你能够坚定地行走于世界各地。你必须亲身领略世界的各种风景，才能更稳健地前行。你的内心世界有许多美景可以分享给他人，而别人的生活也与你的交相辉映，两者共同创造出美妙的画面和幸福的场景。面对如此美好的人生，你怎么有理由拒绝呢，敞开胸怀拥抱它吧，否则它可能会悄悄溜走。

跨界的思维与行动可以激发你的能量。在实体门店默默工作，年复一年，时间久了会让你渐渐失去激情。但是，当你主动迈出跨界的步伐，激情就会重新涌现。跨界的回报是无私的，是你的财富，然而有许多人终其一生都无法体会这种愉悦和满足。虽然走出去看起来简单，但实际上很多人难以做到。因为跨界是自我成长的体现，它不仅仅是走出家门，更重要的是打开思维。实体门店的经营者尤其需要具备这种能力和品质，因为其可以引领更多的人通过跨界获得方法、财富、智慧和幸福。

第三节　跨界的行动思维

如果你真的拥有了跨界思维，你会不断获得更多的好处，能量也会越来越大，并且这种能量并非你刻意追求的，而是这种思维引导下的行动回馈你的。这种内在驱动的能量更具爆发力，因为它源自你的付出，而不是外界的教导。主动迈出步伐与被迫走出去会带来两种完全不同的结果。为什么人们的能量会逐渐减退？这是因为人们接收的正能量不足，被负能量包围消耗太多了。

很多时候，人们不是不愿意学习这种思维，而是受环境影响太多。因此，大家更应该朝着正确的方向努力，创造积极的影响，养成健康的思维方式，使自己能够涉足不同的领域，从而获得更多的内在力量和持久的影响。只有拥有积极的思维，人们才能采取积极的行动，最终实现积极的成果。实体门店的经营者肩负多项责任，顶着巨大的压力，因此更需要充足的正能量。拥有了跨界思维，经营者会逐渐成为影响力的中心，无论是在内部还是外部，这种影响力都是经营者的核心竞争力。

跨界的目标多种多样，覆盖了生活和工作的方方面面，几乎每个领域都需要人们以开放的思维来迎接。尽管面对未知世界时经营者可能感到困惑，但跨界的动力却是明确的。经营者可以用不懈的动力和稳定的心态来面对无数的不确定性，这种持之以恒的信念将有助于经营者迎难而上。

无论是经营单体店还是连锁店，经营者都是在不断地创造，这个创造的过程是丰富人生历程的最佳见证。经营者在经营实体门店的过程中获得了体验与收获，无论未来门店的命运如何，这段旅程已经为经营者注入了宝贵的智慧。分享跨界思维旨在鼓励实体门店的经营者不要因为梦想很大而退却。梦想并不分大小，人们为了实现梦想所付出的努力都是值得尊重的。

财富的真正作用是赋予人们持续前行的动力，让人们自由地去感受、去体验人生。在前进道路上，人们所积累的经历才是最为珍贵的财富。希望大家能够早日认识到生活的本质，从而放下一切包袱，解开无形的枷锁，轻装上阵，尽情享受美好的人生，追寻内心的梦想，体味命运的曲折，迎接生活的各种不确定性。这种心态强大而淡然，宁静而优雅。

跨界会让我们的生活与工作发生许多变化，这种变化有时候连我们自己都难以发现。看得见的是我们积极的行为表达，看不见的是我们乐观向上的心态。行为是在执行，思想是在引领。拥有跨界思维可以让我们转变成自己所期待的那种状态，关键是我们要行动起来，要拥抱世界，好运才会接踵而来，惊喜才会不断涌现。

在跨界的过程中寻找答案，在跨界的实践中获取快乐。跨出自己的过去，迎接崭新的未来，实体门店的明天一定会更加灿烂。除了实现目标的幸福感，还有奋斗路上留下的足迹和平凡的日子陪伴着我们，跨过去路自顺、题自解、忧自消、福自来。

第十七章

流量思维的转变

Chapter 17

近些年来，"流量"这个词频繁出现在我们的视野中。实体门店的经营者普遍关注如何吸引更多的流量，以及如何将流量转化为实际价值，却忽略了其身边一直存在的潜在流量。同时，一些实体门店总感到流量匮乏，深究其原因会发现，其实并非流量不足，而是缺乏对流量的战略定位和精细管理。战略定位指的是明确流量的适用范围和目标，即希望吸引哪些人群以及如何吸引他们。精细管理意味着在流量引入和处理的过程中进行详细的计划、分析和优化，以确保流量能够转化为实际价值，例如转化为顾客、销售额或其他业务成果。许多实体门店直到近几年才开始认识到流量的珍贵，然而在此之前，由于未进行精细管理，造成大量潜在客户流失。此外，还有些实体门店经常抱怨流量不足，却试图通过网络平台在短时间内迅速积累大量流量。在这里我想强调，不要被短期内的流量所迷惑，流量的积累和有效变现需要时间和持续的努力，无法在一夜之间轻松实现。

第一节　流量的有效性

流量的有效性、生命力、匹配度如何，这些问题大部分经营者都没有进行深入的研究。从本质上来看，只要实体门店有良好的口碑与优质的服务，就不会缺流量。99%的网络流量是转化不了的，仅存的1%可能还要进行二次匹配。在三年多的疫情中，有很多实体门店倒闭了，却有许多流量操盘公司火了，"割韭菜"的现象层出不穷。一部分实体门店遇到疫情后着急了，因为之前既没有打好基础，也没有打理好存量仓库里的流量，所以感到恐慌。网络上那些所谓的大师金口一开，很多实体门店的经营者就坐不住了，看到大师们分享的数据，又做起了暴富之梦。大多数希望通过网络平台迅速获得成功的实体门店，并没有得到雪中送炭般的助力，他们迎来的只有雪上加霜的打击。虽然付出了学费，培养了团队，却依然深陷困境。

实体门店的经营者对于流量的认知太少了。流量绝不是在短期之内给你带来奇迹的东西，真正的流量是靠扎实经营积累出来的，积累出来以后还要进行精细化管理，这样得来的流量才是生意中的无形资产。持久的流量坚如磐石，它能够转为化实实在在的资产，而且这种资产用钱是买不来的。

实体门店确实需要流量，但这种流量源自对实体门店的好奇和信任。它不应该是上游品牌影响力的附带流量，因为这样的流量并不属于门店，而是属于品牌方。除非是特殊的业态，例如快消品，它的流量池极大，实体门店难以比拟。如果想要构建自己的流量闭环，实体门店需要制定精准的流量战略定位。这种定位需要对多方面的信息进行分析研究，包括获取流量的渠道、流量的门槛以及流量的特性等。真正有效的粉丝会与门店进行线下互动，通过这种互动粉丝能够获得优质的服务和情绪价值。只有这样，他们才可能成为门店真正的流量，随着门店的不断提升，他们的满意度将持续提高，最终成为门店的忠实支持者。

在网络平台上投入金钱购买的流量实际上不应被计入流量的范畴，此外，那些单次交易量极低的流量，匹配度通常也很低，因此是无效的。许多网络平台宣称其流量数据极其庞大，但这些虚高的流量背后产生的实际价值微乎其微。在过去三年多的时间里，许多实体门店的经营者被平台虚假的流量承诺所蒙蔽，一次又一次上当受骗，这种情况着实令人无奈。由于许多实体门店的经营者在与流量打交道时缺乏经验，导致其对于网络上的各种"成功案例"毫无免疫力。

三年多的疫情迫使实体门店的经营者提升了互联网思维。这种经验无疑是以金钱为代价所换来的。经营者必须认识到，网络是一个重要的工具，但绝不能盲目追随潮流。流量的积累需要以信任为基础，并要持续不断地进行积累，最终才能将这些流量引导到线下门店，通过门店的服务使其成为门店的忠实顾客。只有线上线下都关注门店的顾客才是门店最有效的流量。然而，许多实体门店之前并未开通自媒体平台这一渠道，甚至觉得这不是必要的。经营者必须认识到，新一代的年轻顾客早已习惯在移动互联网上购物。为了满足这部分顾客的消费需求，门店必须紧跟时代的步伐，适应变化，为他们提供更便捷的消费场景。

第二节 流量的重新定义

实体门店的经营者要重新认识流量，重新定义流量。此外，还要明白流量的建立是一个长期的过程，门店需要布局好流量的入口和平台，即通过哪些渠道获取流量，又把获取的流量引向哪里。有很多门店到现在连个公众号都没有，实际上公众号只需要花一点时间就可以开通，但这些门店的经营者都没有认真对待，实在太可惜了。

流量的线上通道一定要打开，能做到多通道是最好的。对于有些平台，门店只要被"收录"了就可以，如果经营者觉得服务费很贵，可以不用交易，至少你的门店总算是在大数据中有了一席之地，这也是你的门店展示形象的窗口之一，何乐而不为呢？

流量思维的转变要回归理性，经营者不要再听漫无边际的吹嘘了，实体门店就是要静心经营，不要再让所谓的捷径成为断送未来的刀斧。经营实体门店就是要务实进取、从实际出发，千万不能好高骛远，这样会使自己迷失方向。在中国，有数以亿计的实体门店，这些门店关乎民生，容不得经营者眼高手低、夸夸其谈。

门店想要守护好自己的流量，就要先为流量在网络上安个家，这个家就是门店与顾客沟通的桥梁，过去叫网站，现在叫自媒体。当下移动互联网对实体商家是非常友好的，由于疫情防控期间人们出行都要用手机出示核酸阴性二维码，连很多老人都会使用智能手机了。经营者赶上了这个时代，就要用好这些工具。但在用的过程中不要急于求成，这是十分无知的表现。线上平台的功能有很多，除了是"流量家园"，它还是实体门店展示形象的窗口、线上快速应答的服务通道等。

流量的影响是持久的，因此经营者必须用长期主义的思维来看待流量。在不同的阶段，门店的经营都需要流量的支持。经营者可以对流量进行分类，因为不同类型的流量具有不同的消费特征。根据这些特征，门店可以制定个性化的服务标准，从而更好地将流量转化为营销机会。同时，门店也可以通过线上平台了解顾客的消费习惯，并对顾客提出的建议进行分析，这种分析的结果可以用来优化和升级实体门店的场景和服务，从而直接提升门店的服务质量，这些方法都是服务营销中流量价值的直接体现。

不要着急追求流量带来的结果，而是要确保流量的质量和稳定性。经营者的主要任务不是不断地扩大流量规模，而是将每一个流量入口的有效访客服务好和维系好。在这个过程中，留住流量的价值远比仅仅追求扩大流量更为重要。经营者务必先理解流量思维的核心，然后再进行精准的扩展工作。

只要门店将顾客的管理和服务工作做扎实，门店的流量就能够自然地循环增长，进而形成一个流量生态圈。有了这样的生态圈，门店的流量将自发地进行扩散，而不是依赖各种技巧来吸引流量，这两者之间有本质上的区别。经营者应做到让流量与门店共同发展，随着流量池的扩大，开设分店的条件会逐渐成熟，这种流量的自然扩散是健康且可持续的。

流量思维的转变是实体门店的经营者必须面对的重要课题。实体门店的经营者必须静下心来学习流量思维，回归到发展和留住真实的流量这条路上，这才是实体门店实现快速发展的正确选择。通常来说，线下经营是能够创造和吸引流量的，只是许多门店以前没有规划好吸引流量的策略。

许多大型的连锁门店在自媒体建设方面投入了大量心力。他们深知公众号上的文章难以直接带来利润，但每篇文章都能在促进销售方面发挥作用。这种促销效果是无形的，不仅能持续向顾客传递企业的积极信息，还能够增强品牌的存在感和信任感。这种传播方式是综合的、持续的、叠加的，可以长期覆盖受众的。相较于面对面的传播，它更为高效，因为顾客是在最轻松的状态下获取到门店的信息的，这种获取方式令人感到放松、舒服。

经营者迫切需要转变流量思维，因为线上网络的发展将持续推进，未来还会涌现更多的网络科技，所以经营者需要不断探索和利用新科技。经营者不能仅仅因为过去曾受到流量的困扰就全盘否定线上渠道，这种观点是不明智的。在进行思维转变后，经营者应该更积极地探索适合门店特点的流量管理平台，注重流量的有效性和持续性，使流量真正为门店所用，为门店带来回报。

转变流量思维就是走向一个新的方向，经营者应该重新认识流量，以全新的思维来看待它、珍视它，用开放的态度拥抱它。在重新启程时，经营者需要做好计划，避免盲目跟风、失去自我。

在转变流量思维的过程中重要的一点是，经营者不能将流量变现视为短期目标。实体门店的真实流量与网络流量之间存在本质上的区别。实体门店要让顾客在线下接受服务，而线上平台主要起到宣传和引导的作用。经营者不能被网络上的热度和流量现象所迷惑，其与实体门店的真实流量是不可等同的。

第三节　流量变现的思维

对于流量变现的周期，经营者也需要转变思维。其实很多时候经营者不应该把很多精力放在赚取利润上，而应该放在提升品质服务上、加强团队建设上、以及搭建消费场景上。让顾客体会到门店的用心，顾客自然就会向门店倾斜。经营者永远都不要苛求生意，有了这种想法，门店一定走不远。不要把自己努力的方向搞错了，顾客心中的那杆秤最公平，经营者要站在顾客的立场上执行好细节、提供高性价比的服务和产品，努力提升顾客的满意度，这才是经营者应该关注的重点。

实体门店流量的增长跟门店平时提供的服务是分不开的。经营者要从网络的流量热度里走出来，踏踏实实地构筑真正的流量，把门店的粉丝聚集起来，将线上与线下相结合，提高线上平台的实用性、互动性、有效性，目标是让顾客在线上就能体验到增值服务，比如在线上预约、线上咨询、线上下单以及线上指导等环节让顾客感受到便利，让顾客有良好的线上体验，顾客就会自然主动地将门店分享给身边的人，这样获得的流量才更有价值。因此经营者一定不要过分关注平台上的数字，而要关注流量的有效性，这是流量思维转变的核心。

有人可能会反驳说，没有数量哪来的质量。这种说法对于实体门店来说不切实际，因为实体门店不可能辐射到那么多那么远的顾客，实体门店有一定的辐射范围，超出辐射范围的受众是很难定期接受门店的服务的。实体门店要的流量一定是精准流量，不是概念上的流量。

我接触过很多操盘流量的企业，他们会把网络上的热度看作成功的标准。很多网红都拥有可观的数据，可变现的结果却不尽如人意，因为其热度不能转化为成果，网红们实际输出的内容与吸引的观众群体之间存在严重的不匹配。这就是网红时代的真相，相当一部分人都被极少数网红的成功蒙蔽了，总以为自己也可以像那些人一样在极短的时间内爆红暴富，这是非常天真的想法。大家可以追求成功，这无可厚非，但是在追求成功的路上不能急于求成，不择手段。

流量思维的转变一定要向内观心。把内在的东西看清楚、想明白了，你才知道未来的路应该如何走。在疫情这几年中，掉进流量这个大坑的经营者数不胜数，不能说这些掉进大坑的经营者不努力，只是他们对流量没有清晰的认知，被网络上的各种成功学言论淹没了，他们也是受害者。但是当大家的生活都回归正轨之后，经营者就再也不能犯之前的错误了。人一路走来，无论财富多少、地位高低，都是在过日子，过日子一定要踏实进取。

当然大家也不能失去追求成功的动力与信念。成功不是偶然的，这句话就是对成功最好的概括。如果平时下的功夫深，那么你就会离成功更近一步。获得成功需要时间和努力，你千万不要天真地以为自己可以在流量的红利里一飞冲天，这种妄想无比可怕。一旦有了这种想法，将会对你的实体门店带来沉痛的打击。为什么这么说呢？因为你渴望成功的速度不是常人所能为的。大家都是普通人，如果你收获的结果与期待之间有很大落差，你可能会对成功失去信心，陷入萎靡不振，这是非常糟糕的。

我常常告诫自己，不要频繁地描绘美景以免对此产生过度的期待。我们应该默默地努力，让自己在未来收获一份惊喜。频繁地描绘美景，一旦实际情况与自己所期待的美景不符，内心会感受到强烈的失落，从而影响我们的自信心。相反，如果我们默默地努力，坚定地行动，在登上目标的顶峰后，美景自然会显现。这种方式是为自己留下了感受惊喜的机会。

第四节　流量变现需要坚持

流量思维转变以后就要靠执行力了。做好详细的计划，分步骤实施，不要担心流量少，一定要注重流量的有效性，珍惜每一位顾客。线上平台的模块设计一定要贴近顾客的操作习惯，要简单化、人性化，让顾客在体验门店线上服务时感觉轻松自如。如果还能让顾客在浏览线上平台时找到一些乐趣，那就更好了，比如说门店把电子抽奖、电子盲盒等小游戏置于其中，相信顾客的参与度会有所提高，同时也会让门店的线上平台充满趣味性。门店也可以把顾客的满意度调研放进去，听听顾客的声音，这也是获得门店服务品质的意见通道之一，这样做能让顾客感受到门店对服务的重视不是只停留在表面上。

流量需要长期的积累和精心的经营，只有这样才能确保流量的稳定。经营者在流量闭环的打造中应把脚步放慢一些，把眼光放远一些，把思维放宽一些，把战略定高一些。既然你已经选择了实体门店作为发展事业的基础和平台，就要有耐心、有恒心。实体门店的每一步都要走得扎实，这样才有持续发展的可能。

　　流量思维的转变说到底是经营思维的转变。流量变现的速度不重要，流量变现的持续性与循环性才重要，这是最关键的内容。过去的流量思维根本不适应实体门店的需求，很多经营者耗费了大量的人力、物力、财力搭建流量热度，现在回头想想能发挥作用的没有多少，这就是残酷的现实。不是流量没用，而是经营者对流量的期待太大了、太急了、太乱了。

　　只要经营者坚持正确的经营思维不动摇，流量经营就不会偏离轨道。欲望可以有，但应有度。实体门店会发展得越来越好，流量也会随之增长，这个增长是门店吸引来的，不是靠线上平台推送的，因此意义完全不同。有很多成功的例子供大家参考，对照一下就可以发现它们的奥秘。每一个成功的案例都经过了周期性的发展才取得了成功，一夜爆红的门店只是昙花一现，因为它缺乏扎实的基础。一时吸引来的大量流量只是因为好奇围观而已，这些门店往往缺乏实质的核心竞争力，大家不必羡慕嫉妒。

　　向内观心，心怀善念；向外观景，欣赏整个世界。希望各位实体门店的经营者在流量思维的转变上能有所收获，这种转变在未来能为大家指引前进的方向。

第十八章

星辰大海的转变

Chapter 18

对于务实打拼的人来说，星辰大海并不遥远，它就在脚下。就像电视剧《西游记》的片尾曲歌词一样：敢问路在何方？路在脚下！

第一节　追梦的逻辑基础

做事业的人都想拥有星辰大海，于是就到处寻觅自己的事业蓝海，却忽略了星辰大海其实就在脚下。有一部分人到处学习各种商业模式、捷径妙招、资本法门，但如果连最基础的根都没有扎稳，那些对其来说都只是天方夜谭，毫无半点现实意义，甚至一不小心就会掉进危险的陷阱，每天做白日梦，最终失去追求梦想的动力。

大家在志存高远的同时一定不要忘记脚踏实地。再远大的梦想也要一步一步地实现，只有这种务实的精神才能成就你的远大梦想。结果很重要，但是正确的过程是保障结果的前提条件，没有这个前提条件就不可能获得理想中的结果。

经营者要有宏大志向，更要有脚踏实地的态度。实体门店的经营与其他业态不同，经营者必须坚持积累，沉下心来学习。实体门店未来的发展离不开经营者现在每一步的潜心创造，这个成长过程需要坚持，坚持下来才会使实体门店的未来充满希望。

一家快餐店看上去没有什么需要管理的，只要做好菜品就行了，实际上这里面的经营智慧太多了，只是实体门店的经营者没有打开思路去研究。餐品是做一餐还是做三餐？快餐店的平均出餐效率直接影响其盈利结果。对于快餐店来说，从选址到定位都很重要，选在社区是一种做法，选在商务写字楼是另一种做法，选在成熟的景区又是一种做法。早餐、中餐、晚餐、夜宵有各不相同的运营管理模式，这关系到菜品菜式、包装视觉、品牌打造、服务团队、空间陈列等一系列问题。

有一家餐厅选址在社区。这家餐厅根据社区受众的特点，早上做早餐，中午做正餐，下午做下午茶，晚上做晚餐，入夜做夜宵。一天五餐的结构划分使得服务的品项密度非常高，这一家餐厅相当于三家餐厅，其盈利空间就可想而知了。房租是固定的开支，多元化的品项设计让餐厅实现了功能最大化。

餐饮经营者可以将这套体系进行实践，之后把它与自己门店的情况进行结合，提炼出成一套属于自己的标准化管理体系，这样就可以复制粘贴般地扩张门店。这套体系才是经营管理的核心，它的完善需要很长时间的实践和总结，这个周期少则一年，多则数年，如果经营者没有耐心，很难打造出属于自己门店的标准化管理体系。

这里跟大家分享的是举一反三的思维逻辑。无论你有怎样的目标与梦想，都要一步一个脚印，走得踏实才能走得更远。

经营者应根据业态的特性和门店的实际情况进行经纬坐标式的优势分析，深度研究门店适合什么样的发展模式。如果要往连锁方向发展，就要建立标准化体系；如果要往单体店规模化方向发展，就要打造文化品牌，进行整体输出。一个是面的横向发展，一个是点的纵向发展。

除此之外，还有两种发展模型：一是跨界整合的综合体发展模型，这种发展模型需要准备的内容非常多；二是平台式的发展模型，由一方负责搭建平台、树立品牌，通过吸引更多人加入平台与其合作，共谋发展。

每一种模式的操作方法都不同，经营理念差距也很大。经营者一定要先向内分析业态的特性与门店的情况，确定好前进的方向。有了清晰的方向，才能坚定前进的步伐。经营者要用积极的发展的眼光面对未来，这样做会使你在面对问题时更有信心和创造力。同时，这种积极的态度也会增强团队对经营者和门店的信心。

第二节　发展的战略思维

在制定宏图大计时，只有明确战略，战术才不会偏离。再小的店也要有明晰的发展战略，很多经营者总认为门店目前的规模比较小，还谈不上战略，这是一个误区，因为人不可能只活在当下，一定要对未来做精心的规划。

每个人都应该把精力多放在自己身上，照顾自身的健康，珍惜个人的时间。

因为在某些情况下，只有你妥善地管理自己，关心自身的需求，并对自己的时间负责，你才能够更好地为他人负责，更好地表达对他人的关爱。然而，在关注自己需求的同时，不可忽略对他人的责任和关心。当你在医院的 ICU 病床上病恹恹地躺着时，是无法再对爱你的人负责的。由于患上疾病而抛弃爱你的人和你爱的人，这是自私的行为，是不负责任的表现。你连自己的身体都照顾不好，何谈为他人负责呢？

人的一生都在逐梦中前行，有梦想就会有激情、有盼头、有期待，这是人生的意义。筑梦、追梦、圆梦，这整个过程都是风景、都是享受，脚下的每一个足迹都不会辜负你的每一分付出。

大家要在追梦的过程中增加一种能量，这种能量叫"种树能量"。古人云：前人种树，后人乘凉。虽然树的生长速度很慢，但是它的价值非常大。"种树能量"就是让大家在带着热情去追梦的时候，要懂得不停地为自己增加动力，如果能有持久的动力让你坚定自己的梦想，并且这种坚定不是在别人的监督之下拥有的，而是通过自我要求拥有的，你的追梦热情就不会消退，你实现梦想的机率就会更大。我建议之后把这种对自我的高要求培养成一种习惯并身体力行地教给下一代。

"种树能量"其实还代表了很多精神，如自我牺牲的精神、长期坚持的精神、乐于奉献的精神、乐观豁达的精神、利他付出的精神等。从"种树能量"对照自己追梦的现实，人们都希望追梦的过程越来越短，越来越轻松，都在寻求奇迹的发生，这绝对是愚蠢的。人生的收获就是丰富的经历，当你想要走捷径时，你就已经偏离正确的方向了。如果方向把握不准，你就会误入歧途。

树的生长周期非常缓慢，回报也来得非常缓慢，但是其回报价值高、收益长。打个比方，一头养猪厂的猪在饲料的催促下 100 天就可以出栏上市，但一头农家土猪在五谷杂粮的精心养育下，出栏的周期在一年以上，这两头猪的经济价值与营养价值有很大的差异，两个品牌的竞争力也有天壤之别。大家可以借此思考自己要以什么样的步伐抵达未来，你最终选择的路线至关重要。

这个观点可能会受到很多人的批评。有批评是好事，说明大家都在进行积极的思考，这也就发挥了这个案例的作用了。实体门店的发展与时代的趋势紧密相连，每一个阶段都有风云变幻。无论时局如何变迁，总有一批实体门店屹立不倒，持续健康地发展，这些门店能够长久经营的原因值得大家进行深入的思考与研究。

第三节　追梦的心态

　　愿景的勾勒往往都是非常美好的，美好到有些人甚至忘记了迈出追梦的脚步。现实社会中也有一些人习惯把愿景无限放大，极尽吹嘘，这些人诱使另外一些人迷失自我。如有很多的企业倒在了上市的路上，有的实体门店倒在了经营者盲目扩张的路上，有的则倒在了经营者无度的贪念里。也许是人性使然，上帝创造人类的时候留下了两个漏洞：一个是惰性；一个是贪念。一个又贪又懒的人妄想追寻美好的星辰大海，结果必然是空手而归，伤痕累累。

　　当每个人都把精力放到找捷径上时，就忘却了生活的真谛是经历，丰富的经历才是人生真正的收获，眼观世界美，必然足下行。实体门店的经营者在布局美好未来的同时，一定要记得逐梦达愿的核心使命，即吸引更多的人一起出发，带着自信奔赴梦寐以求的星辰大海，努力实现自己的个人价值和社会价值。

　　门店不是越多越好、越大越好，计划与目标一定要有，但不可脱离实际。经营者对团队、对顾客、对家庭、对社会、对自己都有一份责任在身，这份责任要担得住、担得久才行。

　　有一些实体门店的经营者特别喜欢抄袭，这样的做法让门店永远失去了个性，一直随波逐流。难以想象这样的门店如何留得住顾客，如何留得住团队。一家实体门店如果没有自己的思想体系，就相当于完全没有根基，在商业竞争中也毫无优势，生存会变得越发困难，直至被社会所淘汰。失去灵魂是最可怕的，也是最可惜的。

　　在逐梦的途中，人们可能经常会被错误的思想侵袭，能与之抗衡的就是内心的那份坚定与从容不迫。欲速则不达！这句话大部分人已经听了无数遍，但当其正在突进时就全然不顾了。每个人都非常着急地想要到达成功的顶峰，到达之后会发现原来这一路上都是美丽的风景。

　　在平凡的日子里蕴藏着不平凡的向上、向善、向好的想法。大家要努力找到它，或是通过他人、他事、他景获得能量，之后再重新出发。当你跌倒时，总会有人伸出援手将你扶起；在黑夜中，有灯塔为你指引前行的方向。在经营实体门店的同时，你依然可以拥有除了事业之外的幸福。原本充盈的精神仓库或许有时会被自己不小心清空，但因为你拥有重新启动的勇气和能力，就能够再次回到前进的道路上。

我们生活在最美好的时代，不要再埋怨社会的不公，因为这个时代已经给予我们太多的关怀。和平的环境，充实的生活，强大的国家，如今我们的日常除了幸福就是欢乐，哪有时间陷入忧愁，哪有闲暇为世事烦心。青春正当时，梦想正高涨，头仰星空不惧远，俯身足下胜险峰。我们要带着追逐梦想的坚定动力，通过不懈奋斗去打造实体门店的美好未来。在奋斗的过程中结交事业的伙伴，结缘生活的挚友；在工作中乐享生活，在生活中畅想事业；真诚地与人分享、与人为善、与人同行、与人共创，美好的心境会为我们带来灿烂的未来。让我们怀着这份愉悦之心与实体门店一同稳步向前。

第十九章

建立生态圈的转变

Chapter 19

地球需要生态平衡，人类也需要生态平衡，地球是我们赖以生存的家园，保护地球就是保护我们人类自己。环保理念早已深入人心，我们人类想尽一切办法来修复环境，以还原地球原来的样子，这是全人类的使命与目标。在处理环境保护与经济发展的问题上，习近平总书记说："绿水青山就是金山银山"，这句话道出了我国在治理环境方面追求经济与生态的双赢，强调在经济增长与环境保护之间实现平衡。

第一节　生态圈的基本概念

近几年在商业领域和地方政府的城市规划上频频出现生态圈、生态链、生态系统等概念。归根结底，无论是城市乡村的空间发展，抑或是企业的长久经营，都离不开可持续发展这一重要议题。我们不能为了发展而透支未来，只顾眼前利益而无视明天，这种做法显然无法构成健全的生态体系。

解决可持续发展的问题，第一需要责任，第二需要科技，第三需要勇气，第四需要信心。有了这四个关键要素，我们才能够深入探讨实体门店建立生态圈的问题。

首先是责任。可持续发展的责任体现在实体门店领域就是经营者有没有为企业创造充足的发展空间，为团队创造充足的成长空间，为社会创造好的产品。承担这份责任就是实体门店经营者的头等大事，能否担当好这份责任其实就已经决定了实体门店能走多远，能站多高，能赢多久。责任这两个字在生态圈的层面上尤为重要，如果经营者不愿意主动承担这份责任，其他方面也就无从谈起。

其次是科技。科技赋能企业发展，实体门店的发展当然也离不开科技，餐饮行业会用机器人实现高效送餐；酒店行业会用智能家居净化设备实现房间的空气净化；交通运输行业会根据大数据分析的结果实现高效的车辆调度；洗车店会用无人值守系统洗车；便利店会用无人值守收银台进行电子交易；美容机构会使用各种仪器帮助顾客护肤瘦身；养生类的门店也配备了各种仪器为顾客提供更舒适的养护服务；实体门店还可以借助 5G 网络与顾客进行 VR 空间的实景互动，等等。现如今，科技已经深入各个领域，不断为人们创造无法想象的惊喜。实体门店的经营者也从中受益，尝到了不少甜头。但需要注意的是其中有一些是伪科技，经营者要谨慎小心，辨清真伪。

再次是勇气。每一个选择都伴随着风险，因此做选择考验着实体门店经营者的判断能力。在做选择之前，经营者需要评估门店的抗风险能力。一般来说，超过门店自身抗风险能力的 80%，就说明风险很高，这种情况下，除非是刚性需求，否则不建议经营者尝试。勇气是一种宝贵的品质。人有勇气不代表可以冲动行事，而应经过深思熟虑再做决策，这种谨慎的勇气才是可取的。创业者通常都有冒险精神，即使风险很高，他们也要冒险前进。然而，做出这种冒险的行动往往是因为创业者别无选择，不得不这样做。冒险是创业者受到外部环境的影响被迫做出的选择。有时候，勇气也被称为经营者的魄力，这种魄力是历经实战的表现，也是经验的大量积累所形成的决策能力。

最后是信心。信心的来源有很多，有些来自外部，有些来自内部。外部力量体现在关键信息的获得以及良好的人际交往上，这些东西能让人坚定信心。内部力量来自对自我的正确认知。这两种力量都建立在积极的反馈上。影响决策者信心的因素还有很多，如团队的执行力、合作伙伴的积极性、顾客的接受程度等。

第二节　生态圈的规划

在建立实体门店的生态圈时，经营者一定要用长期主义作为思想的指引。实体门店生态圈的建立是一个长期过程，需要分步骤、分阶段实施。在建设生态圈之前，需要具备五个条件：一是生态圈的思想体系；二是生态圈的优势分析；三是生态圈的资源分析；四是生态圈的发展规划；五是生态圈的阶段性实施计划。此五项缺一不可，实体门店的经营者不要简单地认为只有大店、连锁店才需要生态圈，其实不论规模大小、门店类型，经营者都要打造适合自己门店的生态圈。

生物圈是地球上包括陆地、水域和大气层在内的所有生物体以及它们之间的相互关系和相互作用的生态系统。生物圈中的各个生态系统相互联系，构成了一个复杂的生态网络。生态圈则基于永续循环的发展目标，旨在让每一种生物都能够在自然界和谐的生存与发展，并且能够相互作用。生态圈的目标是构建一个健康平衡的系统，人的身体有健康平衡系统；城市的水力、电力供应有平衡系统；国家的发展有内在的管理平衡系统。一旦打破系统的平衡，系统中的每个环节都会受到影响，因此，建立生态圈十分重要，也极为紧迫。

自然界最重要的是平衡，在企业当中亦是如此。企业与顾客之间，企业与团队之间，企业与社会之间，企业与企业之间，企业与经营者之间……每种关系都需要平衡，各自才能发挥持久的作用，这是宇宙之间不变的定律。

生态圈的思想体系即经营者的经营思想，这个经营思想也是门店的基本方针，关系到门店建立生态圈的具体策略。思想体系是否健康与生态圈的形成密切相关。有一些门店是家族共同管理的，由于参与管理的人员众多、关系复杂，意见很难统一，这对于建立生态圈尤为不利。相比之下，持有开放的思想，招贤纳士，公平公正，没有私情作祟的门店就比较容易形成共识，也容易汇聚力量。谨守小利而不舍，任人唯亲，这种经营态度则对生态圈的建设非常不利。打开胸怀、广纳贤能，方能得天下。这是老一辈早就总结出来的道理。思想体系不健康，门店内部就不可能实现平衡，不平衡就会有短板、有漏洞，那门店的经营就很难持续。因此思想体系一定是倡导公平的，不偏不倚才能使力量集结，为门店所用。门店的思想体系代表了内部大部分人的想法和利益，在确定了思想体系之后，门店要在思想体系的指导下将其他模块体系化。以餐饮行业为例，其包括整店输出体系、食材供应链体系、人才培训体系、营销管理体系、后厨品控开发体系等，环环相扣，缺一不可。

生态圈的优势分析。生态圈涉及的内容比较多，不可能每个环节都达到最高的水平。经营者要深入了解实体门店目前的优势与不足，在发挥优势的同时调整策略，以弥补不足，只有这样做，生态圈的闭环才能稳如磐石。生态圈的建立需要一定的时间与过程，还要经过数次的打磨优化才能形成最终成熟的生态圈，经营者既不可急于求成，也不可过于拖延。生态圈的优势能够增强团队信心，并能够激发团队补齐短板的斗志，从而推动门店的发展。经营者分析优势之后再找出不足，让优势与不足有机结合、相互支持，共同来完成生态圈的接力。这里要注意的是，需借外力整合才能得到的优势不计入内，因外力有太多不确定的因素，经营者可能没有完整的主导权，故不计入内，以此进行保守评估。经营者不能自欺欺人，一定要面对现实，接受现实，然后再通过努力改变现实，要正面对待和解决问题。

生态圈的资源包括内部资源、外部资源和创造性资源三种，经营者可将其与生态圈的战略规划逐一进行匹配。资源是推动产业发展的关键因素，将资源转化为资本需要经营者有深入的市场洞察、创新思维、灵活的战略规划以及持续的努力和耐心。很多人都希望将文化内容变现，但很少有人对该问题进行深刻的思考，而且大部分人都缺少耐心和创新能力，因而很难捕获市场需求。实体门店的生态圈资源包括人力资源、物质资源、信息资源等，涵盖的内容非常丰富且多元。实体门店生态圈设计者的任务就是将多元的资源有机地融合在一起，形成统一的合力。唯有如此，实体门店的生态圈才能发挥作用，实现预期的目标。内部资源即门店现有的资源，经过分类整理，经营者能够清晰地了解每种资源在生态圈中的作用。外部资源则是从第三方处获得的，它们带有一定的风险，经营者要管理好风险，使其在可控的范围内，确保它们为生态圈的建设带来有效的助力。创造性资源是经营者整合社会资源的产物，具有强大的扩展性和伸缩性。这种资源的优势在于其广泛的适用性，其在打造生态圈的过程中充当了多面手的角色，就像百变魔法一般。

生态圈的发展规划要遵循可持续、可操作、可调控的原则。大家在仰望星空的时候也要脚踏实地地前行。规划是为发展服务的，是行动的指南针，是通向成功的阶梯。故经营者制订规划要从实际出发，本着高度负责的态度，让更多人参与进来，共商大计。尊重他人就会获取多一分的力量，认同他人就会收获多一分的真诚。在制订实体门店的发展规划时，应该多纳入一些团队成员，从而使其感受到参与价值，这样做也是对团队成员的肯定。虽然不是每个人都能言之有物，但是关键在于他们参与的积极程度，参与度反映了他们对企业的热情。哪怕只是作为一个倾听者，经营者都要给予认可，因为他们都是战略规划的执行者，他们的参与能提升后续的执行效果。实体门店生态圈的发展规划要根据门店的情况而定，经营者在借鉴别人的成功经验时，切忌全盘照搬。因为每一个企业发展的环境和条件都不同，所以经营者在应用这些经验时需要进行适度的优化和改进，以使其更符合自己门店发展的需求。实行任何一种管理策略都应基于门店的实际情况，并结合多方智慧进行创新，同时面对问题要保持开放的态度和理性的思维。

第三节　建设生态圈的行动

接下来，门店开始实施生态圈的阶段性计划，在这个过程中要遵循整体战略规划的核心思想，将这些核心思想贯彻到执行工作的细节中，确保实施不会偏离原定的路径。每个实施阶段都应设定一个口号，使其成为每个阶段工作的目标，这也能为每个阶段留下一个深刻的印记。团队成员必须认真执行计划，从而实现计划的阶段性目标。就像我国的五年规划一样，每个阶段都有明确的发展目标，每个部门都会团结一心努力达成这个目标。执行实体门店的阶段性计划需要全员协作，团队中的每个成员都需要参与进来。再好的计划无法落地执行，也只是纸上谈兵。即使有优秀的实施方案，没有优秀的执行团队，最后的结果也会大打折扣。因此，任何战略规划最终都需要人来执行，而且每个细节都必须执行到位，以确保达成最终的目标。整体的战略规划为大方向，阶段性的目标则是具体的目标，每一个步骤中有诸多的细节。这一系列的逐步落地需要一个高度负责的团队，这个团队的成员会将企业的战略目标与个人目标紧密地联系在一起。企业的成长和团队的成功应共同推进，这样做团队才能有不竭的动力，以此构建团队与企业的命运共同体，从而深层次地展现生态圈的价值。

生态圈的思想体系可能会发生变化，这是最难把握的。因此经营者要在出发前就有明确的思想指引。战略可以进行不断的优化，但频繁地改变战略则会对整个生态圈的建设产生不良影响。生态圈类似一个完整的系统，若频繁更换战略，整个系统将遭受损害，同时也可能给团队带来打击和不安。因此，在制定生态圈战略时，经营者必须进行充分的论证和调研，等待方案成熟后再实施，从而最大限度地降低因战略变动带给实体门店的风险。

实体门店的生态圈是随着门店的成长而不断变化的，即实体门店的发展与生态圈的建设是相互关联、相互推动的，门店的发展会促使生态圈升级，以满足新的需求。大家不要因此就认为建设生态圈是一项非常复杂的任务。生态圈的建设相对来说是一个简单的过程：随着门店的成长壮大，经营者需要逐步建立门店服务的各个体系，然后将这些体系连接在一起，这就形成了生态圈。这一过程理解起来较为简单，但在具体的执行上则需要经营者多加考虑，细致入微。

实体门店打造生态圈的核心目的是在长期的发展过程中确保自身可以始终保

持内外部的生态平衡。这种平衡是实体门店发展的基础和必要条件。拥有长期主义思维的人将会从中受益良多，而那些追求短期利益的经营者则不太适合建立生态圈，因为生态圈的建立需要耐心和前瞻性。不同的选择各有其优点，经营者应根据实际情况进行取舍。

我服务过一家名为帝至的企业。这家企业的老板就是用"生态圈"这一顶层思维来打造品牌的。他把品牌的文化、战略、营销、创新与中国文化紧密地结合在一起，把品牌精神与中华民族精神相融合，把爱国思想与品牌内涵相融合，既有情怀又有长远战略。这位老板特别有魄力、有远见，其门店的装修使用了中华民族的文化元素，并从战略上一开始就将自己的品牌定位为民族品牌。我花费了大量精力"陪跑"这家企业，因为我觉得这家企业值得付出。他们对于"生态圈"的战略定位十分坚定，所有的战术都在这个思想的指导下逐步落地，这家企业的所有股东对此非常支持，这是极其可贵的团结精神。企业打好了扎实的基础，未来才有足够的竞争力。

实体门店生态圈的动态变化是有规律的，大家不必过于紧张。生态圈由多个模块组成，每个模块包含多个体系，每个体系分为多个步骤，每个步骤又涵盖多个行为。在动态变化时，经营者应该将问题细分，集中关注一个体系，这样可以更有针对性。然而，即使经营者建立了一个稳固的生态圈，也不能高枕无忧，因为门店需要持续寻求成长。随着时代和社会的变化，实体门店的发展会随之改变，但这种变化各有各的走向，各有各的方式。经营者需要持续精进每个体系，以保持生态圈的平衡。这种态度能够长期确保生态圈不会失衡，鉴于生态圈里有很多个体系做支点，平衡的内部力量多，因此安全性也更高。对于适合建立生态圈的经营者而言，需要多方面了解有关生态圈的信息；对于不需要建立生态圈的经营者来说，简单了解生态圈的概念和构成即可，当然，多了解一些内容肯定是有益的。总之，每个人都会从生态圈中获益。

电动汽车产业是当下的热门产业。我们来看一下电动汽车的产业生态链。目前，没有一家电动汽车制造商能够生产出所有的零件，其零件基本上都是从供应商处购买的。其中大部分零件来自燃油车的供应商，也就是说，电动汽车制造商通过整合传统燃油车的供应链建立了自己的供应生态圈。电动汽车产业对科技创新有着较高的要求，尤其在汽车电池方面，涵盖了从安全性到续航能力的创新。如今，这已成为所有电动汽车制造商的竞争要素之一，而这个要素主要是通过外部力量的整合得以实现的。因此，在构建生态圈时，许多电动汽车制造商把更多精力放在了汽车的人性化设计、驾驶的延展性以及智能功能的开发上。另一方面，一些制造商将售后服务作为竞争优势，例如提供终身免费更换电池、配送安装充电桩等服务。另外一些制造商则会在后期的维护保养以及更换零件上获取利润。

电动汽车产业与实体门店有很多共性。实体门店的盈利点可以体现在商业运营、服务内容以及人力资源上，这种多样性的盈利模式旨在实现差异化竞争以及满足顾客的多元化需求。从打造生态圈的角度来看，这是在维护整个体系的平衡。如果这种平衡建立在良性竞争的基础之上，将会促进多方的合作与互助。只要市场足够大，每个实体门店都有可能受益。目前，电池技术是电动汽车制造商之间的主要竞争内容，而实体门店的竞争更加多元化，涵盖了技术创新、商品创新、服务体系和附加值的创新等。不论是哪种实体门店，都需要进行不同领域的应用与创新。

当下许多成功的商业案例都运用了逆向思维，其不从主营业务中获得盈利，而是将利润点隐藏在消费者不太容易察觉的地方。举例来说，手机制造商可能会以相对较低的价格销售手机，但会在通信服务中收取更多费用。这样做，消费者可能只关注到手机的低价，却忽略了长期合同中较高的通信费用。很多软件公司会为用户提供免费版本的应用软件，但对高级功能、广告移除或增值服务进行收费。用户可以免费使用基本功能，但如果想用更多功能就需要付费。

多借鉴其他行业的营销思维，多总结，多讨论，然后再构建自己的生态圈，这样你会发现自己的思维变得更加开阔了。商业的逻辑在各行各业是通用的，营销的艺术也是无边界的，只要你站在顾客的角度思考策略，很快就能与他们产生共鸣，因为一切都是以满足顾客需求而创造的，顾客是最有发言权的。门店建立生态圈的根本目的是长期为顾客提供服务。门店与顾客相互促进，共同成长，逐渐融入了彼此的生活，因此能更好地了解顾客。通过满足顾客的物质和情感需求，为顾客提供丰富的价值。为了能够持续为顾客提供丰富的价值，门店需要建立生态圈，这也是实体门店发展的必然路径。产业链和生态圈，虽然一个关注产业上下游的平衡，一个关注顾客需求与供给的平衡，但是其目标是一致的，都是在转化创造的成果，以丰富顾客的消费需求，这一过程既会产生经济价值也会产生社会价值。

社会的进步需要人们进行创业，以满足顾客的需求。创业者也要不断地创新、不断地突破。企业得到了发展，顾客得到了满足，两者共同生长，互相助力，这是整个社会生态圈的平衡。这个平衡的生态圈中有你、有我、有他。因为创造，我们的人生才有了意义，因为门店的创造，顾客的丰富需求得到了满足。

门店所有的创造都是向上、向善、向好的，服务好顾客就是服务好门店自己，实体门店的成长永远都离不开顾客的参与和支持，顾客就是门店成长最好的见证者。建立生态圈不是为了套牢顾客，这个圈是用幸福包围顾客，是用来圈住顾客的心的。

建立实体门店的生态圈是一项挑战艰巨、历时漫长的任务，但是这一切的付出都是值得的。随着时间的推移，其价值会逐渐显现，只要实体门店的经营者有持之以恒的态度和坚定的信念，就能收获回报。疫情过后，实体门店将迎来一个全新的高速发展时期。实体门店的创业者和经营者应当紧紧抓住这个机会，尽全力修复、营造一个健康有益的经营生态环境。我坚信积极向前的人始终在积极地做着准备，而那些消极抗拒的人则会一直回避现实。建立实体门店的生态圈是一项考验，考验经营者是否有远见和勇气，是否能为获得核心竞争力提前进行布局。无论何事，预先做些准备总是必要的。

第二十章

嘉许习惯的转变

Chapter 20

第一节　嘉许是一股无穷的力量

　　得到嘉许是人的基本需求，每个人都渴望被认可。被认可的过程中有一股无形的力量在流动，如果你重视这股力量，它将给你带来意想不到的回报。大家可以先尝试对自己嘉许一番，从自我肯定开始试着感受这股力量。作为一个经常从文字中寻找力量的人，我发现文字传达的嘉许之力是巨大的。实际上，一个表情、一个标点符号都能传达你对他人的嘉许。嘉许的表达方式有很多种，然而真正善于运用的人却不多。有时，你的一个笑容就能够征服对方的内心，使其从内而外地感到愉悦和畅快，从而引发对方的共鸣，增强其认同感。这就是为什么难以用语言解释的情况，人们总用"感觉"这两个字代替。

　　嘉许并非简单的口头称赞，也不仅仅是金钱上的奖励，其关键在于赋予过程仪式感。对于团队来说，嘉许的激励作用十分显著，然而恰如其分地运用嘉许则需要智慧。举例来说，一家企业若想留住杰出的团队成员，采用适当的嘉许方式能产生积极的效果。我曾为一家企业设计了一个名为"功勋盘"的艺术瓷盘。只要在这家企业工作达十年以上的成员，其名字都会由艺术家手工雕刻在功勋盘上，以示最高的嘉许。这家企业的创始人是第一位被刻于功勋盘上的成员。这家企业在年会上举办了嘉许仪式，这不仅让员工感受了企业文化，也让他们见证了功勋人物的光荣。此外，这家企业还安排了备受尊敬的代表为优秀成员撰写颁奖词，以此来表达对优秀成员的重视和鼓励。接着，这家企业的创始人与获得十年功勋人物的团队成员一同出席嘉许仪式，共同接受颁奖。奖品的种类较多，包括荣誉证书、花环、绶带、带薪旅游等。这些充满嘉许意义的奖励展现了这家企业对人才的高度重视与珍视。这一系列的仪式不仅让全体成员亲身感受到企业的重视与关怀，更在实际行动中构筑了独特的企业文化。

打造和传承这种独特的文化会在企业内部形成良好的文化氛围，这对于在职场传播正能量十分有利，其影响力甚至比那些教育性的"洗脑"课程好得多。由此，团队的稳定性得到了有力的保障，团队能够长期持续地为企业服务，其中最大的受益者就是企业。团队越来越忠诚，传帮带的氛围就会很融洽，这为企业实行长远的人才培育计划打下了坚实的基础。在实体门店中，经营者可以用流动红旗、冠军杯等物品来激励团队，并为团队成员提供充分的安全感。这样，团队将与门店紧密相连，不会因为春节等节日的到来就离开，也不会因为薪资问题而频繁跳槽，这些问题往往源于门店未能建立良好的团队文化。

嘉许必须恰到好处，名副其实。经营者可以将嘉许文化细分类别，形成标准，然后把这一标准写入企业章程，使其成为团队良性竞争的一部分内容。表面上看，嘉许是一种荣誉和激励，但它在更深层面激活了个人的内驱力，这种内驱力源自人们内心的真实渴望，因此更加有效和持久。实体门店的经营者可以将嘉许文化纳入团队的绩效考核，对于团队成员而言，这是让他们成为别人的榜样；对于企业而言，这是在培育雷锋精神，两者都能从中受益。很多非营利组织的文化核心就是嘉许文化。嘉许是一种超越物质奖励的福祉，它比表扬更具突破性和创新性，能够给对方带来愉悦。因此，许多年轻人在选择工作时会考虑这份工作能否让自己开心，而不是单纯地追求物质回报。

纵观整个人类的发展史，无论是哪个人种或民族，其很多仪式的演变从未间断，反而随着社会的进步不断发展。西方的圣诞节文化之所以如此强大并且影响全球，不仅是因为它传承了信仰，更因为其核心是庆祝家人团圆和快乐，这种文化内涵满足了大多数人的需求。大多数人都难以抗拒礼物的魅力。礼物是什么不重要，重要的是互赠礼物的过程有仪式感。圣诞节的庆祝活动就充满了仪式感，在视觉方面有圣诞树，在听觉方面有圣诞音乐，在故事方面有传说中的圣诞老人，以及各种各样的圣诞装饰品，这些元素汇聚成浓厚的仪式感，为人们营造出一种沉浸式的节日氛围。在这种氛围下，每个人都被幸福和欢乐所包围，能够暂时忘却日常生活中的烦恼，尽情享受愉悦的时光。圣诞节也为所有人带来了幸福的承诺，这个承诺是如此令人向往，很少有人能够拒绝。因此，圣诞节受到了无数人的喜爱。

再谈谈大家最为熟悉的生日庆祝，这一仪式同样源自西方。生日歌、生日帽、生日蛋糕以及生日派对，再加上中国的长寿面，这些小仪式已经成为我们庆祝生日时不可或缺的元素。即使这些庆祝的方式很简单，却能为人们带来幸福。目前仍然有一些节日缺乏仪式，难以营造出节日的氛围。

生活不能没有仪式感，工作也一样。嘉许文化的延展性很强，只要你设计好，它就会带来意想不到的效果。这种文化的实施成本并不高，却能够为人们带来很多益处，而且其应用时间较长，适用场景广泛，包容性也十分强大。同时，它的实施可行性也极其高。有效的设计必须紧密契合企业的特质，而这需要从企业的核心文化价值体系中提炼出关键要素，并进行创意的延展与匹配。通过这些环节，企业可以塑造出独具特色的幸福仪式，完善后企业可以将其呈现给顾客，邀请顾客体验企业独特的幸福氛围。不经意间，这种幸福的氛围可能会变成企业的核心竞争力之一，有些顾客可能因为喜欢企业的氛围而喜欢其商品或服务，而且这是顾客主动靠近企业的信号。幸福多一点，心就更近一点，企业就会收获团队与顾客的信任和感激。

第二节　嘉许一定要走心

嘉许不是魔法，而是你用心关爱着身边的每一个人，就像歌曲《我只在乎你》里的歌词一样，这种在乎要用心。很多人表面上装作不在意别人的嘉许，其实心里非常渴求，这是人性的深层需求，人皆有之。

嘉许是一种幸福的创造，符合企业、顾客、团队、社会的多元需求，对内能满足企业成长所需，对外能展示企业的良好形象。这种创造还可以无限延伸，延伸到顾客的家人、团队的家人、社会的弱势群体等，延伸得越远就证明企业做得越成功。福耀集团的创始人曹德旺就把关爱延伸到团队的家庭，他让每个员工都没有后顾之忧；格力电器的董事长董明珠为员工解决了住房问题，这也是幸福的延伸，他们在用不同的方式创造幸福，这种行为带给企业的就是美誉度和知名度，团队的忠诚度和凝聚力也因此大幅度提升。企业布施了多少爱，就会得到多少爱，这是双向受益的，是向善的回报。

让嘉许成为一种习惯。从自我嘉许开始，逐步延伸至家人、朋友、同事等。避免把嘉许与阿谀奉承混为一谈，因为这两者截然不同。前者是真诚的表达，而后者则是虚伪的伪装。前者可以给人无穷的力量，后者则会让人迷失自我，这是两者本质上的区别。嘉许一定不能刻意而为，那样就失去了嘉许原本的意义。

嘉许不是虚构的谎言，它是源自内心的爱的传递，这种爱的传递会逐渐升华。你对对方的嘉许是否发自内心，对方能感知到，因此经营者在设计嘉许文化与仪式的时候一定要由心而发，用心而行，诚心而为，善心而待。这样的真诚比任何语言都有力量，只要带着这份嘉许出发，你就会有收获，也只有带着这种难得的真诚，你才能欣赏到一路的美景。

嘉许不仅仅能鼓励他人，给予他人力量，还可以提升自己，使自己获得更多回报。当你养成经常鼓励别人的良好习惯，就会惊奇地发现有很多人向你靠拢，向你走来，拥抱你的正向思维，主动地跟你交流，喜欢跟你深度沟通。因此嘉许有时候可以在你和对方之间建立起沟通的桥梁，是打开对方心门最好的钥匙。在现在喧嚣的社交环境中，嘉许能够轻松地帮助你破局。

每个人都想要得到嘉许，但你对他人的嘉许必须经过深思熟虑，不能言过其实，对方能够判断出你的嘉许是否发自内心。从自我嘉许开始，慢慢地习惯嘉许周围的人，包括内部团队、外部顾客、合伙人、供应商等，你身边的人都渴望被嘉许。

嘉许自己是修行的过程。能够做到嘉许自己，你的心胸自然会开阔很多，幸福指数也会随之提高。嘉许自己的过程就是为自己注入能量，这种能量是最有效的，因为它源自你的内心深处。自我嘉许对提升自信、情绪改善有着很大的促进作用。人们每天都不可避免地面对来自生活与工作的压力，时常会陷入困境之中，而这些困惑最终往往需要通过改变思维来脱离。但是，思维的转变并非易事，许多人在面对困境时总是钻牛角尖，使自己陷入苦闷，这确实是一段极为痛苦的经历。我相信许多人都深有体会，然而生活还是要继续。随着思维的改变和时间的推移，人们会逐渐接受现实，进行自我调整，并最终恢复信心踏上新的征程。这一过程需要人们进行内在的循环，使思想逐渐成熟。有了自我嘉许的支持，人们能够更迅速地走出困境，忘记痛苦。

嘉许团队是经营者的一项常态化工作。嘉许带来的益处是多方面的。你的嘉许思维、嘉许态度、嘉许行动，将在团队中营造出一种积极的氛围，这种氛围所带来的首要益处就是团队的和谐。而实现团队和谐恰恰是许多经营者梦寐以求的目标。嘉许团队还可以收获团队成员的忠诚，并使其开心高效地工作。经营者应将嘉许文化打造成企业文化的一部分，因为团队需要鼓励和耐心的教导。嘉许能够给予他们力量，呵护他们的成长。在幸福的工作环境中，团队的创造力会有所提升，团队的忠诚度也会有所提升。

嘉许顾客是一种感恩回馈。顾客是实体门店的衣食父母，经营者要重视嘉许顾客的文化。人们都希望别人在乎自己，这种对在乎的渴望在中国的人情社会里更加突出，很多时候顾客可能不会直接地表达出来他的情绪需求，门店必须主动为顾客创造情绪价值以回馈顾客。门店可以为顾客制订一份计划，针对与其相关的节日开展活动，而不是一味地进行商品促销。门店是否真正重视顾客，对于这一点顾客心中是十分明了的。对顾客的嘉许可以采用多种形式，包括语言、仪式、物质、精神、家庭和资源等方面。真诚对待顾客十分重要，不应使用"套路"以免嘉许变味。

嘉许合伙人是一种礼仪。合伙人与你风雨同行，自然要以礼相待。对于经营者而言，优质的合伙人对门店的发展十分重要。彼此的价值观一致，同时也具备互补的优势，这本身就是非常难得的幸事。因此管理好与合伙人之间的微妙关系是实体门店经营者的重要工作，既要平衡彼此的个性诉求，又要充分调动每位合伙人的积极性，这是一项充满挑战的工作。嘉许文化可以在一定程度上实现这种平衡，这种嘉许需要更精准的判断，用到的心思会更多，因为合伙人之间涉及利益和权力的交织，存在许多敏感话题。因此，在使用嘉许文化来实现合伙人之间的平衡时，必须全面考虑，深入体察每位合伙人的切身感受，最大化地让嘉许文化发挥作用，使其没有争议。如果你的主动和嘉许的态度是发自内心的、坚定的，又是对工作有利的，那么产生争议的可能性不大。只要遵循公平公正、不偏袒、不自私自利的原则，就能把握好平衡。

对供应链上下游的供应商进行嘉许，有利于保障实体门店的外部支持。与供应链各个环节的供应商保持良好的关系并非易事，但这种良好的关系必须建立起来。供应商不仅是实体门店生存的基石，还是品质稳定的可靠来源，因此经营者必须与供应商建立深厚的互信。嘉许的态度可以使供应商将门店视为优质客户，从而赋予门店优先权。当供应商有抢手的货源时，会优先向门店供应，这也会成为门店的优势之一。两国间的交往遵循相似的模式，即通过增进互信和友好往来逐步加强双方的认同感，从而实现双赢。对于实体门店而言，拥有稳定且高度互信的供应商是一种竞争优势。供应商是门店资源整合的首选，也最有可能成为门店的合伙人，因此嘉许供应商具有多元的意义。

嘉许的维度很多，意义与内涵也丰富多样，最关键的是要用心发现他人的优点并以诚待人。然而，务必记住的是你并非为了达到目的才嘉许他人，而是你的人生态度中早已蕴含了这种诚心，这种态度中没有任何的杂质。只有这样，你才能更好地传递嘉许的温暖，激发出周围人强大的力量，使他们感受到更多的快乐与幸福！

第二十一章

开放姿态的转变

Chapter 21

翻阅中国的当代史，离我们最近的开放案例便是中国的对外改革开放。它始于广东的一个小渔村，随后我国进行了一系列大刀阔斧的经济体制改革，建立了以经济建设为中心的市场经济体制。实行改革开放体现了国家领导人面对世界的智慧、勇气和态度，实体门店的经营者也应如此，只有主动拥抱这个世界，你才会获得比别人更多的事业发展机会，你才能扩大自己的优质人脉圈。

第一节　开放姿态的基本概念

经济全球化、生态全球化和人才全球化构成了一个深度融合、平衡共生的世界命运共同体。在这种环境下，相互促进、共同成长成为重要的发展原则。各个国家只有通过开放才能获得平衡，也只有通过开放才能全面发展，共享全球发展的红利。

中国在改革开放前做的工作是解放思想，就是将老观念松绑更新，用新的思想引领发展的方向。改革开放已经过去40多年了，实践证明改革开放是一场伟大的变革，对中国的经济建设和国家的全面发展起到了巨大的推动作用。

第二节　经营门店的开放态度

实体门店不能故步自封。实体门店需要开放的方面有很多，包括积极学习、经营管理、战略规划等。但是开放要先从经营者开始，经营者必须长期坚持开放的态度。个人和门店都要进行开放。经营者要用开放积极的态度来面对实体门店的一切问题。只有敞开胸怀，世界的风景才会涌入。

只有敞开胸怀，学习的渠道才会变得多而广。拥有开放的胸怀，大家就能够学习不同业态的成功案例、发展方法、运营管理策略等。学习的核心在于打开思维，因为只有理解了所学内容，大家才能灵活应用知识。同时学习的态度也很重要，在确立了开放的学习态度后，大家便能进行深入、持续的学习。大家必须坚持学习，唯有如此才能领会精髓、掌握真知。如果学习时间过于零碎，难免会有断章取义的风险。因此，在学习中大家需养成习惯，以开放的态度虔诚地学习，丢掉个人的傲慢，解开思维的束缚，迎接全新的思维与理念。

开放实际上代表了实体门店经营者的自信。在商业领域，很多人都呈现出自我保护的姿态，这种姿态源自人们天生的自我保护意识。然而，这种天生的自我保护意识可能会让经营者失去一些发展机会，如错过优秀的人才。如果一家企业在经营理念上持有封闭的姿态，可能是这家企业缺乏自信，总觉得别人有企图之心、有偷盗行为，没有充分理解开放的意义。在未来，合伙制的团队会越来越普遍，若企业不能做到真正的开放，将难以实现合伙制的目标，因为经营者无法分享企业的核心主权，无法让团队成员真正地共创和共享，这将成为制约企业发展的因素。

第三节　开放的趋势

实体门店的未来发展需要全面开放运营。到那时问题的关键不在于经营者是否愿意开放，而是已经到了必须开放的局面。开放将直接影响团队、合伙人、供应商等多个利益方。经营者不敢开放的原因很简单，就是担心自身利益受损，担心合伙人成为竞争对手，忧虑团队跳槽寻求更好的发展机会。实际上，造成这些问题的部分原因正是不开放，尽管经营者可能不愿意承认。

不愿意开放的背后还有另一个原因，即经营者的贪婪，其不愿意分割利益给合伙人，这样的经营者缺乏自信和对合伙人的信任。尽管改变这种不自信和不信任的态度确实困难，但面对未来激烈的竞争，经营者必须做出改变，从更高的维度审视这种状态的利与弊。

真正的开放意味着不断扩大开放的范围。开放的关键在于经营者是否有足够的智慧来驾驭开放的局面。我国政府在介绍外交政策的时候，一直强调中国将继续扩大开放，国门将更加敞开，让更多人参与到中国特色社会主义的建设中，这是国家自信的表现。实体门店在自己的小生态圈内同样需要展现这种魄力。通过开放扩大市场规模，壮大团队。只有如此，门店才能成为最终的赢家。若不开放，门店的市场份额将会逐渐缩减，甚至可能被市场淘汰。尽管每位经营者都希望门店的规模可以扩大，但部分经营者却在实际的经营中将规模越做越小，这种行为与经营者的目标背道而驰，这一点是显而易见的。以广州一家初创企业的经营者为例，他不仅频繁削减团队的奖励，还与员工争夺客户的业务提成，他的思维和行为令人费解。这样的经营者难以吸引优秀的团队，更难获得优质的客户。若经营者做的所有决策都建立在自身的利益之上，这样的经营理念注定会使企业走向失败。

有关股权分配的书籍琳琅满目，各自蕴含着不同的智慧，观点因人而异。股权分配的关键在于经营者的价值观。当利益摆在面前，大多数人会考虑如何获取更多，却不思考如何集结力量稳定安全地扩大规模，正是这种思维导致了股权分配的不均衡。如果一家企业的股权分配机制是失衡的，这家企业的经营必然不长久。不长久就意味着没钱分。关于是没钱分好还是持续分钱好，这个道理无须多言。然而，当我们审视企业的内部情况时，务必清楚赚得的财富去向，以及想要赚取多少财富，这是只有经营者自己才能回答的问题。企业发展的周期、生命力和竞争力最终都体现在财富分配上。财富分配的杠杆效应如果运用得当，将增强企业的生命力；若运用不当，则可能导致企业迅速瓦解。

第四节　开放的行为

开放公平的企业，其发展环境不好把握。但就是因为不好把握，经营者才要认真把握，因为这种发展环境的重要性不容忽视，它影响着企业的发展，甚至可能成为企业发展的瓶颈。

开放也指放开。放开不代表经营者当甩手掌柜，而是经营者有足够的自信驾驭这种放开的局面。因为门店已经打下了坚实的开放基础，任何对手都不能颠覆门店，这就是经营者的自信和支撑。门店的核心地位无人能够撼动，经营者还有什么可担心的呢? 经营者应该担心的是：自己是否已经掌握了开放的能力，是否有足够的自信作支撑。如果经营者尚未具备这些东西，那么至少要认清现实。如果现在能认清现实，将来仍有机会实现开放，因为这意味着经营者已经有了开放的意识，实现开放只是时间问题。

开放必须是主动的，被动的开放往往是经营者迫于无奈采取的。这两种方式带来的结果天差地别。主动开放意味着经营者敏锐地洞察趋势，使自己成为行业的先行者，能够在第一时间调整发展策略以适应未来的发展。只有经营者主动地开放，才能拥有更多的主动权。因为经营者采取了主动开放，优质的资源、信息、人才等才会源源不断地涌向经营者。同时，只有开放了才能让这些优质资源进入、留存并持续发挥作用。但是如果经营者是被动开放的，其在这一过程中可能会感到极度痛苦。由于这一类经营者总是在开放问题上拖拖拉拉，因而错过了很多时机。当竞争对手都主动选择开放的时候，门店所面对的竞争局面将是非常残酷的。

开放不意味着经营者要放弃一些东西。开放也指舍弃自己的贪欲，与人分享。当你真正放下了，你的收获会越来越多。没有人见过释迦牟尼，但他的精神却广为人知。他放弃了所有的念头，一切只为拯救众生。他也得到了用金钱买不到的回报，而且这种回报是世代永存的。因此经营者要谨记：贪而无，放而足。

实体门店的经营者一定要有开放包容的思想，并且这种思想应不断地进行优化和调整。不同门店开放的内容、范围和原则各不相同，但只要经营者拥有这种开放的姿态，就能够开辟更多的成长之路，经营者的思想将因此变得更加开阔，门店发展的道路也会随之变得更加宽广。换言之，任何阻碍发展的因素都来自人们对思想的束缚。开放的开关就在我们自己手中，无论是否想要，都要将其打开。从治理国家、经营企业到管理家庭，无处不需要开放包容的思想。门店的发展需要众多的资源和人才，唯有开放才能迎来更加美好的未来。

自然界到处都是开放包容的例子。上善若水，海纳百川。虽然水和海无声无息，它们却用行动诠释了开放包容的道理。在我们追寻梦想的道路上，有着无数的力量和智慧与我们同行。然而，有些人却对此视而不见，听而不闻。这些无形的力量和智慧就在我们身边，不需要付出任何代价来换取，只需按下那个"开关"！有的人有目却盲于世界，有的人盲了却明于天下，我们的内心是任何事物都无法蒙蔽的。当我们敞开心扉，我们将吸纳越来越多向上、向善、向好的力量。

如果你把实体门店当成自己的事业，而且坚持长期主义，那一定要开放自己的思想，尽情地接纳这个世界，拥抱它，倾听它。你会发现之前那些烦闷的事务也开始变得有趣了，其实不是它们变了，而是你变了。你用这种开放的态度经营门店，就能勇敢面对未来的困难和荆棘，回望过去时，你的内心也是喜悦而自在的。无论门店的事业达到何等辉煌，都不要忘记初心。正是因为你坚守了梦想，它才能回馈你的那份初心。那时，你可能会感受到门店如同老友，一路陪伴左右；又似战友，默默付出。这份情感的收获才是最有价值的。在这个世界上，一个人想要名垂千古是很难的，然而若能在平凡的岁月中找到非凡的自己，就足以令自己欣慰。

第五节 开放的深远意义

开放的姿态也会影响我们周围的环境。人们在人生的每个阶段都会受到环境的影响，包括社会环境、家庭环境、教育环境等。环境对个体的影响可能是直接的，也可能是在潜移默化中发挥作用，因为人往往是被动地接收环境的影响。然而，从人们对环境信息的收集、归纳、总结、判断、吸收、再判断以及采取行动等一系列活动中可以看出，人们对环境的影响又表现出一种积极主动的态度。无论是从政、经商或是就业、创业，人们的价值体系都要面对社会的考验。人们用什么样的态度面对社会这个大染缸，是用保护主义还是开放主义？不同的人有不同的答案，无法统一也无法被统一。社会中的不确定性因素非常复杂，因此每个人的价值观变得愈发重要。当你选择了保护主义，你仍然能在这个社会上生存。然而，如果你希望取得成就，就必须敞开怀抱与他人合作，只有这样你才能创造出一番事业。出于这个原因，许多人选择了开放主义。这个世界繁花似锦，如果大家一直局限在狭小的范围内，就无法欣赏这个广阔的世界，那真的十分可惜。大家都知道人类的追求与创造将长久存在，因此我们愈发需要开放自己。因为经历的过程才是真正的收获，我们的经历就是留给世界的丰富足迹。

开放自己才能拥抱美好的未来。不管实体门店在哪个领域，都在为这个社会创造价值。大家的终极目标是幸福，但幸福的背后需要大家付出很多努力，正是这种持续的付出才让大家的人生之路变得绚丽多彩，这些付出就是幸福最好的见证。开放自己，解放思想，放下偏执，让大家所期待的那些美好早一天到来！

第二十二章

总账思维的转变

Chapter 22

我相信每一位实体门店的经营者都精通算账，这是经营者的基本功课。算账关注更多的是单一的盈利，也就是赚了多少钱。而总账思维是指从宏观、全局的角度来看待问题，从整体把握事物的一种思维方式。在经营实体门店时运用总账思维意味着综合考虑各个方面的数据、指标和因素，以便更好地管理和决策。总账思维有助于经营者制定更全面、更有效的策略来优化门店的运营。

第一节　总账思维的基本概念

在社交场上，人们经常听到一句话：人生是算总账的！这句话传达了做人的本质，提醒人们要走正道，行善事，才能得善果。我要阐述的总账思维则不同。我不是在刻意地教育大家认同这一理念，而是从实体门店的现实角度出发，分析盈利的结构性变化。

总账思维对团队管理与运营管理是至关重要的。在品项管理与品项功能的章节中介绍了项目盈利结构的转变。有的项目赚钱，有的项目亏钱，有的项目虽然利微，但是算完总的账来看却是盈利的，这是总账思维的基本概念，是在告诉经营者不要总想着赚钱。贪则无，放则足！这句话放到这里也很适合。如果你总想着让每件商品或每种服务都盈利，就会导致没有顾客光临，想赚钱的机会都被自己弄丢了。

第二节　总账思维的运用

在团队管理上会经常用到总账思维。以招聘一位销售岗位的中高层领导为例，很多企业往往会用单一的业绩来判断候选人的价值。在设定考核机制的时候，也容易掉进这个误区，即企业很少综合判断候选人的价值。比如他给团队带来了哪些积极影响，他给企业带来了哪些好的思想，他助力团队达成了哪些目标，他在团队和谐方面的贡献指数如何，等等。这些综合的影响和价值可能比他完成业绩更重要，这就是总账思维。如果他把以上的指标都完成了，就说明这个人愿意分享，有正能量，有超强的团队意识，这些优点在团队当中的积极作用是非常强大的。这就是为什么企业要用总账思维衡量优秀的人才。

在制定产品结构上运用总账思维。产品分为主营品类、辅营品类、兼营品类三种。从盈利模型进行细分包括以下几种品项：爆品不赚钱赚人气，没有人气就可能盈利；核心竞品是利润贡献率最高的；赠品是亏钱赚人气的，可以用来与顾客进行情感连接；薄利品可以提高复购率。经营者对每一种品项的功能都要清晰明了，要清楚哪个是赚钱的哪个是亏钱的，从而根据市场情况进行调整。设计盈利模型要运用总账思维，就是说不管品项功能如何划分，总体算出来的数据是盈利的。

然而很多实体门店的经营者却不愿意采用这一简单的思维方式。他们仍然在用传统的思维管理门店。当经营者用几十年如一日的固化思维面对未来时，就会发现其力量非常脆弱。大家在经营实体门店时是否有勇气追求比经营实体门店更高更远的梦想呢？一些人用30年守护了一家门店，另外一些人在1年内开了30家门店。虽然这两个"30"看上去差异很大，但深入观察后会发现，它们并没有本质的区别。时间差异确实显著，然而相同点是两类经营者都在以自己的方式追寻内心的梦想。用总账思维分析，两者都是赢家。如果把30年守护的匠心精神和30家门店的创新精神进行融合，这种融合将会在实体门店未来的发展中创造出既有匠心精神又有创新能力的创业者。

不管你是实体门店这一领域的新手还是老手，都应该理解总账思维对实体门店运营管理的意义。初创者可以在设计盈利模型时导入总账思维，已经有多年经验的经营者可以在管理门店时应用总账思维。总之，总账思维在门店的每个阶段都适用，只要经营者用心思考就会受益良多。

第三节　总账思维的内涵

总账思维里涵盖了"舍"这一概念。总账思维的核心是权衡取舍。经营者需要对门店经营的品项进行功能分类，把团队的价值进行多元拆解，把门店的目标进行综合分析。任何一件事造成的影响都是综合的，总账思维就是全面地看人、看问题。因为事情本身是复杂的，所以大家需要运用这种全面的思维去探究事情的综合价值。

总账思维就是从整体的角度看问题，要求大家有纵观天下的胸怀与格局，站在高处，人的思维自然就会开阔一些。我们的古圣先贤早在一千多年前就已经领会了这个道理。三国时期，诸葛亮引军屯五丈原，屡次令人挑战，司马懿当起了缩头乌龟，任凭蜀军百般叫战，仍坚守不出。诸葛亮使人送妇人衣冠，以羞辱司马懿，激其出战。没想到司马懿不但不生气，还当着来使之面穿上妇人衣冠，表示要继续做他的缩头乌龟。当手下众将都不堪此辱，欲决一死战时，身为兵马都督、三军统帅的司马懿却保持了应有的冷静。不但自己心平气和，还做起了下属的思想工作。我们常说"宰相肚里能撑船"，面对如此羞辱还能沉得住气，司马懿的肚量令人叹服。司马懿的目标非常清晰，就是要让大好河山归司马家族所有，他忍辱负重的背后就是总账思维发挥了作用，最后司马家族成功推翻魏国建立了西晋王朝。

人因利益与他人发生冲突后情绪会不受控制，也可能因此失去了成就事业的好机会。三国里的张飞、吕布等人都是一点就着的急脾气，最后的下场可想而知。这是因为他们没有总账思维，不适合带团队。总账思维要求人们不断地思考事情的发展，设想会产生什么样的后果，会对自己的目标产生什么影响，这些影响是正向促进的还是反向拖累的。

要经常用总账思维看问题，勤思而得智。子曰："学而不思则罔，思而不学则殆。"孔圣人都是如此面对学习的，何况我等凡夫俗子。读书固然重要，但读完之后没有进行深度的思考，之后也没有对知识加以应用，那读书就没有意义了。我每次在书中获取了一些力量之后都会迫不及待地去检验，然后享受那种满足感，这就是读书的乐趣所在。虽然我们不应该太过计较细枝末节，但也不能不加思考，因为深思熟虑的总账思维能够将问题完整地展现出来，帮助我们看清问题的本质。总账思维就像是为你的思维加上了放大镜，让问题变得更加清晰，从而使你的决策更加精准。

总账思维就是要看清问题的本质。很多人难以洞察问题的本质，因为他们未能真正把问题扩展开来思考。不管一个问题有多复杂，其实它都有内在的逻辑，这个内在逻辑就是问题的成因与发展。通过分析问题的成因，可以确定问题产生的根源，而不仅仅是处理表面的症状。了解问题的发展过程有助于我们制订更全面和长远的解决方案。

第四节　总账思维的全局性

总账思维在确定问题的来源与去处方面发挥着重要作用。问题的来源、矛盾点，以及解决问题的突破点，都需要运用总账思维进行深入分析。一旦我们明确了问题的来源，就能够更好地推测问题的演变和后果。总账思维将这些要素联系起来，帮助我们全面系统地分析问题，进而有针对性地制订解决方案。

不是总账思维复杂，而是人性太复杂了。实体门店的发展经历了三年多疫情的洗礼，目前呈现出的格局是淘汰一大批、升级一小批、创新一小批、转型一小批。你的门店属于哪一批？无论属于哪一批，这都不是重点，重点是你仍能整理心情与厚重的行囊，继续向着实体门店的梦想前进。

总账思维可以帮助解决实体门店的经营难题。大家在处理遇到的每个问题时也可以应用总账思维。只要你用心，就会发现人的一生是到最后才算总账的。年轻的时候如果没有爱惜自己的身体，年纪大了身体就会找你算总账；年轻的时候如果没有好好学习，年纪大了生活质量就会来找你算总账。当然，这些都是以一生为单位来衡量的。很多事情需要经过漫长的积累才会显现出来，这正如古语所说："冰冻三尺非一日之寒。"这句话最初的意思是冰结成三尺厚，不是单单一天的寒冷所能达到的效果，引申义是形成某种情况需要经过长时间的积累和酝酿。当问题出现后，不应该让冰越结越厚，而应该在最短的时间内将冰融化，这样才能确保事情朝着你期望的方向发展，也才能有机会让人们看到你的愿景实现的样子。

在人生方面算总账就犹如观看一部充满悬疑但没有悬念的人生大剧。为何这样形容呢？悬疑在于总账思维揭示人生的过程充满了引人入胜的神秘感；而没有悬念则源于每个人在算总账时，答案已变得显而易见，无法改变。越早了解这一点，你的收益就越大。在年轻时，许多人不考虑后果就轻易行事，这正是缺乏总账思维造成的。

佛学强调因果，商业追求目标，人生追寻幸福，世界追求平衡，在我个人的世界里，这些都与总账思维类似。只要其有积极的作用，我们便应该用心实践，所有积极的实践都是美好崭新的开端。凭借总账思维，我们的目标会更加清晰，幸福感也会增强……这些都是我们从总账思维中汲取的成果，既有指导意义，也有思考价值，我愿与各位读者朋友一起探索。

不论你是主动选择还是被迫进入实体门店这一领域，都是你的福气。因为实体门店是最接地气的。它与生活交织，相得益彰。既然你已经做出了选择，就应当认真对待。因为时光易逝，所以请珍惜每一天，唯有不辜负光阴，才能使生活充满期待、充满色彩，这正是总账思维为大家带来的幸福引导。

总账思维要求大家三思而后行，客观冷静地分析利弊，避免做出偏离目标方向的决策。可以说，总账思维是一种指导思想、一种思维工具。这个工具需要大家结合自身的情况进行使用，每个人使用的效果各异。用得好将受益终身，用不好则可能会被时代无情地抛弃。

第二十三章

自身职能的转变

Chapter 23

主动进行自身的职能转变效果最佳。过去大家是实体门店的经营者，这种权威的地位看似不可动摇，实则危机不断，这是大环境造就的。因此大家必须转变自身的职能，从传统的管理型经营者转变为引领型带头人。这种转变并不代表经营者的权威地位被颠覆，而是对其提出了一个更高的要求，这一转变更加符合实体门店未来的发展需要。创新型的实体门店更需要经营者转变职能。这种职能的转变是为了保护中心而去中心化的手段之一，这种转变带来的最直接的好处就是能够促进经营者的成长。因此经营者必须打开思维，主动转变职能。

第一节　职能转变的指导思想

转变自身的职能有两个指引：一是在思想上不断进步，从而影响更多的人；二是在行动上不断进步，从而更好地服务团队。真正转变的其实是经营者的内心。这一转变重新定义了实体门店经营者的工作，这种重新定义只能通过经营者的自我激励来实现，合伙人或是团队的中高层管理干部都希望经营者有这样的格局与特质，这正是他们期待看到的。经营者肩负着重大责任，这份责任就是合伙人与团队的期待。因此，经营者应该以满足团队的期待为努力的方向。习近平总书记说："人民对美好生活的向往，就是我们的奋斗目标。"这句话有深远的意义，在实体门店的管理上同样适用，合伙人与团队对美好未来的期待就是经营者所要努力的方向。在这个目标的引领下，经营者自身职能的转变也将变得更加高尚和有意义了。

人受欲望驱使，不舍得放下，心魔难以驱除。但如果一些经营者今天不放下，明天就没有机会放下了，传统经营者的思想已经不适应时代的发展趋势了，因此必须敞开胸怀，主动适应职能的转变，才能把主权牢牢地握在自己手里。有些东西是守不住的，经营者要学会放下，这或许是最佳的选择。你的地位无人能替代，然而时代的要求变得更加严苛，经营者需要把探索世界的激情变得更加饱满，这样才能充满信心地经营实体门店，这也是经营者的内驱力在发挥作用。

转变很难，但很幸福。当经营者真正转变自己的时候，就是你开始成长的时候。实体门店的运营管理路途很长，需要经营者不断转变思维，解决一个又一个摆在面前的问题。每个人都在追求大梦想、大成就。其实，如果能把小成就做好做扎实，把实体门店经营好，让实体门店具备传承的基因，这本身就是一项巨大的成就，经营者不要盲目攀比，不要因梦想小而不追逐。

政府的职能也从原来的管理转变为现在的服务了。以服务取代管理，让更多的社会问题做到不管自理，体现了政府高超的管理水平与智慧境界。管理是痛苦的，但服务是愉悦的，管理者与被管理者都需要在愉悦的社会氛围中发展、前进。因此管理理念必须随之改变，这种管理理念的改变也将使经营者的职能发生深刻的改变，这种改变是时代所需也是大众所需。对于实体门店的经营者来说，这种从管理到服务的职能转变是顺应团队所需。这种顺应不是你我能够轻易阻挡的，在科技发展与社会进步的簇拥下，每个人都要进行深刻的转变才能跟得上时代的步伐。

经营者把团队服务好，团队才能把顾客服务好，这种服务的接力需要经营者主动进行，这样做效果是最好的。这种接力强迫不来，也不能强迫。怀着开放的服务意识，才能真正将门店的经营理念贯彻下去，让越来越多的团队成员找到家的感觉，让越来越多的顾客感到安心。这种和谐的关系就是经营者主动进行职能转变的成果。当经营者完成职能的转变并对转变的过程和收获进行总结时，可能会觉得这种转变来得有点晚了，如果能早一些就好了。只要引领团队的那个人足够开明，主动打开自己，主动转变职能，平衡人际关系，团队内部与外部的平衡就会很快建立起来，而且这种平衡是稳固的、可持续的。

第二节　转变了就是成长了

自身职能的转变会让经营者迈上一个新台阶。作为实体门店的经营者，除了服务实体门店以外，还要服务家庭、服务社会。这些服务的角色是经营者自愿承担的，因为心中有责任和担当。正因为经营者心中有这份责任和担当，才有了比别人更多的收获，这种收获不是金钱上的，是获得了更多的幸福感、认同感、自我的满足感等。在这个现实的社会里，别人尊重、认可你就是最高的褒奖了，因为这是纯粹的赞赏。

职能的转变提升了大家的幸福感。团队成员工作时会放开手脚，而合伙人也会放心地协调资源。每一个人的激情与创造力都被激发出来了，这一结果不是通过教育成员而产生的，而是经营者主动进行职能转变带来的。这种影响的力量是无穷的，因为经营者用实际行动向大家展示了变化。

经营者言行一致改变了实体门店的管理体制，使门店在新时代中获得了更好的发展，这正是经营者自发转变职能前所期待的结果。尽管这个结果的产生可能需要一段时间，这期间会有人质疑，会有人不相信，但这是正常的过程。在这个阶段，经营者千万不能放弃，要坚定信念，用耐心来影响和感化团队。

职能的转变会让经营者有很多感悟。之前想不通的现在想通了，之前纠结的现在不纠结了，这个过程也是经营者修行的过程。从理论到实践，从思维到行为，经营者既是引领者也是建设者和见证者，这一切都是自我修炼得来的。当你站到了这个位置，你才能看到这个位置的风景，但是在此之前，你需要付出行动，这个行动就从转变职能开始。人这一生中有许多困惑，大家会四处寻找解决方案，但最终还要靠自己解决问题，别人能给予的只是道理而已。天下的道理有很多，应该如何抉择呢？这就需要大家自己做判断了。

职能的转变会引发观念的改变。例如，人生观、价值观、亲子教育观、社交观等都会发生改变。你会通过实践总结出一套属于自己的真理体系。这个真理体系是你与心灵对话的结果。如果可以，你应将这些心里话与年轻人分享，希望他们能从中受益并形成属于他们自己的真理体系。这种经验的交流和智慧的传递就是传承。

职能的转变即心的转变。人生的道路上有很多十字路口，这意味着人要做出许多选择，有些是人们主动做出的，有些是被动做出的，在人们做出选择的同时，其内心也在发生着改变。实体门店的经营管理随着时代的发展不断变化，这是人们思想迭代的一个必然过程。人类擅长总结经验，常常思考自己走过的路，正因如此才有了"吃一堑，长一智"的说法。职能的转变是一种综合性的转变，它会对实体门店的整个体系产生广泛的影响。表面上看转变的是职能，实际上转变的是经营者的内心。经营者通过自我的一系列判断，逐渐认同了这种转变。一旦经营者认同了转变的意义，就意味其转变的时机已经到来。只有内心开始转变，人的行为才会随之转变，这是思想与行为的交互作用。

对于人们而言，每一个新的转变都伴随着挑战和风险。积极面对这些转变会使我们坦然从容，而被动面对则可能导致困惑和不安。不同的人有不同的转变风格，虽然目标相同，但达成目标的时间和方式各有不同。每家实体门店的实际情况各不相同，因此用适合自身的方式完成职能转变才是最合适的，无须盲目模仿他人。职能转变是经营者对于实体门店未来发展的态度的转变，它不是一个商业模式，而是实体门店思想体系更迭的基础。实体门店的经营者是门店的精神支柱和思想中心，基础的转变会带领更多分支体系的转变，从而达到整体转变的目标。经营者职能的转变在某种程度上具有引领整体变革的决定性作用。因此，必须坚定不移地发挥这种引领作用。如果经营者能以坚定持续的态度进行职能的转变，那么实体门店整体的变革质量和速度就会有所保障。

经营者在转变的过程中要不断总结和优化。转变不仅有积极的推动因素，也会遇到一些阻力。在转变的过程中，可能会出现新问题，这是转变过程中的正常现象，经营者绝不能回避。相反，应该积极面对这些新问题并寻求解决方案，可以运用总账思维来指导自己。解决问题也是个人成长的一部分，在转变中遇到的各种阻力可以检验经营者的定力和内心的力量。就像我国在改革开放初期面临众多的问题和挑战一样，正是坚定的决心让我们收获了改革开放的成果。对于经营者来说，经营实体门店过程中遇到的问题都是局部的、小范围的，挑战性相对较低，绝对到不了生死存亡的地步。因此不要让职能转变成为内心的负担，以至于阻碍转变的进行。

第三节　职能转变的体系特点

职能转变是一个体系。既然是体系，它的落地就需要持续不断的优化，因此经营者不能操之过急。一个体系的实施通常会经历过渡期、适应期、调整期和稳定期。尽管转变始于个人，但这个人是实体门店的核心，会影响整个体系的运作，因此要不断深入，有步骤地进行转变，给合伙人和团队一个接受的过程。得到他人的认可是转变成功的标志，这代表经营者从一个成功的思想体系迈向另一个更为成功的思想体系。这些体系都融合了时代元素，充满挑战性。在实体门店的发展道路上，这些思想体系是伴随经营者成长的精神伙伴，它使经营者成长的道路更加丰富多彩。这些思想体系有的是经营者通过学习总结得来的，有的是自己领悟来的，这是经营者渴望进步的表现，其内在的进步思想驱使着自己不断前进。

"职"是经营者的责任，"能"是经营者的实力。职能转变是一种综合性的转变，这种综合性的转变会牵动全局。实体门店的思想体系是根据经营者的责任和职能建立的，因此至少应该得到团队的拥护与支持。职能转变的方向与内部的期望一样，都是正向积极的，一切转变都会从实体门店的利益出发。门店的利益与门店的每一位成员都有着直接的关系，这种利益关系的持续若要上升到精神层面的使命，就需要经营者建立一个完整的思想体系来实现，该思想体系形成的前提就是门店的经营者要完成职能的转变。

主动转变是负责任的体现。对于实体门店的经营者来说，责任不仅是第一要务也是一种福祉。当你自愿承担责任时，你会发现许多无形的力量在支持着你，这也是你成长最快的时候，因为你的主动行动使自己的效率与状态都达到了最佳，这种力量有一部分来自你的内驱力。

经营者在审视问题时必须拓宽视野、展开思路。在发展中解决问题，在解决问题中实现进一步的发展，这是一种互动关系，对两者都大有裨益。在转变职能这个问题上，因为经营者拓宽了自己对世界的认知，也就为工作赋予了全新的理解。视野拓宽后，经营者会发现职能转变的难度似乎降低了。承担责任是一件积极的、有益的事情，能够为个人和他人带来多方面的好处。由于经营者主动承担了责任，他就会得到更多人的认同和支持。经营者的幸福成长会被这些认同和支持所环绕，这些往往是人们在现实社会中难以获得的东西。

职能并非一种权力，而是一种使命。尽管门店是经营者创立的，但绝不能独断专行。经营者若想让团队心往一处想、劲往一处使，就必须使职能成为一项使命。作为经营者，你是整个团队未来发展的思想中心，你做出的每一项决策都会影响到许多人的梦想和期望。因此你要将这种职能主动升华为一项使命。如果实体门店的经营者自己都没有明确的使命，又怎能要求自己的团队肩负着使命去工作呢？在经营者制定实体门店的战略规划时，首要任务是统一思想，而统一思想的核心在于培养使命感。这种使命感绝不是空洞的文字，它必须来自经营者内心真实的呼唤。这种使命感应当有强烈的冲击力，能够唤起团队的共鸣，同时要与门店的特性相契合。只有这样的使命感才能深入团队的内心，激发团队的力量，进而由团队延续下去，充满活力。

第四节　职能转变带动共同转变

经营者要让团队感受到你的转变，因为这将是门店内部管理体系转变的一个积极标志，从这一标志开始，你的门店将进入一个全新的阶段，因此这一转变既有战略意义也有现实意义。职能的转变悄然改变了门店的管理理念，从沟通的模式到工作的流程可能都会发生改变，但这些改变都是团队欣然接受的，甚至是非常欢迎的。这种变化同时会赋予合伙人更多信心，并让顾客感觉更加亲切。与规章制度相比，团队通过切身体验所接收的积极信号更有效。这在经营者和团队之间构筑了一座信任之桥，使团队更加团结，门店因这次转变成为最大的受益者，而团队的凝聚力目标也在这一过程中得以实现。

职能转变的意义与价值有很多。无论是外在的表现还是内心的激荡，都从不同的角度展示了职能转变对实体门店的积极影响。这种变化为企业、团队以及顾客都带来了多方面的利好。虽然这个过程很漫长，但值得经营者的期待。许多人的人生轨迹汇聚于经营者的门店，因此经营者应该格外珍惜顾客。这些缘分的到来是门店的福分，经营者应以开放的姿态迎接，并将职能转变作为担当使命的具体行动。正是因为有了这样的具体行动，门店才会变得越来越好，团队才会变得越来越棒。这种和谐的工作氛围为团队的快乐工作打下了坚实的基础，因此当门店面临挑战时，成员会首先思考解决方法，而不是选择逃避和抱怨。

第二十四章

消费体验的转变

Chapter 24

　　服务或产品体验会在未来成为刚性需求。消费者对于消费体验的要求也会越来越多，越来越个性化，这是商业发展的结果。然而，实体门店使顾客满意的难度越来越大了，顾客需求的多元化、个性化给实体门店的商家们提出了很多新问题，这些问题是实体门店必须正视的，在未来也会成为实体门店的重要研究课题。实体门店的类目会不断细分，顾客会越来越多样，这给实体门店带来了新的发展机遇。

第一节　顾客的消费体验需求

　　在人际交往方面，我们对他人的第一印象往往是基于直觉和感觉的，这是我们通过对方的面部表情、语言语调、姿态等传达出来的信号感知到的。这些感觉会在我们与他人互动时影响我们的情感和决策，从而影响我们的交往方式和态度。顾客在选择门店和产品时也是靠感觉的。这种"感觉"是现代人的一种"外挂"能力，涉及多个感官的输入，融合了人们丰富的情感、记忆和经验。感觉对了，事情就简单了；感觉对了，人就对了，这就是人类的独特之处，可以根据自己对事物的感知做出决策。

　　提供体验一定是以顾客为中心的。顾家的消费体验是一种综合的感觉，若要使其有好的消费体验，需要运用到非常丰富的元素，有团队成员的配合、道具的应用、音乐的融合、空间视觉的精心设计，这些元素相互交织，能够为顾客创造出丰富的感知体验。就像大家在电影院选择放映厅时会优先选择巨幕，因为巨幕能够提供最震撼的沉浸式体验。从环幕、4D影院，再到裸眼3D技术，影像技术的不断改进与升级就是为了提升顾客的观影体验，这也是为什么很多产业的创新灵感都来自顾客的体验需求。用户思维的引导让门店有了更多发挥想象力的空间。从这个角度来看，顾客的需求是门店持续创新的动力，满足他们的需求就成了门店的使命。

良好的消费体验是门店用心的结果，为了更好地服务顾客，门店必须用心。顾客收获的体验是一种无声的语言，它用一种特有的方式与顾客进行心灵的对话，而那些因良好的消费体验而心生喜悦的顾客会加深对门店的认同与信赖。顾客的认同与信赖会给经营者和团队无穷的力量，使其有更多的动力提升顾客的消费体验，这是门店与顾客相互促进的表现之一。只有用心提供好的消费体验，顾客才能感受到门店的温暖，在万千浮华的现实世界里，这样的用心显得尤为珍贵，也只有真心实意的付出才能触动他人的内心，这是不变的道理。

第二节　提供良好的消费体验

良好的消费体验是门店留住顾客的方式之一。良好的消费体验就是顾客对实体门店满意度的集中呈现。为顾客提供良好的消费体验可以从以下四个方面入手：①线上平台的体验满意度，它包括人性化的菜单设置，界面简约，操作简单，色彩美观素雅，会员福利丰厚，推送文章优质，互动趣味性足，线上应答及时，专业的咨询服务，等等。②线下空间的体验满意度，它包括实体门店的门头装修，内部空间的美学设计，商品陈列的艺术性，购物动线的设计，功能分区的舒适性，适合亲子或有特殊需求人群的设施，等等。③人员服务的体验满意度，它包括店员的服务热情、精神风貌、综合素质、专业解答能力、高效的工作流程，结算的流畅度，等等。④售后服务的体验满意度，它包括店员与顾客之间的良好沟通，店员积极主动的沟通态度，以及积极处理投诉并承担责任的行动，售后服务的及时性，售后服务的回访，等等。这当中的每一个细节都是影响优质服务的重要因素，都不能忽视。星级酒店与招待所的区别除了硬件上的差异，其余的就是软实力，而对软实力的体验才是顾客比较重视的内容。服务人员的表情和微笑都是门店软实力的一种体现。实体门店的店员在与顾客交流时，更要注重顾客的体验满意度。

我们平时在消费的时候会发现，越高端的品牌越注重两个方面。一是品牌形象，二是购物体验。进入门店的每一位顾客，不管他们有没有消费，高端品牌都不会对其有任何的歧视。门店可以把顾客分为两类：一类是购买了门店商品或服务的顾客，这一类顾客就像是运动员，他们与门店一起发展；另一类是没有购买过门店商品或服务的顾客，这一类顾客就像是啦啦队，他们会传播门店的口碑，营造正向的舆论氛围，还会对运动员类的顾客产生积极的影响，进而激发其主动的购买行为。这两类顾客都在为实体门店的成长贡献力量，因此门店不能忽视进店的每一位顾客，也许他们不是门店的直接购买顾客，但他们的子女、朋友、同事可能会是门店的直接顾买顾客。如果他们获得了良好的逛店体验，就可能带动身边的人前来购买。

第三节　顾客体验的积极影响

顾客的消费体验增强会使门店团队成员的工作愉悦度提升。积极的情绪有很强的传染力，顾客的体验会直接影响团队成员的工作状态，进而激发团队成员的工作动力，提升其工作效率与责任心。因此我们经常说环境对人的影响是极大的。实体门店的团队成员与顾客在供需情感上达到了平衡状态，这种平衡的状态是实体门店长久经营的重要保障之一。门店需要建立机制使其标准化，这就要求团队成员首先树立起服务意识，逐步营造出良好的顾客体验和氛围。

门店需要不断探索如何提升顾客的消费体验。持续探索如何提升顾客的消费体验是至关重要的。顾客的体验是各种感受的综合体现，在某些情况下，即使顾客很满意这次体验，也不一定会直接表达出来。他们可能会在心里产生愉悦，随着时间的推移，逐渐喜欢上这种感觉，这便是顾客对实体门店提供的商品或服务十分满意的表现。众所周知，海底捞以其优质的服务闻名，原因在于海底捞为顾客提供了绝佳的综合体验，该体验最大程度地满足了顾客的附加消费需求，使顾客能够充分体验商家的用心和人性化服务，并且这些附加值的服务往往体现在微小的细节之中。需要注意的是，顾客的体验满意度会随着体验次数的增加而降低。因此，门店应不断优化自身的服务，从而满足顾客的探索欲和期待。门店需要与顾客共同探索更加优越的体验，就像与顾客分享幸福一样，精心策划、智慧经营，为每位顾客提供出色的服务。

尊重顾客是提升顾客体验的重要部分。被尊重是人们非常看重的价值。在实体门店中，尊重顾客是最基本的服务准则，然而许多门店仍然会用歧视的眼光将顾客分门别类，区别对待，这实际上是对顾客的不尊重。这种不尊重会导致顾客产生极为不愉快的消费体验，进而可能引发顾客传播门店负面消息的情况，从而对整个门店的声誉造成影响。当然，也有一些高素质的顾客会选择默默地离开。相互尊重是中华民族的传统美德，也是中国外交的一种高尚风范。在国际交往中，我们以友好的态度对待其他国家；同样地，在门店的运营中，团队成员应以尊重顾客为基本。门店的团队成员一定要养成尊重顾客的习惯。尊重顾客可以通过多种方式体现，如温暖的语言、尊重的语气、灿烂的笑容、友好的行为、善意的眼神、得体的动作、真挚的关心、客观的立场等，这些都是尊重顾客的表现，而且这些都是接待顾客的小细节。门店要不断强化团队的服务意识，对其进行相关内容的培训。同时，团队也必须深刻理解顾客体验对门店的重要性，不应将个人情绪带入工作，因为店员的负面情绪可能会损害实体门店的形象，使顾客的体验大打折扣，最后吃亏的还是门店。

第四节　提升顾客的消费体验

顾客对体验的满意度是评价实体门店的重要标准。很多商家都做过顾客满意度调查，这体现出门店对顾客的尊重和重视，是一项非常积极的行动。顾客对体验的满意度可以检验实体门店的服务水平，因此实体门店的经营者必须知道如何让顾客对消费体验感到满意。有关满意度的信息应该在店员与顾客的交流中获得，这样收集到的信息才会更可靠、真实、准确。没有添加任何虚假成分的信息才能让门店对顾客满意度的判断更准确，门店才能更有针对性地改善服务，以此提升顾客对体验的满意度。门店必须长期坚持将顾客的满意度作为工作目标，不断进行优化和创新，确保顾客对实体门店整体的满意度不断提升。

构建顾客的消费体验必须与自身的业态相融合。每个行业都有其独特之处，因此服务设计也应因情境而异，不同领域的关注点是不同的。教育与培训门店要重点关注孕妇与老年人的体验；餐饮门店要重点关注环境卫生和餐品品质；服装门店要重点关注换装空间与空间美学。门店能够为顾客营造体验感的元素有很多，如门店的装修、店员的服务，商品的性价比和附加值等都能向顾客传递情感，为顾客营造良好的消费体验。因此，门店应针对不同领域设计不同的服务，切忌盲目套用模式。每个行业都有其独特的客户需求和特点，经营者需要深入思考，将服务设计与业态特征紧密结合，以确保顾客获得最佳的体验。

还有一些服务内容需要进一步开发，例如空气净化和新风系统等，这些服务顾客无法直接观察到。在一些对环境要求较高的实体门店，如月子会所、托儿所等，通常会安装空气净化和新风系统。这类提供空气环境质量监测的额外服务需要门店自行打造，并要让顾客了解到门店额外提供了隐形的服务。在提供类似的增值服务时，服务人员的语气必须坚定，声调要平稳，眼神要自信。因为顾客会持续评估门店提供的服务的真实性，所以团队必须展示出专业性，以确保顾客能够感受到其所描述的内容是真实的。在这一过程中，团队需要以专业的态度和表现来赢得顾客的信任，从而使顾客确信门店提供的服务是可靠的。

门店每年都应该对顾客的消费体验进行测评，这是提升团队服务意识的重要手段之一。在服务满意度方面，顾客有充分的发言权。通过倾听顾客的声音，门店才能不断完善服务体系。为了让顾客参与测评，门店可以设置有奖意见活动，充分站在顾客的角度，让顾客感受到门店的态度与行动，也让团队看到企业运营的规范性。无论是对内还是对外，这都是一件有益的事情。此外，经营者还可以将顾客的消费体验满意度纳入中高层干部的绩效考核中，以增强绩效考核的全面性。实体门店的经营者应重点关注顾客的消费体验，构建属于自己门店的、能够使顾客、团队、企业共同受益的体验体系，并不断改进和优化这个体系，让它伴随实体门店成长和壮大。

第二十五章

文化认知的转变

Chapter 25

　　知识≠文化。知识是我们通过各种途径主动或被动地获取的各类信息的总和。文化是人类的思想与行为不断引发，经过漫长的演化和传承沉淀下来的精神财富。因此有知识不代表有文化，有文化的通常拥有丰富的知识。文化的力量是任何其他力量无法比拟的。文化既可以是有形的，也可以是无形的。文化通过行为或物质的物化，以及各种仪式和场景进行展现，以此增强文化的传播力与生命力。文化的载体多种多样，包括文字、书画、诗歌、仪式、场景搭建等。文化与艺术密不可分，因为艺术源于自然、源于生活，而文化则是艺术的土壤。音乐、舞蹈、诗歌、书画都离不开文化的浸润。文化是包罗万象的智慧海洋，取之不尽，用之不竭，延之无边。文化存在于人们的思想、观念和行为模式中，它无处不在地陪伴着你我，给我们无声又无私的力量和丰富的精神世界，让我们在面对生活的困境时充满信心。文化是人类智慧的结晶，蕴含着无限的价值和力量。

第一节　提升对文化的重视程度

　　有品牌支撑的门店通常更加注重文化，这是因为品牌的核心就是文化。顾客的购买和消费行为会受到文化的影响。顾客之所以对门店产生信任，同样是因为文化发挥了作用。从根本上讲，文化是支撑一切的动力。因此，重视文化是最明智的选择。门店的经营理念、服务理念等都是从文化体系中延伸出来的。只有当你真正理解了文化，文化才会变得有力量。如果你不重视、不理解、不积极传承文化，文化的影响和存在就会变得模糊，不可察觉。在实际行动中正确地运用和弘扬文化，需要你以真诚的态度来对待它，而不是将其视为达到商业目标的手段。只有这样你才能获得文化的力量和支持。文化不应该被当作一种工具来满足

某种需求，而是一种有价值的精神遗产，值得大家的尊重和传承

文化无处不在，它渗透到人类生活的方方面面。无论是个人的思想、行为，还是社会的各个层面，都受到文化的影响。实体门店中存在着许多文化的分支，如团队文化、嘉许文化、感恩文化、会议文化、洗手间文化、顾客文化、节日文化、礼仪文化、商品文化、服务文化、学习文化……每一种文化又可以与另外一种文化相互支撑、相互作用、相互促进，这就是文化的包容性与自带的生态平衡体系。

我们每个人既是文化的传承者，也是文化的创新者和受益者。文化因其广泛性与开放性得以源远流长、经久不息，只有文化才能拥有如此强大的生命力。我们可以创立自己的独特文化。历史的积淀促使文化不断演变，经营者可以从文化的肥沃土壤中提取元素、寻找关键词、诠释意义，然后根据行业特性对文化进行升级和优化，最终打造出符合门店需求的文化体系。

第二节　文化体系的搭建

使命、愿景、价值观构成了文化体系的基本结构。用文化指导思想，用思想指导行为，再用结果回报文化，文化体系有着缜密的逻辑。构建文化体系要在高度上有担当，在深度上有内涵，在广度上有包容，在温度上有博爱，在宽度上有空间，在热度上有时代感。首先，需要从具体领域梳理出关键词。我们是做什么的？从何而来？往何处去？要先找到这几个基础问题的答案。其次，我们需要明白为什么要做？怎样去做？进一步找出这些问题的答案。最后，将提炼的关键词与文化体系中的元素进行匹配，然后对这些元素进行优化，从而将其塑造成符合门店特定需求的独特文化。

以健康养生门店的文化体系为例：健康是目标，养生是行动。经营者可以把健康这一问题上升到人生目标的高度，将健康问题与承担责任联系在一起。如果一个人的身体不健康，就无法胜任或承担一些需要身体力行和精力投入的任务和责任。那经营者就可以从中提炼出"康为果，养为上"或是"生命康为首，养生最为先"的文化理念。通过将具体领域与这一文化理念相结合，经营者可以打造健康理念的教育文化分支，再通过文化理念的引导帮助顾客实现自我觉醒：我应该重视健康，我应该开始养生。这种文化理念的教育对顾客来说是最有效的，

因为是顾客自己说服了自己，而不是商家对其进行了教育。一种是被动的，而另一种则是主动的，两者产生的效果截然不同。

连锁店必须建立文化体系。在现实中，很多连锁店都是处于连而不锁的状态，没有真正发挥连锁店集中力量办大事的优势，甚至有些连锁店的店主或区域都是各自为政，这种连而不锁的局面发展下去就是各分东西，易于出现瓦解分裂的危险，这对品牌建设非常不利，风险极高。除非该连锁店的经营总部的意图是在短期内迅速获利，否则这种局面是不可持续的。

当一家连锁企业建好系统并形成标准化流程时，通常会开始向外招商加盟。目前市场上存在许多连锁企业，其中一些企业自身并不开设实体门店，而是专注于输出经营理念、标准化体系以及上游供应链，其将经营风险转嫁给了加盟商。面对这些缺乏实战经验的连锁企业，经营者必须慎重选择。

选择了建立连锁店就代表经营者坚持长期主义。这类经营者都应该是"长跑冠军"，因为他们需要打造文化体系并以此作为连锁企业总部的战略方向和核心价值，从而使连锁店的创业者、经营者找到共同的发展目标。然后，他们再根据文化体系的指引制订各自门店的发展规划，实现从上至下的文化渗透。这一过程的核心在于统一思想，让每家连锁店真正做到同心共创，这样的共同努力会激发大家坚持下去的动力。之后，经营者可以根据总部的盈利模型制定自己门店的利益共享机制，确保利益分配公平、经营发展稳定。

门店的装修设计应与文化体系相融合，将文化特色体现在门店的空间中，使门店的每位成员都能深刻感受到企业的文化价值，从而持续巩固其理念。接着，制定相应的文化仪式，使门店团队能够常态化地学习和应用这些仪式，这是文化体系落地生根的关键环节。让文化先行，经营者将门店建立在文化基础之上，之后就可以以文化为中心传递品牌理念了。完善的文化体系将使连锁店的经营更加规范，团队思想更加统一。

第三节 文化体系的应用

文化植于心，方能久于世。文化价值需要传递至基层门店。经营者可以把核心理念和口号等贴在门店的墙上或是写在企业介绍的手册上。经营者还需要反复提及和讲解企业的文化和理念，使团队成员逐步理解和接受，这些措施都可以用来帮助传播企业文化。无论门店遇到什么问题，只要有了完善的文化体系，经营者都能保持稳定，积极解决问题。

一家注重文化的企业必定不会表现平庸。经营者需积极带头将文化付诸实践，通过实体门店的每位店员把企业的文化体系完整地展现在顾客面前，用文化引发更多顾客的共鸣，这是最有效的策略。然而，文化不会有立竿见影的效果，需要全部成员的不断坚持才能看到文化带来的回报。那些重视文化的领导者是富有远见的人，是理解文化力量的人，懂得运用文化力量解决问题。文化能够帮助人坚定信念、排除困难并追求卓越。我们珍视文化，文化才会给予我们回报。换句话说，我们热爱文化，文化才会深情回应我们的爱。

一定要坚持打造文化。你的坚持就是一种文化、一种力量、一种精神。很多人能取得成功都源自坚持。因为坚持做一件事情真的很难，但就是这种坚持才造就了不一样的成功。安徽有一个休闲零食品牌叫"傻子瓜子"，这个品牌的故事讲的就是坚持。这个品牌的创始人年广久是改革开放初期最具代表性的人物，他于2023年年初离世。"傻子瓜子"一路的成长历程就是改革开放成功的一个缩影。"傻子瓜子"从路边摊起家，先后发展为实体门店、生产工厂，最后成长为一家企业化集团。"傻子瓜子"是一个传奇，这个传奇离不开品牌创始人的坚持与创新。从早期在电影院前摆摊，年广久就坚持诚信为本，每次称好瓜子还要赠送少许，以感谢顾客的厚爱，就是这样一个小动作，赢得了广大顾客的喜爱。当时有一些顾客都说他傻，虽然他一字不识，却始终坚守初心，一直感恩顾客，后来开店时就把名字定为"傻子瓜子"。之后"傻子瓜子"不断发展壮大，成为知名品牌，带动了当地社会、经济的发展。其创始人年广久被评为"中国改革开放40年百名杰出民营企业家"。

我们能从年广久的身上看到朴实与真诚，不管时代如何变迁，这种精神永远不会过时，反而更加珍贵。这个品牌的发展历史就是其厚重的文化，厚重的文化就是对品牌最好的诠释。它们无须再向顾客介绍自己，因为品牌文化已经深入人心，代代相传，成为广大顾客生活的一部分，更成了很多顾客生活中美好的回忆。在节假日与亲人聚在一起，一边吃着"傻子瓜子"一边聊天，像这样无数幸福团圆的时刻使"傻子瓜子"成了人们回忆中的一部分，这种幸福回忆使品牌镌刻在了广大顾客的购买历史轨迹之中。

第四节　相信文化的力量

很多时候你觉得看不见文化，但文化从未离开过。它一直陪伴在我们左右，与我们并肩战斗，而且从来没有向我们索取过什么。它的无私无畏感天动地，竟然有很多人看不到它的存在，忽略它存在的价值与意义。不管门店处于哪个阶段，文化都与门店共同成长。我们懦弱的时候它给我们勇气与力量，我们苦闷的时候它帮助我们重新振作，就像《有一个美丽的传说》那首歌里唱的那样："有一个美丽的传说，精美的石头会唱歌，它能给勇敢者以智慧，也能给勤奋者以收获，只要你懂得它的珍贵呀啊，山高那个路远也能获得……它能给懦弱者以坚强，也能给善良者以欢乐，只要你把它埋在心中啊，天长那个地久不会失落。"这就是文化的力量，它会用不同的方式在不同的阶段爱护我们，文化是我们最值得信赖的朋友，因此我们不仅要用好文化的力量，还要呵护文化的成长，在文化的海洋中汲取滋养和启发。

经营者要怀着由内心升腾出的敬畏之情来迎接文化的抚慰，并用实际行动诠释文化的博爱。此外，还应使文化与实体门店的发展相融相济，始终坚守初心，坚定前行。

为什么这本书要重点强调向内看，因为尽管外界充满了繁华和诱惑，但我们的人生需要回归内心。只有通过内观，我们才能真正用欣赏的眼光看待世界，以积极的态度面对实体门店的挑战，从内在的力量中找到真实的自我。向内观心让我们洞察问题的根源，这是自我修行的表现之一，是个体文化体系中最为核心的部分。我们可以将这一理念分享给更多人，让文化的内在驱动力引导我们坚定信念。在生活和工作中，我们应该接纳内观的观念和思想，让内观的智慧引导自己，以此为基础启发我们的思维和认知。经营实体门店就像是我们人生旅程中的美丽风景，我们应以欣赏风景的态度来经营。这就是我们从文化中汲取的生活态度与价值观。当然，文化也有其多样性，我们要在生活和工作中理解和应用文化，并从中获益。

理解文化的博爱意义。在现实生活中，许多人提及文化时感觉空洞无力，因为他们未能领悟文化的真正意义与价值，更不用说对文化怀有热爱之情了。然而，数不尽的个体共同创造、记录、应用、传承、改良、创新文化，为今日丰富多彩的文化奠定了基础。数千年的文明历程，无数人的毅然坚守，正是博爱的最大化体现。我们不仅要热爱文化，更应该敬畏文化，通过发展、创新、应用文化为社会的进步与发展贡献自己的力量。

实体门店的使命之一是更好地为社会与民生作出贡献，这不仅是一种福气，也是一种福报。福气象征着我们能够汲取文化的滋养；福报则体现在我们能够找到自己热爱的事业，在经营实体门店的同时也在经营幸福的人生。实体门店贴近人们的生活，融入了人们生活的方方面面，我们应该带着感恩时代、感恩顾客、感恩生活的态度，将文化的博爱传递给更多的人，这种温暖的传递也是一种博爱。尽管我们的博爱可能不及文化的博爱广泛，但不应因此而停止奉献，因为博爱来自众生的共同积累，我们受到了滋养就应当回馈社会，这是我们的使命。

肩负起构建和传承文化的使命。作为实体门店的经营者，我们是门店文化体系的创造者。从构建门店文化的那一刻起，我们已主动肩负起构建和传承文化的使命了，我们所构建的文化既要满足人们的需求，又要符合人们的期待。有了文化，我们就能完善个人的文化价值体系，以及门店的整体文化价值体系。之后，逐步将个人目标转化为门店成员的共同目标，将个人的门店打造成大家的门店。我们做这些事情的动力都来自文化。因此，我们要主动担负其构建和传承文化的使命，这样才能受益更早、受益更多。承担传承文化的使命，其关键在于我们主动践行文化，在积极正向的价值观的引领下，带领身边更多的人走向美好的未来。使命是埋在心底的那份激情，它不需要任何人的催促，也不需要任何人的要求，这是一个人内心深处完全自发、自愿、自动、自主的一股力量。做一个主动担当、主动作为的人，这是实体门店的经营者对门店的每一位成员的最高期待。当然，只有经营者自己做出表率，门店的团队成员才会跟上经营者的脚步，逐渐产生相同的使命感，认真负责地做好每一件小事，带着感恩之心为门店的发展贡献力量。成员的使命感不会通过门店的管理制度产生，它是个人在特定环境中自发产生的。只有自己激发自己，人才会产生这样的强大动力。因此，经营者若想引领他人，自己要先行动起来，用自己的实际行动影响更多的人，让个人使命变成共同使命。

第五节　用文化引导人们

很多专家学者都是从人性的需求和行为的角度来解读管理，但是不管自理才是管理的最高境界，这种方法的源头就是治心。文化是最好的工具，因为文化影响的是人心，它会使个人自我觉醒，引导其自我规范。这种治心的方法当然很难，就是因为难我们才要用文化来引导自己。古代的思想大家如孔子、孟子、庄子、老子等也都是从治心开始的，古圣先贤们很早就明白治心是根本之策，因此他们的思想核心都是从人心出发，他们的思想受到了后世的广泛支持与认同。有些思想在不同的时代背景下都可以适用，而且不会被淘汰，那是先贤在理解和尊重人性的基础上寻找到的规律。想要通过文化来说服一个人，确实需要较长的时间，但是一旦说服成功，被认同的效果会更加持久，这是因为文化在深刻地影响着他。在实体门店的团队管理中可以运用文化来赋能团队。但是经营者需要耐心与坚持，因为文化对人的影响是潜移默化的，所需的时间较为漫长。经营者可以用文化先引导和影响自己，一旦理解了文化治心的本质并找到了文化治心的方法，便可以将这种感悟传递给更多的人，这也是一个不断积累福报的过程。

实体门店的经营可以是短暂的一年，也可以是终身的坚守。如果能世代传承，便能延续无限的幸福。创立者也将成为门店文化体系的思想核心，成为令人敬仰的精神领袖。文化的精髓深广无限，我在此勇敢地言表一二，期望与大家共同探索文化的丰富内涵。

让文化更具时代感。自古以来，推陈出新就是时代发展的必然道路。每个国家，每个民族，每个时代都有着不同的文化元素，这些文化元素构成了这个时代的文化体系。近年来文化创意受到了很多人的欢迎与追捧，这种对于文化创意的追逐就是一种具有时代感的文化。传统文化＋创意，重新定义了商品的创作逻辑，在历史文化中寻觅适合当代文化的元素，把传统与现代有机融合，形成一种全新的文化呈现，这种穿越交互式的文化带有非常强烈的时代标签，这些都注定会成为时代的记忆。实体门店的文化元素当然也是这个时代不可或缺的。实体门店是社会大家庭中离民生大计最近的一环，既亲切又温暖，诞生于邻里之间，成长于时代之中，因此实体门店的细分文化更接地气，比如手工现磨现煮咖啡、手工粗粮面馆、文创匠心玩家铺等，这些充满现代人生活气息的产品，就是顾客所需要的，这些内容的背后是厚重的历史文化与现代的人文创意，既满足了市场需求又传承了文化，更充满了时代感。许久以后，我们也都会成为历史，后世也会研究我们曾经创造的那个时代。可以说，人生与文化相互交织、相互影响，共同演变与发展，一代又一代，一店又一店，一人又一人，在平凡中显现繁华，在繁华中凸显平凡。我们每个人都身在文化之中，又能超越文化的限制创造出新的文化元素或是发展出独特的观点。在经营实体门店的过程中，我们需要不断创新、精进文化，创造属于我们这一代的独特文化。

第二十六章

创业认知的转变

Chapter 26

创业是实现自我价值的最佳渠道之一。广义上来讲人的一生都在创业，即求生存、求发展、求幸福、求梦想。换句话说，创业就是根据自己的喜好选择一个符合自身条件的行业，然后在这个行业深耕，努力打拼，朝着自己期望的方向前进，这个实现梦想的过程就是创业。不同的人在不同的领域有不同的梦想，每个人的梦想都是独特的。

第一节　创业首先要有梦想

创业即实现梦想，那么如何把对梦想的追求转化为创业的动力呢？大家要向内观自己，向上观长辈，向下观后代，在情感世界里寻找激发创业热情的种子。一般从爱好（做自己喜欢的事情）、责任（承担家庭或社会义务）、目标（人生理想）三个方面寻找创业的动力。

大家要对创业失败有充分的心理准备。大家要明白创业除了帮助个体完成目标、实现自我价值之外，还能给予个体不断完善自己的机会。大家能通过创业这一过程积累更多的经验，从而为自己的生活和事业发展蓄能。此外，要坦然面对失败，因为很少有人能一次就成功的。创业之路非常崎岖，创业者要在失败中总结经验教训，用失败的经历磨炼自己。

关于寻找创业合伙人，大家要有开放的合伙人精神，什么是开放的合伙人精神呢？它包括五点：互相尊重、互相信任、互相成长、互相欣赏、互相包容。合伙人之间要拥有很强的互补性，这种互补性主要体现在工作与社交两个方面。如果在创业路上有人与你风雨共担、共同奋进，风险自然就低一些。

第二节　创业的选择分析

在决定创业前，创业者要从多个方面进行综合考量，评估自己对某一领域的爱好程度、专业程度、前景分析、风险评估以及资金需求等。尽管爱好一般是很多创业者的首选因素，但是创业不能仅仅基于个人爱好，创业领域的选择应以市场需求为导向，因为创业要面对市场，必须根据市场的需求来确定方向。如果你的兴趣恰好与市场需求相契合，你可能做出了明智的选择。在创业中，专业程度是指创业者在一些领域，特别是涉及技术和专业知识的领域，拥有专业的技能，如汽车修理、私人厨师、皮肤护理等领域。如果创业者选择在自己的专业领域内创业，创业者就拥有绝对的优势，因为专业的知识和技能能够帮助其在市场中脱颖而出。此外，这类创业者还在专业领域拥有较强的人脉资源，这意味着其能够进行专业团队方面的资源整合。前景分析则涉及对所选领域的行业调研，包括行业过去的发展情况以及未来的发展潜力。这样的分析可以帮助创业者更好地了解创业领域，做出更明智的决策。前景分析可以从两个方面入手：一是这个行业过去比较成功的案例（最好选择同城的案例）；二是这个行业过去的失败案例（在别人的失败中找教训）。这两类数据在网络中很容易找到。风险评估是以行业发展史为基础评估创业者自身的经济实力、精力支配、合伙人信任值、财务预算水平等因素，当风险过高时创业者就应该放弃。资金需求主要指的是资金的来源，它包括三种方式：一是自筹，二是借款，三是贷款。这三者从前往后风险系数逐步增高。在资金筹备方面，创业者一般要准备至少半年的流动资金（流动资金的总额 = 每个月的综合开支 ×6 个月）。

创业的战略定位。实体门店的创业项目多如牛毛，创业者可以通过战略定位选择匹配的行业。战略定位一般分为长期主义、短期主义、转化主义三种。长期主义项目的回报率周期相对长而稳，以长期主义为战略定位的创业者要有足够的耐心，经营越久，回报越丰厚，而且门店更容易形成品牌。采用这类定位的门店比较适合打造品牌，创办加盟连锁店；短期主义是指在特殊的区域或是特殊的时间点上的一些创业项目，这种项目的风险与回报率都很高。比如专属世界杯的酒馆、某个工程的配套服务等，一般是小众群体开展的创业方向；转化主义是指为了配套自身其他业态项目而开展的创业项目，这种项目一般以收支平衡为目的，主要是为主营业务作前端转化。比如前店后院的美容机构、前店后厂的工厂展销窗口等。

创业的态度。创业是人生态度与自我价值的表达。一个人想创业，说明他一定是主动积极的，因为创业需要全身心的投入。如果是被动的，这个人很难取得成功，因为他不是全心全意投身于创业，而是不得不这么做。如果没有自己喜欢的创业项目，可以试着培养一个。创业是一个帮助自己在社会中快速成长的机会。创业不怕晚，就怕懒。创业意味着创业者要全力以赴，努力把事业培养成爱好。创业是通向成功最好的道路，如果你的梦想够大，你的动力就更足，你的付出就更多。谁都不能向你保证创业100%成功，但是能保证你会获得100%的成长。从某种意义上来说，成长比成功更重要，在创业的路上所积累的经验是最宝贵的，它可以让创业者更加坦然地面对未来。失败的创业者可以用走过的路指引未来，争取下一次创业成功，这也是创业的初心。创业失败的小伙伴如果可以这么想，你的心结就打开了。

创业的态度就是你对待人生的态度。乐观积极、乐于打拼、勇闯天涯等既是人生态度也是创业态度，如果能够一直保持这样的态度，那创业者就不怕失败，而是会进行一次又一次的尝试。人生就是要不断地打拼，要多尝试、多体验，这样才会有丰富的人生经历。年轻人更是要有勇气进行创业，实体门店的创业尤其需要勇气。目前有很多创业项目是轻资产或者零资产的，创业者应该勇于尝试。尽管实体门店创业的优势更明显，但需要一定的资金投入。实体门店的创业根基稳，自主权大，自控性足，更切实际。实体门店与民生密切相关，对于追求事业生活化的创业者来说更好。

实体门店的创业更接地气。很多人说实体门店现在不好做，如果创业者没有做好准备，实体门店在任何时候都不好做。客观因素有很多，关键是创业者不能有这种找借口的想法。即便是在疫情中，仍然有很多实体门店实现了逆势增长。实体门店的创业者不要想着赚取暴利，而是要把实体门店的创业生活化，不断总结经验，这样做一方面可以让创业者的经验体系化，从而实现对外输出，即连锁加盟；另一方面可以使门店横向发展，扩大规模。然而，无论是连锁加盟，还是横向扩展，都得在多年经营的基础上进行。有了支点，创业者做事业就可以省很多力气，前提是创业者要有搭建支点的坚定决心。在创业的同时创业者还可以积累社区人脉，在一个相对固定的环境中创业，稳定的人脉关系会促进门店事业的发展。稳住前面这个支点，创业者就会发现自己更有底气、自信，更加坚定了。实体门店创业既给社区提供了便利，也打好了创业者事业发展的基础，这是一种商业与社会的生态平衡。

随着社会不断发展进步，实体门店的业态也日益呈现多元化。其中，新型业态表现尤为突出，例如宠物 SPA 店、文创设计店、非遗文化店、剧本杀体验馆、戏剧社等。这些新型业态的兴起，很大程度上是由年轻人个性化的需求推动的。实体门店可以深入城市的每个角落，满足不同人群的需求。马路上各式各样的实体门店招牌构成了城市的独特氛围，这背后是无数人对梦想的执着追求。这些门店为城市的居民提供服务，同时也得到了城市居民的支持，这正是实体门店事业特有的城市情怀。我们在恋上一座城时，内心有我们一直怀念的一些店，这些店代表着我们过去的幸福时光。实体门店为城市的幸福增添了一抹明亮的色彩，温暖又温馨。

第三节　创业是自我精进的过程

自我精进的路有很多，创业是其中一条。这条路有很多未知的东西，但正是因为有很多的未知，创业者才能更好地自我精进，创业者最好不要带着包袱踏上这条路。自我精进是一种觉醒，觉醒之后的精进更加坦然，心中不会有太多的牵绊。在实体门店的创业路上需要创业者精进的内容很多，从经营管理到商业逻辑，从客情关系到商品设计，从领导力到执行力……可扩容的空间很大，这些也是创业者自我精进的目标。若想实现心中的梦想，创业者需要在很多方面进行精进，至少要明白自我精进的必要性。想要有美好的未来，创业者现在就要开始精进，这是一个基本原则。坚持精进的创业者，在不久的将来会成为别人眼中的榜样，自我精进的精神也会在企业内部成为一股正向力量，激励和影响团队及合伙人。

创业会让创业者更加期待美好的未来和生活中的惊喜，这个惊喜是创业者不断努力的结果，这种期待也是创业者向上、向善、向好生活的内在动力，它可以让创业者在平凡的生活中找到不平凡的自己。当创业者不断期待看见更好的自己时，创业者就已经开始成长了，这种成长需要非常坚定的信念，这个信念会永远陪伴着创业者。每个人都对未来有美好的期待，但是只有一部分人在期待的过程中不断努力，另一部分人则只期待不努力，就等天上掉馅饼。你是哪一种人呢？我想后者还没有觉醒，自然也就得不到他所期待的美好。因为美好的未来是人们通过不断的坚持、自我精进得来的，我们人生最宝贵的就是不断坚持的过程，所行即所得，所得即所获。

努力让创业变成爱好。创业很艰苦但也很快乐，不是苦中作乐，而是苦中享乐，这完全取决于创业者的心态。使工作变成一种爱好确实需要时间。人们都说要干一行爱一行，不要这山望着那山高，这些话都很有道理。创业者爱上自己的工作就是对自己最好的回报。当然创业者不要强迫自己去爱，跟感情世界里的爱一样，创业者也要花时间与所从事的工作增进感情，这需要耐心和用心。努力让创业变成爱好，这样就可以持续拥有创业的激情，进而用创业精神守住实体门店。创业不易，守业更难，这句话说明创业的过程不可能是一帆风顺的，会经历很多的困难与挫折。但坚持就是胜利，一路打拼的时间久了，创业者对门店自然就有感情了，也就不会轻易放弃，打拼的过程就是创业者生活的一部分。创业之路是创业者人生的精彩展示，虽布满荆棘却依然要勇往直前。创业者之所以坚持，就是从不喜欢变为喜欢了。创业者的生活会慢慢变得与事业密不可分，之后依然要努力地追梦。

第四节　创业路上满是幸福

创业的一路上都充满幸福。创业初期的幸福是忙碌与忘我的工作；创业中期的幸福是不断成长，略有收获；创业顶峰的幸福是收获的倍增与成功的喜悦；创业失败的幸福是获得了面对失败的勇气，并可以再一次重新开始。在创业路上的每个阶段，只要你态度端正，积极向上，就会在每一个细节上成长，收获幸福，这种幸福只有自己能体会，代表了你的创业态度与人生态度。创业路上无论遇到什么样的艰难险阻，你都要用这种态度来迎接，人生的每一段路都有美的风景，都是幸福的相遇。你的心境很重要，创业的路就是个人的成长之路，它不仅带给了人们更多的生活智慧，还使人们更懂得经营人生。创业给了人们在现实社会中检验心态的机会。宽则顺，窄则堵。每个人在创业路上的收获与经历都不同，相同的是每个人在创业路上都会收获成长，这种成长会让每位创业者记忆深刻，因为每位创业者的内心都藏着一个不服输的自己，在面对失败的那一刻又可以振作起来重新出发，这就是创业者追求的幸福。创业的经历锻造了创业者的钢铁意志，这是创业过程回馈给创业者比财富更重要的礼物。

创业一直在路上。生命不息，创业不止。大家要怀揣着这样的豪情壮志前行，时刻不忘实现自己的人生价值，这样才可以让激情持续迸发，青春不断绽放。虽然岁月无情地敲打着人们，但是只要怀有不断前行的信念，岁月只会在人们身上留下少许痕迹。创业一直在路上是创业的崇高境界，在这种境界的引领下，会有更多的人不断挑战自己，努力成为更加优秀的自己。人生的路要多走，才能有丰富的收获；创业的路要多走，生活才会多姿多彩。

第二十七章

自我认知的转变

Chapter 27

第一节　自我认知是转变的核心

暂时抛开这个喧嚣的世界，重新认识一下自己，回顾自己在实体门店领域创业的历程。在人生的不同节点上向内看，给自己一个拥抱或是点个赞，忘记那些让你觉得不舒服的事情，让内心的枷锁得以解脱。没有人能让你不快乐，你的内心很强大，只是很多时候没让它发挥作用。以心治心，会开启另一个世界，那里展现着你期待已久的自己，那个自己正带着微笑向你走来。这应该就是心灵相遇吧，你在内心深处遇到了另一个自己，那个自己激发出你强大的自驱力。

人们都知道认识自己很重要，但很多人却难以做到，因为认识自己是一种能力，这种能力需要长时间的深刻反思和自我探索才能逐渐掌握。我经常跟身边的朋友打趣"自己一身毛，说别人是妖怪"，其实就是想让大家理解认识自己的意思，只有真正认识了自己才能更加清楚地认识这个世界。自我认知需要自己说服自己，整理思绪，看哪些东西应该放下，哪些东西应该坚持。我的梦想还在吗？我应该如何到达梦想的彼岸？……这都是我们现实生活中每天要问自己的问题。路不好走，我们更要坚定自己的意志，路不好走才显得我们很坚强，能抗得住考验。人生的路不会是一帆风顺的，生活就是让我们体会五味杂陈，从而拥有丰富的体验。经常向内看，多进行自我认知、自我交流，内在的力量才会不断涌现。自己给予自己的力量是源源不断、无比强大的。

人要反复进行自我认知。困难与挫折经常会出现，它们会在不经意间阻碍我们前进的道路。当遇到困难和挫折时，我们坚持，它们就会放弃；我们放弃，它们就会坚持。困难像弹簧，你弱它就强。这种内心的较量就是这么真实。成功路上的重重考验让很多人觉得自己的命运很苦，把困难的不断降临归咎于天，这是"身上无衣怨天寒"的真实写照。这也是人们自我认知不足造成的结果。不管我们以怎样的心态去面对困难，困难依旧会存在。困难真的很无情吗？不！困难真的很有情，它一次又一次地磨炼着我们的勇气和决心，我们应该感恩困难教会我们在逆境中成长。在面对困难的时候把困难当成朋友，就会发现困难并不可怕，而这一点只需要我们在自我认知的时候转变内心就可以做到，这个内心的转变有一个阀门，很多人会搞错开关的方向，常常将其关闭。

在自我认知中不断获取力量。很多人之所以没有勇气承认错误是因为他们受到了虚荣心的影响，为了维护所谓的"面子"害了自己的一辈子。面子其实就是我们的心魔，它总是指挥我们做出错误的判断和行动，导致我们失去了本来可以拥有的东西，而我们自己却固执地认为那是不属于我们的。在打拼实体门店事业的过程中，经营者如果能够经常在自我认知中获取力量，听到内心真实的声音，就会收获那些本来就属于经营者的美好。经营者应该在管理团队、关心顾客、关心合伙人的问题上忘记自己，专注于关心他人。经营者只要坚持付出，接收到的人一定会记住的。

面对团队，经营者不能再以老板自居；面对顾客，经营者不能以冷面示人；面对合伙人，经营者更不能以固有的思维与之沟通。这一切在自我认知中必须明确，经营者要以更加开放的思想面对实体门店未来的经营和发展。一部分经营者会守护自己的权威，生怕权力被夺走。然而，这种保护主义思维实际上会削弱经营者的主导地位。真正的权威源自别人内心的尊重，这种权威才最有力量。之前团队的那种"尊重"只是一种虚假的服从（金钱创出的虚假服从），而非真正的尊重。

经营者绝不能让自己陷入一个封闭的围城中，因为只有放下才会开始拥有。如果经营者固执己见，总认为自己是对的且不容挑战，就会让自己陷入无知的围城。闭着双眼永远看不到别人，这种态度是错误的。在经营实体门店时，经营者需要摒弃过度保护的思维，拥抱多样性和开放性，不断学习和成长，以更加平和和包容的态度来经营团队、服务顾客，并与合伙人进行积极有效的沟通。只有这样，经营者才能建立真正的权威，创造成功的实体门店。

第二节　实体门店的自我认知

除了经营者需要进行自我认知之外，团队、营销、文化、商品、顾客等各个方面都需要进行自我认知。当我们深刻理解自我认知之后，我们将拥有一颗真诚的心。将自我认知视为一种常态，我们会看到不同的自己，还会持续努力试图超越自我。这种自我认知还可以感染周围的团队，能在门店中逐渐打造出一种积极进取的文化氛围。凡事从自己身上找问题，从自己的内心找力量，经营者会自然地找到许多问题的解决方法，团队的智慧也会得到充分的发挥，和谐友好的环境也会逐步建立起来。自我认知的能量一旦释放出来，其影响力将远远超出我们的想象。自我认知在营销中的应用十分广泛。每个决策的制定，每项方案的提出都需要营销人员持续地对产品进行认知。做产品的营销时，营销人员需要不断总结经验，从客观的角度对产品和营销内容进行分析并充分听取各方意见，最终才能做出正确的选择。自我认知并非无视主观意见，而是在积极开放的环境中集结大家的智慧，最后形成自己的思想体系。

在自我认知中找到幸福。世界上的每个人都在追求幸福。但是很多人在寻觅幸福的路上把自己给弄丢了，因为他们不懂得自我认知。让实体门店成为经营者生活中的一部分是幸福；把实体门店经营的类目变成经营者的喜好是幸福；在经营实体门店的过程中交到了很多朋友也是幸福；经营实体门店让我们完成了很多梦想更是幸福无比。当一个人用幸福的眼光去审视这个世界，这个世界回馈给这个人的也是幸福。人们对幸福的认知各不相同，然而幸福的本质从未改变，变的只有我们自己的内心。当一个人失去用幸福的眼光看待世界的能力，这便是最不幸的事情了。在自我认知的过程中重新找回幸福吧，幸福就在当下，就在身边，它无处不在。

实体门店事业带给经营者的幸福感很强，回忆那些感动的瞬间，回望那一张张可爱的笑脸，每一秒都是经营者在实体门店这个小平台上所收获到的幸福。当人们换一种心境面对过往时，幸福的感觉就会更强烈。每当听到这个世界上的励志故事，我都会情不自禁地对主人公肃然起敬，因为我又多了一个榜样。然而，在现实的困难、日常的琐碎面前，这些榜样的影响力似乎很快就会褪色，这是因为人们很少在自我认知中寻求幸福。幸福虽然朴素，但在现实的纷杂中却常常难以保持，这是因为人们未曾频繁地在自我认知的过程中探寻幸福。对一部分人来说，幸福的获得很简单，简单到一个微笑就能让他们感到十分幸福。但有些人认为幸福很难获得，终其一生也未能体会到。

通常没有人会明确告诉我们要进行自我认知，即使有善意的提醒，我们可能也不会太在意。有些人在经历了一些痛苦后会短暂地进行自我认知，反思是不是自己犯了错。其实他们的行为没有错，错的是思维逻辑。要从根本上解决问题，必须转换思维，对自己进行清晰的认知，之后才能避免犯同样的错。不跟世界争对错，不与他人论好坏。只求内心观自在，潇洒自如心花开。心态是由自己决定的，处于这一点年轻人可以提前体悟，年长者可以温故知新。保持童心让真诚永不褪色，虽然这对年龄不断增长的自己来说很难做到，但每个人都有独特的性格和特点，只要明白自己追求的是什么就已足够。向内找到答案之后，自我认知的价值会无限扩大。自我认知是值得我们每个人付出努力的事情。每个人都在追求美好，只是总是缺乏对待美好的正确心态。美好已经来到了我们的身边，我们却因为心态不佳而拒绝美好，这样做是错误的。美好的事物从未改变，变的是我们看待美好事物的态度。

第三节　自我认知的价值

价值包括社会价值、经济价值、金钱价值、情绪价值、相对价值、相向价值。相对价值是以世界的多元性为基础的比较价值，相向价值是相对价值体现出来的价值，两者是相辅相成的。从个体（也就是我们自己）开始，自我认知的价值会不断地显现出来。自我认知的价值首先体现在我们的内心，这种价值是在认识和理解自己的过程中逐渐形成的。在这个过程中，我们逐步意识到自己的特点、能力、价值观等，从而为我们提供了一种更深刻、更准确了解自己的方式，这有助于我们更好地理解自己和周围的世界。有些价值是我们难以探寻的，现实社会常常忽略了真正的核心价值，比如实体门店的社会效益等。这些都存在于相对价值和相向价值体系中，我们不能视而不见。许多人会用物质财富的多少来衡量一个人的价值，这是错误的观念。物质财富是价值的外在体现，然而创造价值则源自人们内心的想法。越关注显化的物质价值，会让你越发得不到物质财富，或者得到的很少。

自我认知须静观我心。现实生活中让一个人静下来非常困难，静下来阅读，静下来欣赏，静下来倾听，静下来感受……都成了奢侈品。这对很多人来说是一件很可悲的事情。静不下来的原因有很多：社会的浮躁，人们目光的短浅，人际交往间信任的缺失，人们过度的贪欲，等等。总之，现代人太急了。走路要跑，赚钱要快，生活要挤，房子要大，车子要豪。人之所贪，世界实难满足。但是如果人们没有欲望，社会的发展就会受到影响。欲望作为一种驱动力，会激励人们追求改变、创新和进步。"静"这个字的含义太丰富了，静下来不代表我们不行走、不追求，适当的休息之后才能走得更远；静是自我认知后感知到的一种境界，人的内心需要静，静的使命就是让我们在净心后更加从容地出发。这里我总结了几句与大家共勉：事最重要的是人；人最重要的是心；心最重要的是静；静最重要的是专；专最重要的是善；善最重要的是行；行最重要的是远；远最重要的是康；康最重要的是修；修最重要的是德；德最重要的是慧。静就是动，动就是静，向内观心就是让我们的内心始终处于安静、平静、宁静的境界，这是身心灵管理的核心。

第四节　让自我认知成为一种习惯

一个人如果能养成自我认知的习惯，他将受益一生。实体门店的运营涉及许多复杂的细节，与百姓的生活紧密相连。在这一领域创业，创业者进行自我认知尤为迫切。自我认知是一个持续的反思和发现过程，通过这个过程，我们可以深化对自己的了解，获取有关自己的信息，从而在各个方面为自己不断注入能量和动力。在实体门店的发展过程中，我们的心智也将不断成熟，长期坚持自我认知，将会养成自我认知的良好习惯。这种习惯将会使我们在前行中不断积累，这些积累之后会沉淀为我们受用终身的宝贵资源，并非所有的良好习惯都能带来如此多的好处。自我认知对于每个人而言都至关重要，这一习惯能够使我们更深刻地、更有计划性地提升自己，去追寻一切美好，同时在这个过程中享受旅程的美妙。我们还可以借助这种习惯不断地影响他人，让我们的人生之路充满幸福、美好和正能量。将自我认知的习惯内化于心，外化于行，让我们带着正心正念去追逐心中的梦想。通过自我认知改变过去的思维逻辑，重新认识自己，给自己足够的能量去面对未来。每个人都渴望成为更出色的自己，这一切都从自我认知的转变开始。拥抱这个世界你得到的永远是幸福快乐，逃避这个世界你得到的则是越来越多的痛苦与折磨。有时候不是我们太傻，而是我们没有进行自我认知，这才是问题的核心。我是谁，要去哪，与谁同行，以及要做什么。只有为这些问题找到准确的答案，不断地进行自我认知，我们才能将这些答案带入实际的生活和工作中，开启通往理想之路的旅程。经过不断的自我认知，我们能够摆脱心灵的负担，解开精神的枷锁，释放出更加自由和积极的能量，从而不畏前路，勇攀高峰。

要定期进行自我认知。作为高级情感动物，人类拥有丰富的情感体验，情绪经常影响着我们的思维。一旦自我认知过了"保质期"，我们很可能会对自己产生怀疑，让自己变得非常不自信，这是人性所至，而非个人的问题。这时候我们就需要重新进行自我认知。在整个人生旅程中，会有许许多多的思想充斥着我们的大脑，如果我们没有强大的定力，很容易就会迷失自我。社会的迷局很多，有些人会掉进迷局不能自拔，这就是失去了自我认知能力的表现。我们以开放的思想学习他人的优点，但需要对其进行筛选，并结合自身情况融合应用。每个人的成长背景、处事方法和所处环境各不相同，实体门店的情况更是多种多样，因此要理性地进行学习，不能全盘吸收。这个问题的关键在于经营者是否有清晰的自我认知，因为最终做决定的是经营者自己。学适合自己的智慧，行符合自己的人生之路，切忌照搬别人的想法。每个人的梦想土壤都不同，所需要的养分自然也不一样。

第二十八章

转行认知的转变

Chapter 28

第一节　转行的关联性评估

隔行如隔山，行行不简单。很多创业者都经历过转行，无论是职业生涯还是创业生涯都有刻骨铭心的记忆。转行意味着重新来过，在转行之前创业者需要进行分析判断。有了前面的创业的经历，后面同样的弯路就不会再走一次了，重新创业的起点也就不一样了。前面有积累，后面少负累。

第一，转行不要转得太大、太急，至少要把原来经营的业态综合分析一下，让两个行业之间的关联性尽量多一些，这样原来的资源、人脉和经验可以继续应用，这是创业者要重点考虑的问题。

第二，对新行业的认知。创业者需要对新转入的行业有深入的了解，如果自己了解得不深，可以向懂行的合伙人进行了解。要想完全了解一个行业，很难在短期之内达到，因为很多行业只有深入进去才能真正体会其门道，创业者平时获得的信息只是道听途说的，不够准确，行业的关键信息有时候是听不到的，挂在别人嘴边的只是冰山一角。创业者可以从原来从事的行业中寻找可以用在新行业的资源，把原来有效的各类资源匹配到新领域里，进行资源的整合。以纺织产业为例，其上下游包括棉花、纱线、印染、织布、成衣、包装、辅料等，创业者可以根据现在所处的位置确定往上转还是往下转，这一种就是转向了关联的领域，是在同一个大类中转换小类。

第三，转行的风险评估。风险包括投资风险、驾驭风险、潜在风险、团队风险、管理风险、政策风险等。投资风险是首先需要评估的，创业者应量力而行，切忌贪多、贪大；驾驭风险指的是新行业的情况不要超出创业者的认知范围，就是行业的可控性要足，至少在创业者的认知范围内是可以收放自如的；团队风险系数的评估需要考虑行业的特点。以餐饮业为例，其风险主要集中在后厨环节。后厨团队的稳定性直接影响整个餐厅的运营，因此在评估团队的风险时，需要充分考虑团队的稳定性因素；管理风险指的是创立者或合伙人是否具备适当的管理能力，以确保团队的协同性和互补性；政策风险指的是政府执法部门对于某个行业的监管措施是否多变。举例来说，像烧烤店、酒吧等可能会被人举报噪声扰民，其他行业还可能涉及环保排污等问题。在转行之前，这些都是创业者要综合考虑的因素。在决定转行之前，很多人可能会过于关注行业的发展前景或投资回报率，但这种分析过于片面。为降低转行的风险，创业者需要对以上提到的风险进行综合分析。

第四，转行的心理准备。跨行创业要有充分的心理准备，提前做好相应的计划安排。创业者在进入一个全新的领域后，初期都是在边学边做，需要一个过程来慢慢融入这个行业。因此，转行前要做好心理准备，以免在转行后很快就感到失落，这样的状态不利于转行创业。创业者并不是一定要转行，但如果看好新行业并相信自己，做了选择之后就要全情投入，不负时光。不虚度人生，创业者就会大有收获。不管转到哪个行业，实体门店经营的底层逻辑都是一样的，创业者要跟第一次出发的时候一样，带着饱满的热情去追逐心中的美好。

第二节　从外行到内行

在创业者转行之前，如果条件允许，我建议先深入目标行业的基层亲身体验该行业的实际运作。只有这样创业者才能大致了解新行业，获得可靠的信息。尽管这可能需要较长的时间，但这是比较稳妥的办法，至少创业者在转行之前以切身体会验证了自己之前的设想。很多有名的企业家在创业初期都是从学徒身份开始的，这并不应被视为不光彩，相反，这段经历更能体现创业者的创业精神，为创业者的创业故事加分。当然，如果有机会在转行前积累相关经验，那会是最稳妥的方式。考虑转行时，特别是涉及以前未从事过的行业，创业者必须慎重。创业虽然有风险，但是创业者也要对各方面进行客观的判断，不应仅仅因为风险而退缩。很多人选择转行是因为看见别人在那个行业做得很好，赚了很多钱，到了自己去做的时候，发现根本不是那么回事。好像这些人也非常努力，但就是做不到人家那么成功。其中肯定是有原因的，每个人的创业起点不同，社会资源也不同，这些东西在表面是看不出来的。

在广西有两家紧挨着的特色餐厅，一开始两家餐厅的生意都非常火爆，后来慢慢就有了差距，掉队的那家餐厅老板总结说，不是对方的菜更好吃，也不是对方的装修环境更好，是因为对方有四个股东一起发力，每个股东都有一定的社交圈子，影响的范围自然就很大。掉队的这家餐厅只有一个老板，十分力不从心。对方的四个股东分别有不同的优势，相互之间还可以进行优势互补、风险共担、人气共享，自然比掉队的那家更有优势。这说明了一个道理，有些行业需要有强烈的合伙人精神，需要大家一起努力。如果创业者不深入到这个行业中，很难明确胜败的因素，这也体现了深入挖掘行业信息的重要性。真实可靠的信息才有参考价值，而不是创业者拿着计算器在那里算投入产出比。哪怕是一个数学家，创业对他来说也不容易。实体门店的创业一定要以尊重事实为前提，尊重事实是创业的一种态度，有些事情的本质不是显而易见的，因此在做决策前，必须谨慎行事，确保深入了解行业的根本情况。

转行不能总是只看表面。很多人说眼见为实，然而现实告诉我们眼见也不一定为实。因为很多人会用各种伪装来迷惑创业者，让创业者失去判断能力。在商业环境里形形色色、自我包装的人非常多，稍不留神就会掉进他们的陷阱。不能怪别人"套路"太深，只能怪自己不明是非。不轻信、不盲从是基本的原则，创业者要综合多方面的信息进行分析，多打听往往会打破你原有的认知。转行就是在选择下一阶段的生活方向，选错了就很难回头。创业者要多学习成熟的商业逻辑，这些逻辑可以让你少掉坑、不掉坑、躲避坑。

第三节　转行不能总想着赚快钱

虽然每个人都渴望得到快速的经济回报，但快钱所伴随的风险并非人人都能承受。现实告诉我们，那些赚快钱的投资者大多血本无归。虽然轻松快速地赚钱听起来很诱人，很多人一听到这些话就容易迷失方向。但是值得思考的是，如果那些吹嘘能赚快钱的人真有那么大的本事，为何不将自己的亲朋好友一并拉入合作，而是要去寻找陌生人来分享利益呢？这种现象足以引发人们思考其中的阴谋。在我身边，许多人在投资看似高回报的平台前常会征询我的意见。我基本上都是给予"泼冷水"的回答。一部分人听从了我的建议，避免了自身的损失，他们对我十分感激。然而，也有一些人一意孤行，最终付出了高昂的代价且无颜面来见我。我想对所有朋友说：不必如此，你对我的信任是任何东西都换不来的，我只是客观帮你揭示了事物的本质而已。做人就不能有投机取巧的"能人"思维，很多时候一帮人都在演戏给一个人看，一开始你以为你是观众，到了半场你以为你是助演，到了后半场你觉得你是男一号，殊不知围在你身边的一帮人都是男一号，都在演戏给你一个人看，只为了骗你一个人的钱，这种包围式的商业骗局比比皆是，真是令人痛恨。那些想要迅速获得成功、寻求轻松途径、不愿努力付出的人，即使在短期内获得了财富，也会养成"坐等暴富"的恶习。而且他们所获得的财富最终一定会以某种形式被剥夺。这种结果也印证了"德不配位，财不守奴，仁不施恶"的道理。

第四节　转行不是转运

转行不代表放弃奋斗的初心。行业可以变，但勤劳努力的习惯不能变。转行并不意味着创业者可以放任自己，整天沉浸在梦想中，期待金钱会从天而降。这种想法纯属幻想，无法成真。转行是一个基于对商业环境的客观判断而做出的智慧决策，这个决策可能更符合创业者的个性与社会发展，是经过前瞻性分析做出的明智选择。因此，创业者应该比之前更加勤奋努力，而不是失去了之前创业初期的强大动力。生活犹如攀登陡峭的山峰，越往高处走，坡度越陡。在这时，创业者需要坚守初心，勇敢迎接新的挑战，而非松懈自己，坐享其成。创业者千万不要相信那些八字不合、生肖不合等荒谬的说法，任何成果都是通过自己的辛勤工作获得的。转行时，创业者应保持创业初心，无论进程如何，积极的态度是取胜的关键，盲目寻求捷径只会消磨斗志，使创业者迷失自我。

人生之路需要脚踏实地，一步一个脚印，而不是一步登天。经营者需要经历各种风雨，才能体验到丰富多彩的人生。在追求梦想的过程中，大家的付出总会有回报的，正如古语所言："天道酬勤"，这是中国人民几千年来的奋斗信条。因此，创业者需要坚定信念，不断努力，不怕被困难阻挡，以积极的心态面对人生的起伏。只有这样，创业者才能在生命的旅途中领略各种风景，迎来真正的收获。

在做出转行的决策之前，创业者们应该在科学认知的基础上行动。在人生的每一个阶段，人们都在不断地积累经验和知识，而转行意味着舍弃一个领域，迈入另一个领域。有些人对此做好了充足的准备，但也有人错误地以为只要转行就会迎来好运。然而，无论选择哪个行业，如果不努力，好运是不会降临的。自古以来，好运总是倾向于那些有充分准备的人。当你积累了丰富的经验、积攒了一定的资金、始终保持勤奋，好运就会与你同行，你想要的结果也很快就能实现。许多成功者的背后都隐藏着无人知晓的辛苦付出。没有人能轻易看到"彩虹"，成功背后的艰辛往往只有创业者自己最清楚。因此，转行决策应该建立在充分的准备和科学认知的基础之上。只有持续不懈地努力，创业者才能迎来好运，实现自己的目标。好运往往会在坚持奋斗的人身上显现，而非单纯的偶然。

转行是一个需要勇气和智慧的事情，在转行的过程中，创业者必须有勇气来面对未知的情况，同时也需要运用自己的智慧进行全面深入的分析。然而，并非每个人都能够拥有这种勇气，因为转行涉及风险和困难，但这并不足以让人望而却步。成功的人之所以能够成功，是因为他们持续地迎接挑战和困难。虽然并非所有的困难都能被解决，但他们有坚定的决心，这使他们比社会上的大部分人竞争力更强。他们会不断地强化自己，时刻准备着进入商业的"战场"。因为他们准备充足，装备强大，所以信心十足。未来充满了未知，但创业者拥有多少能量去应对未来却是已知的。虽然世界充满了不确定性，但创业者奋斗的心却是坚定的。以不变应万变，忙而不乱，能做到这一点是因为创业者已经拥有了足够的力量去面对未来的挑战。这些力量都来自其宝贵的经验，是创业者在过去的经历中积攒下来的"干货"。因此，今天的勇气源于昨天的努力，今天的智慧源于昨天的积累。创业者不应因当前的状态感到焦虑，从现在开始，从当下做起，一切都不晚。

第二十九章

商业艺术化的转变

Chapter 29

商业可以艺术化，艺术也可以商业化。把商业的元素进行艺术化处理会提高商业的高级感、观赏性、艺术性。增添了艺术元素，商业的附加值会更丰富多彩。把商业与艺术相结合，会让顾客有耳目一新的感受，在实体门店的装修上经营者可以融入空间艺术元素；在商品的包装上可以融入视觉艺术元素；在 logo 的设计上可以融入特色文化艺术元素；在仪式的策划上可以融入民族风情艺术元素；在企业的表彰礼品上可以融入文化创新艺术元素等。这会让企业和商品展现出深厚的文化与艺术内涵，这也是企业核心竞争力的直观体现。以艺术性为入口，商业化为出口，通过实体门店进行整体的对外输出，这就是"艺入商出"的逻辑。

第一节　商业要汲取艺术的力量

商业自身呈现的方式相对枯燥，难以满足现代顾客的综合消费需求。顾客不仅要求优质的产品，还渴求广泛的品牌影响力、独特的文化理念、感人至深的故事以及丰富多元的人文内涵。这些需求对商家产生了压力，迫使其在经营中更多地借助艺术的奇思妙想，因此商业需要借助艺术的力量来赢得更多顾客的青睐。借助艺术不仅可以赋予商业更多活力，还能凸显时代感。目前，顾客对艺术的需求主要包括怀旧（满足中老年顾客对过去岁月的眷恋）、向往未来（满足新生代顾客对未来科技发展的展望）以及突出个性（满足小众群体的需求）。举例来说，近年备受关注的白酒品牌"江小白"将情感融入品牌，打造了一个有温度、有故事、引发共鸣的品牌形象，从而在消费者心中建立了强烈的情感连接。这种情感上的投入为江小白赢得了忠实的粉丝群体，也使其在市场中取得了成功。

商业艺术化的核心在于匹配度。就像人们的打扮一样，要大方得体，衣要合身，鞋要合脚，商业与艺术的结合也需要达到一种平衡。商业＋艺术＝新商业，这种新商业要同时具有艺术气息和人文内涵，需要经营者精心设计，使它能够令人一见倾心，从而俘获顾客的心。

步入高档商场，人们会惊叹于每个门店的精致装修，每个细节的典雅设计，这是商业艺术化的体现。每一个精心设计的细节都是团队夜以继日、不懈努力的结果。商业艺术化就是将每家实体门店视作一件艺术品，精雕细琢，不放过任何一个细节的呈现。这就是艺术与商业结合的魅力所在。每个人都渴望美、追求美，而艺术本身就是一种美的享受。在进行商业艺术化的过程中，经营者必须深入了解商业或商品的特性以及顾客的审美和内在需求，以其为基础，将艺术元素融入其中。

以一家面馆的实体门店为例，我们能够从中挖掘出丰富的面食文化内涵。我们需要确认这家面馆所代表的面食品系，可能是河南的烩面、兰州的拉面、沙县的拌面、北京的炸酱面、陕西的油泼面，或者广东的云吞面。每一款面食都有其独特的"家谱"，通过深入挖掘其文化渊源，我们可以提炼出面食的个性关键词，如弹性、鲜美或爽口。同时，我们需要了解面食原材料的特点和区域特色，探寻每个地区面食的风俗历史、有趣的文化故事等。这一系列的探索是商业艺术化的基础，能够为商品赋予更深厚的文化内涵。找到答案后，我们需要对这些元素进行精心的排列和优化。我们需要确定保留哪些元素，组合哪些元素，以及如何巧妙地运用它们。接下来，我们要考虑如何呈现门店的整体视觉效果，包括店内装修色系的选择，空间艺术的规划，服务人员的服装、餐具的个性定制等。每一个细节都需要融入艺术元素，让艺术元素为商业加分。进一步深入，我们还要为这家面馆设计卡通吉祥物的形象，展示面食制作的过程，以及原材料的艺术陈列等。实际上，我们将博物馆的艺术展现形式运用到了门店的装修上，这种融合应用将在商业领域越来越多，越来越巧妙。近几年，我一直在一些坚持长期主义的企业中推动建设企业博物馆的理念，希望通过建设博物馆能使企业的发展沿革变得有据可查、有物为证、有影为伴、有像为撑。

第二节 艺术与商业交互式发展

艺术具备强大的包容性，而商业则具有广阔的开放性。这种双向的幸福"恋爱"让艺术与商业紧密交织。源自生活的艺术和服务生活的商业从根本上是相通的，都源自于人们不断的创作和精进。人创作了艺术，艺术又陶冶了人的生活；人创造了商业，商业也在为人们的需求提供服务。商业艺术化的处理迎合了人们内在的需求。实体门店的经营者应该清楚如何讲述未来的故事以及如何将艺术融入商业的框架中。我曾参观了许多具有艺术气质的实体门店，虽然有些门店注重个性化，但是其缺乏对文化和艺术的系统性梳理，这可能会使顾客有距离感。很多人说自己不懂艺术，其实不然，每个人都天生具备艺术鉴赏的能力，因为艺术之美是为每个人而生的。艺术与商业的结合为什么那么受顾客欢迎？就是因为顾客看懂了，因此他们会发自内心地喜欢门店呈现的感觉。

20世纪90年代，人们在商场逛街主要关注商品和价格，而如今，人们在商场逛街更多是聆听轻松的音乐，感受商场散发的艺术氛围。商场舒适的环境与满满的艺术元素已经超越了商业本身的范畴。现在，实体门店的经营者都更加重视门店的视觉传达，因为只有满足了顾客的视觉需求，顾客才会步入门店。

时代的变迁促使顾客的艺术审美不断提升。从过去的海报张贴到现在的液晶屏展示，色彩更为简单，艺术性更加凸显，商业与艺术的结合已经迈向了更高水平，这也体现了顾客消费观的转变。商业空间通过艺术化的呈现，不仅能满足顾客的购物需求，还提供了休闲娱乐的多重功能，实现了更大程度的发展。年轻人谈恋爱可以逛商场，全家人出游可以逛商场。商场的功能变得多元，满足了人们多样的需求。无论是个人放松、聚会社交，还是家庭娱乐，商场都能够提供丰富的体验。同时，商业的艺术化呈现也因商场功能的增加而不断升级，以更好地迎合人们的期待。

艺术化的思维助推商业创新的蓬勃发展，实体门店也不例外。文创咖啡、艺术书店、音乐酒馆、剧本杀戏社等，从这些具体的业态中就能体会到浓厚的艺术氛围。餐厅中响起乐队演奏的音乐，茶楼里上演着精彩的表演，咖啡厅中传来悠扬的琴声，到处都呈现着商业与艺术的完美结合，这种结合浑然天成。这种结合不仅提升了顾客的消费体验，还增强了品牌形象，营造了充满艺术氛围的消费场所。

在实体门店中，无处不见艺术的妙用。实体门店的经营者还将自己的兴趣和喜好融入门店的空间打造。喜欢黑胶唱片的经营者以怀旧音乐为主题装饰门店；喜爱宠物的则把门店打造成宠物乐园；热衷古风的人则将空间打造成琴棋书画的文化殿堂。在确保商业功能的同时，将艺术与个人兴趣和商业巧妙地融合，既传达了商业价值，又散发出艺术美感，这便是商业艺术化的精髓。

商业应该主动拥抱艺术。前面提到过，艺术具有极强的包容性，无论实体门店的类别如何，艺术都可以完美地融入其中，这就是艺术的伟大之处。只是我们要花很多心思找到符合这个类目的实体门店。因此我建议所有实体门店的经营者在门店空间的创意上一定要大胆、开放，主动地融入艺术元素。艺术能带给顾客全新的视觉、听觉和触觉体验。实际上，艺术并没有我们想象的那么深奥，只是有心之人将艺术提升到了更高的层次，使其更加丰富、饱满。在商业领域，以开放的态度拥抱艺术是正确的。顾客的审美需求决定了这一点，因此在实体门店的设计和打造过程中，经营者应该将主导权交给设计师。经营者要相信设计师，只要核心元素符合业态的特点和要求，其他的细节就可以让设计师自由发挥。一旦逻辑框架建立，就不要过度限制设计师的想象力。经营者追求的是独特个性，而设计师的目标是创作出大众能接受的作品。经营者要明白开设实体门店的目的不是让自己欣赏，而是让广大顾客来体验消费。在商业艺术化这个问题上，经营者千万不要只考虑小众的偏好，要注重满足大众的需求。

第三节　商业艺术化的定位逻辑

首先要明白商业艺术化跟成本预算没有直接关系，我发现很多实体门店的经营者一提到艺术的时候马上就紧张起来了，这是因为他们对商业艺术化不了解。我有位朋友是青年书画家，他计划在全球各地创建 100 家书院，目前已经完成了 10 家的建设。这些书院的特别之处是建设书院的所有工程都由我这位朋友亲自完成，更为特别的是工程用到的很多材料都是他从旧货市场甚至是垃圾场上淘回来的"宝贝"。经过他的精心设计，书院透露出特别的艺术味道：观有景、听有悦、触有情。我很佩服他在商业艺术化方面的天赋，但是我更景仰他做人做事的态度和对书院建设的那份修行心态，这对现代人来说非常宝贵。经营者应该用这样的思维逻辑去打造独一无二的实体门店，有了这个思维其他的都好办。自己能做自然最好，自己做不了就把想法告诉能实现的人，让别人帮自己把心中的样子呈现出来，经营者不用把这件事想象得很复杂，商业艺术化在很大程度上都是采用简约甚至极简的方式来呈现的，就是把艺术的理念植入到商业空间中，更多的是以艺术元素来做点睛之笔。商业艺术化的原则是主题突出、个性十足，在实际应用中没有多余的东西。

商业艺术化的应用要点。经营者提炼出来的元素要精准。行业的特点和艺术化呈现的内容必须是契合的，如果一家面馆决定餐具用西餐的刀叉，这样就完全脱离了艺术与商业的融合原则。艺术是为商业服务的，要让顾客体会到一家门店丰富的文化内涵，这才是商业艺术化基本的作用之一。商业艺术化的原则就是让顾客看不出商业与艺术结合的痕迹，这才是艺术化的高超之处。设计师必须具备这样的能力，让顾客感觉到实体门店空间里的每一个物件都是最合适的。我有位朋友对商业艺术化的特点把握得非常到位。对于商业艺术化的敏锐度非常高，每次我提出一个商业艺术化的想法，她都能立即有画面感，并能快速形成具体的执行方案。她常常会给我一些商业艺术化的惊喜，这是因为她经常研究商业艺术化的逻辑。其实我们每个人都可以做到，只是我们要找到商业与艺术的内在联系，用心观察周围商业艺术化的成功作品。多学、多看、多练是体会商业艺术化最好的方法。我这位朋友就是经常参加各种商业艺术化的展示，然后进行实操性的训练，进而不断培养自己的艺术审美，勤学苦练，慢慢就成为空间美学专家了。这与人的艺术基础与功底没有太大关系，大多靠的是后天的丰富积累与不断实践。

对待商业艺术化的态度。不要把商业艺术化想象成不可攀登的高峰，只要用心，其实每个人都可以做到。把实体门店打造成一个艺术空间后，你和你的团队成员每天的心情都会很好，这也是商业艺术化带来的直观愉悦的感受。因为实体门店的工作每天都一样，如果不在空间上精心融入一些艺术趣味的元素，团队成员总有一天会感到乏味和倦怠。经营者应将自己的创造力发挥出来，以积极的态度来搭建实体门店的空间，不懂就问，现在网络这么发达，很多答案动动手指就有多种方案供你选择，整个世界的资源都可以为你调度，这种创作的过程是一种美妙的享受。能否做成一件有挑战性的事情，最重要的就是你的态度，若你态度坚定，挑战只是一个过程，剩下的就是时间问题了。人生有无数个挑战，主动迎接挑战，你就能获取无穷的快乐；逃避挑战，你将会有很多的遗憾。

商业艺术化的资源整合。确定好主题以后，在施工前就要整合各种资源来完成门店的装修了。需要整合的资源包括人力资源与物质资源两种。人力资源包括设计师、手绘师、手工艺师、油漆工、粉刷匠等；物质资源包括二手交易市场、废品回收站、报废汽车回收站等废旧物件的集合点。你根据设定好的主题罗列市场清单，去这些地方"淘宝"。这个过程趣味性很足，做完之后你会有很大的成就感。去淘宝时不要忘记带上以下工具：尺子、螺丝刀、劳保手套、纸巾、水、头套、锤子等。有的物件要去网上淘，那你可以线上线下同时推进，白天线下淘宝，晚上线上淘宝，如果你的小伙伴能把你的淘宝过程记录下来，这将会成为门店的开创历程和你的美好回忆。

第四节 商业艺术化的多元应用场景

商业艺术化不仅仅可以在实体门店的空间里应用，还可以在实体门店的各类线下活动中应用。从邀请函开始，到现场的互动、奖品、各类定制的道具等都可以进行商业艺术化。签到墙可以用手绘，邀请函可以用胶片，礼品可以用顾客的照片，尽显你的真诚。经营者还可以把线下活动与音乐艺术、绘画艺术、书法艺术、插画艺术、茶禅写意等进行融合。张艺谋的"印象系列"有"印象大红袍""印象刘三姐""印象丽江""印象西湖"等，这些艺术表演是在提炼当地特色元素后，依靠优美的自然环境，用舞台艺术的形式呈现的商业作品，获得了很大的成功。黄巧灵的"千古情系列"包括"三亚千古情""宋城千古情""张家界千古情""九寨千古情"等，他利用了科技的力量，借助声、光、电系统带给观众视觉和听觉的双重震撼。两位老师的作品都是商业艺术化、艺术商业化的成功典范。希望这两个系列的作品能够拓展大家的商业艺术化思维。其实商业艺术化的应用完全可以做到无孔不入，只要你具备了完整的创作逻辑，这个过程就非常简单了。我有位朋友以前不是从事音乐行业的，后面因为偶然的机会接触了音乐，就加入了乐队，还成了国内的知名乐手。他从行外人成长为行内人，从音乐艺术创作到享受音乐艺术生活，在这一过程中获得更多的是内心的成长，因此艺术陶冶心灵才是真理。我们把艺术与商业在不同的场景中进行结合也是一样的，我们的收获也会是多元的。

现在很多行业都强调创新发展，商业艺术化就是一种创新方式。凭借商业艺术化的逻辑，经营者可以满足顾客的多元需求，因此经营者应在商业艺术化上做足功夫，下足力气，从商业艺术化的视角出发来创新产品、创新文化、创新理念、创新生活，创新人生。对外重塑我们对实体门店的看法，对内重塑了我们的内心，这就是商业艺术化带给我们更深层次的心灵启迪与实践探索。在商业艺术化的过程中，我们的审美观也被重塑了。通过学习商业艺术化的逻辑，我们能够向内审视自己，再对外观世界，这也许是一份清心的福利。有些事情做不到是因为我们自己关闭了心门，有些事情能做到是因为我们打开了心门。商业艺术化的重塑之路就是如此，它给了我们最好、最善、最美的收获。

第三十章

传承思想的转变

Chapter 30

乍一看传承思想好像与实体门店的关系很远，其实我们无时无刻不在进行传承。听古训、说汉语、过春节、写汉字、讲中国故事、读中国典籍、教子女孔孟之道、孝父母于床榻前，这些都是对传统文化的传承。这些传承是我们每一个中国人的使命。实体门店自古以来都是民生的重要支撑，随着时代的变迁而不断演进，从创立实体门店的那一刻起，创业者就已经承载着传承的基因了。个人的传承可能包括财产，然而在我看来，创业所需的勇气和执着的精神比物质财产的传承重要得多，而且这份精神是子孙后代取之不竭的精神动力。大家还可以把自己的人脉传承下去，中国古代有一种社交关系叫"世交"，这种世代友好的社交关系也是一种传承，其现实意义更加丰富。世代友好的关系对于后代的影响将是深远的。脚踏实地、勤劳勇敢这些优秀的品质都是传承基因中的精华。

第一节　积极传承就是奉献

传承不仅传给后代们，也传给后世社会。无数先民们的艰苦传承才延续了我们几千年来饱经沧桑的历史文化，我们每一个中华儿女都得到了它的哺育，我们的思想也接受着中华文化的灌溉。实体门店只是人生路上的一个驿站，但是在这个驿站中可以获得许多一生受用的智慧。因经营实体门店，经营者结缘了众多朋友，历经了磨难，深刻领悟了做人的道理，这些都是值得传承的宝贵财富。从现在开始我们可以怀抱传承的愿景，把优秀的价值观传承给下一代，或者我们可以有计划地进行传承。从今天开始行动，完善想传承的内容，这一过程将赋予我们积极的能量，让我们变得更自信，这也是传承回馈给我们的一个信号。我们从年幼无知到长大成人，从追求学业到奋斗事业，这一路的坎坷与收获共同构成了绝妙的风景。正因为有这些风景相伴，我们前行的每一段路都精彩纷呈，每次回忆起来都感觉十分幸福。只要我们有了传承的想法，我们就会更加负责地过好自己的每一天。

传承不是一项任务而是一项义务。实体门店有没有接力棒不重要，重要的是在经营实体门店的过程中积累了经验，这些经验可以分享给子女、团队、合伙人，甚至顾客，因为大家都是社会的一分子，都是中华文明的传承者。实体门店是事业与传承的双重载体，有着内在的使命，通过实体门店这一平台实现传承效果会更好。态度是传承的核心，传承是我们的使命，我们应该用心做好传承，因为实际行动比言语更有力量。

第二节　一定不能忽视传承

传承精神能让世代受益。我们越早读懂传承，传承的价值与意义就越丰富。把传承的理念铭记于心，我们就会更严格地要求自己，成为后辈的榜样、团队的标杆、合伙人的先锋，这样做我们的成长肯定是最快的。想要传承好，我们必须不断地精进自己，从而有更多的内容进行传承，而且传承是慢慢影响他人的过程，这个过程就是我们不断追求进步，向上、向善、向好的成长之路。我们都非常清楚原生家庭对孩子的影响有多大，这种影响其实也是一种传承，因此传承是双面性的，有正面的也有负面的，传承的是正面的还是负面的内容完全取决于我们自己。若传承的内容有误，影响的可能是几代人的命运，我们真的不能小看传承的力量，大家早一天明白就早一天受益。孩子价值观的形成很大程度上也是受家庭的影响。在实体门店中，会有相当一部分团队成员模仿创始人，然后把学到的东西运用到自己的成长过程中并在社会中影响更多的人。因此传承是个人的，也是社会的。个人的影响力越大，传承的范围就会越广、越深远、越长久。如古圣先贤的高尚美德数千年来始终屹立于华夏文明之中。

传承就是接力跑。我们每一个人既是发扬者也是传承者。在发扬和传承祖辈的优良传统时，我们可以进行创新使其更符合时代的发展，因此传承也需要不断创新和与时俱进。实体门店的物质传承是一种复合型的传承，因为实体门店早已成为无数顾客、无数家庭生活中的一部分了，这种关系十分复杂，交织着千丝万缕的情感联系和纷繁多样的人际交往，实体门店的传承是"世交"最好的延续。门店最宝贵的就是创始人精神的传承，积极传承创始人精神的后辈也一定是受到了其精神的影响与鼓舞，才会担起这份沉甸甸的责任，这种接力跑的传承就是华夏文化生生不息的核心动力。

第三节　传承的多元化

　　传承有很多种，如技艺的传承、学识的传承、精神的传承、文化的传承等。实体门店的传承有它的特殊性，由于有商业作载体，门店的传承更丰富，烟火气更足，更贴近人们的生活。传承的核心是传承精神，因为只有精神的传承最久远，其过程最稳固。比如我国近年来特别重视非物质文化遗产的传承，这一方面保护了文化的多样性，另一方面是在传承一种匠人精神，这正是中华民族伟大复兴的重要组成部分。只要将这种传承延续下去，就能够影响整个世界。因此从宏观角度来看，传承不仅仅是为个人，更是为整个民族传承，为整个人类社会进行传承。听上去很宏伟，但事实确实如此。每个人的创造与付出最后都会留给这个世界，由后人世代传承下去。正向积极、务实勤奋、热爱国家、勇往直前、视死如归、勤俭持家、创新探索……传承的内容应有尽有，丰富多彩，这就是我们给后世留下的宝贵财富了。希望大家可以给后世留下一份永存的精神记忆，给后人留下智慧的启迪，后世在人生路上获得的真理，是我们这一代人用一生的光阴为其献上的最沉甸甸的馈赠。

　　传承要无私。中华上下五千年的智慧与创造都无偿地留给了我们，我们要以无私的态度创新并传承下去。中国的实体门店可以发扬光大，开到世界的每个角落。带着博大精深的中华文化，让我们更加积极地传承吧。物质上的世代保护，精神上的世代流传，这份无私不是你我可以选择的，而是历史的必然。在浩瀚无垠的璀璨星河中能有我们的一粒沙就足够了。我唯一希望的就是我们这一代传承的内容能对后辈的人生产生积极深远的影响，这也算是我们陪伴他们走了更远更久的路程。实体门店作为我们传承的载体和思想的实践地，不管是哪一代，能接上就是福气，接得越久根就越深，叶就越茂，浇灌的养分也就会越足，关键是你有没有传承的理念和设计。实体门店的经营者要有传承的意识，然后坚定地走下去，把一个想法变成一项工程，每个人都有设计自己奋斗路线的权利。实体门店的传承是一项工程，它要从一个想法开始，你就是那个有想法的人。一开始不要想得过于宏大，可以慢慢行动、积累，直到内容丰富多彩。一个人想要成就伟大的梦想，就要有愚公移山的精神和强大的意志。

　　传承的回报是多元的。当我们具备或有传承想法的时候，我们就已经在获得传承的回报了，前提是我们的内心必须有传承的动力。传承带来的回报是使实体门店的文化体系更系统。系统的文化体系会让顾客感受到实体门店的用心，也可以让团队对实体门店有荣誉感，这种荣誉感往往是发自内心的。传承的回报是可持续的，因为有了文化体系作支撑，实体门店可以不断输出和优化内容，顾客会因此越来越认可门店，团队也会变得越来越负责，这就是传承内核精神显化出来的能量，这种效果是其他方法无法达到的。传承的回报还体现在社会对门店的褒奖上，这种褒奖就是顾客的口碑，是做老字号的基础。门店赢得众多顾客的赞誉才能谈可持续发展与传承，这是一个前提条件。传承的回报还会体现在商品上，经营者在文化体系中提炼核心理念进行整体包装输出，把核心竞争力进一步升华到情怀层面，这种情怀是门店与客户的情感连接，必须是真诚的、纯粹的，让顾客对商品的喜爱上升到对实体门店的喜爱，不断积累，顾客与门店的关系就会越来越紧密，传承的回报会在这种情感之上变得越来越丰厚。

第四节　传承的动力是无限的

长期做一件意义深远的事情是极具挑战性的，需要有持续的动力让我们坚持下去。传承的理念就是我们坚持下去的最好动力，这种动力源于内心，因此具有更强的生命力。当你有了传承的想法，就意味着接下来要为传承做准备了，总体目标定下来了，门店也就有了努力的方向。接下来就是沿着这个目标前进，剩下的就交给时间吧。逐步落实巨大的传承计划可能需要几十年，如果没有动力，一般人很难坚持下去。实体门店的传承可能会改变几代人的命运，而这个改变几代人命运的人可能就是你。创立者的传承使命是最强大的，你要打造一个各方面都优秀的实体门店交给下一代，体系要完善、盈利要稳定、战略要长远、口碑要卓越、文化要深入、出品要优质、服务要上乘，这一切都要求创立者有传承的无限动力。

第三十一章

社会责任的转变

Chapter 31

第一节　实体门店的社会责任

社会是一个大家庭，由各个小单元组成。无论单元多么微小，都要承担相应的社会责任。作为离百姓生活最近的单元，实体门店应当积极履行社会责任。履行的方式多种多样，包括教育团队成员秉持正心正念、热爱祖国；在开发产品时考虑环境保护问题，制订节能计划；提供面向残疾人的就业岗位；坚持诚信经营，保障顾客利益；不参与恶性竞争，不做暴利生意；提供便民服务；扶助弱势群体；参与社会公益活动；鼓励团队成员和顾客参与无偿献血，等等。这些都是履行社会责任的方式。社会为我们提供了和平开放的创业与就业环境，我们有义务回馈社会，积极为中国式现代化建设贡献一份力量。

实体门店不仅承载着社会责任，也对社会有重大的价值。实体门店是和谐社会中不可或缺的组成部分，以最接地气的方式服务着千家万户，这背后是无数实体门店经营者的坚守。正是这份坚守，才让千家万户的幸福有了依靠。无论科技如何发展，实体门店始终在人们身边，这是所有经营者的骄傲。经营者的坚守让无数家庭受惠，经营者的传承使实体门店成为人们生活的一部分，这既令实体门店的经营者感到欣慰，也是他们引以为豪的事情。实体门店虽然对国内生产总值的贡献较小，但根据 2021 年的官方数据，中国个体户的登记数量已超过 1 亿。截至 2022 年初，国家市场监督管理局数据显示，全国个体户数量已占据市场总量的 2/3。更为重要的是，数据表明个体户为全国 2.67 亿人提供了就业岗位，这巨大的就业数据说明实体门店对社会的贡献非常显著。这一结果归功于众多实体门店经营者的共同努力。小小的门店撑起了庞大的民生，这对于正想迈进实体门店创业之路或是已经在创业之路上的人来说，是一件鼓舞人心的事情。共同富裕是国之大计，现在有越来越多的人加入实体门店创业就业的队伍中来，不断深化实体门店业态的创新发展。在共同富裕的总体目标下，实体门店的社会贡献会越来越大。

第二节　实体门店的发展前景

中国经济的不断发展，国际地位的不断提升，以及科技水平的自我超越等都说明了现在是最适合投身实体门店的时期。实体门店的发展与国家的繁荣紧密相连，因此实体门店发展的美好前景是不言而喻的。5G与物联网技术的全面成熟将为实体门店注入新的巨大活力。实体门店可应用的工具会越来越多，机器人、人工智能、AR等新兴科技将直接赋能实体门店的各个应用场景，进而提升顾客的消费满意度。科技的赋能推动了实体门店的发展，反过来实体门店也促进了科技应用的蓬勃发展，现在是实体门店发展的好时期。

近年来随着新兴业态的不断涌现，许多年轻人踏入了实体门店的创业大潮，成为实体门店未来发展的主力军。老一代的实体门店店主逐渐迎来退休，在新老交替的历史节点上，实体门店正面临前所未有的大变局。从经营理念到顾客需求，从场景构建到商业设计，从商品价值到服务体验等各个方面都在发生深刻的变化。对实体门店而言，这是一次革命性的重要迭代。在时代巨变的引领下，各种创新思维涌现。实体门店的业态将会日益细分，受众群体将更加精准。未来的实体门店将专注于提供优质服务和精心制作的产品，将更多的精力投入满足顾客的需求上。未来的实体门店会促进人们幸福指数的提升，其社会地位也将不断提高。面对未来，实体门店需要不断提升自身的技艺水平，将消费的主导权归还给顾客，实现有序发展的生态循环。

第三节　实体门店的未来预测

实体门店的规模可以大到一座城小到一间屋，涵盖着广阔的天地，未来无限可期。在下一个时期，人们的物质需求与精神需求将同步发展，这意味着大众的消费需求会更加多元化和立体化。在新时期，实体门店将迎来更多的发展红利。实体门店可以横向做跨界整合，纵向做深度挖掘，让实体门店的传统消费功能变成带有"社交属性""休闲属性""驿站属性"的复合性功能，最大化地满足未来顾客的需求。经营者应该增加实体门店的消费品项，使品项之间的关联性更强，顾客的体验感更强，服务更人性化。在未来，实体门店的服务人员会越来越少，自助的交互场景会越来越多，实体门店的智能化程度会逐渐提升，空间舒适度也会逐步改善。此外，实体门店的形象将变得更加简约，对儿童和老人越来越友好，店员的服务意识与服务水平也将显著提高。很多实体门店会为残疾人设立专属座席，提供更多的母婴配套设施。在未来，实体门店将趋向个性化和小众化，顾客更容易找到志同道合的人一起享受惬意的生活。未来的实体门店有望提供实时跨城服务或跨国服务，缩小服务的时空间隔，为顾客带来更多的惊喜。同时，共享空间将得到发展，它能将顾客的生活和工作融合在一起，因为现在很多年轻人的办公场景已不再局限于办公室了，他们追求高效与高品质的生活，实体门店的共享空间能够满足他们的多元需求。在未来，还可能会出现共享厨房、老人驿站、考试驿站、儿童电影院、孕妇驿站、健康应急驿站等新兴细分业态。实体门店的发展前景广阔，顾客的消费能力也呈现强劲态势。总之，实体门店的未来是五彩缤纷、精彩无限的。你准备好了吗？来吧，让我们在实体门店的追梦道路上尽情挥洒汗水吧！

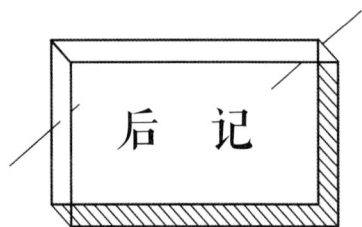

终于落笔收尾了，真的很不舍。两个月的奋力敲击，在每一次的敲击声中都能感觉你们就坐在我的对面。无数个期待的眼神给了我无穷的动力。有相识多年不喝也能醉的，有从未谋面的，有曾相识的，但感觉你们都像是我多年的老友，一点也不陌生。原本计划半年完成的作品，硬是在自我的"逼迫"下搞出了一个"速成本"。

说不上什么披星戴月，日夜兼程，能把过去20年来服务实体门店的经验，在疫后时期这个特殊的历史节点用文字分享给大家，也算是我人生中的福气，同时深感自己才能驽下，学识浅薄，写下人生的首部浅作算是一次大胆行动。虽然牺牲了一个跟家人团聚的春节假期，三年多的疫情让这个春节显得更加宝贵，但是为了赶稿还是坚持了自己的内心，一个人独居两月完成了此书，非常感谢家人的理解与支持。

向内转变这个题目确实很大，有点参禅悟道的感觉。生意不在于"套路"而在于人心，心用对了，一切就对了，这个心就是你的初心，这颗心是清澈透亮、美丽无瑕的。当问题来临，最先要做的就是向内看，找自己的问题，这就是本书选择这个题目的用意。经营生意就是经营人心，以心交心，才能稳固久远。

实体门店的发展韧性很足、空间很大、前景很好，非常适合不同的人在不同的阶段进行创造。大家要选择自己喜欢的领域，长期坚持下去，把创业分为几个阶段逐步实现，千万不要有一夜暴富的想法。经营实体门店就是要踏实向前、务实进取，让实体门店融入我们的日常生活，并在这一路上结交人生挚友，款待每一位顾客，坚守初心，诚信经营。

经商是福，不要经商成"伤"。创业也好，就业也罢，都要摆正态度，真诚面对人生。生意就是在生活里用智慧找到如意，这个如意除了财富之外还有快乐、朋友知己、美好梦想、家人团聚、身体健康、子女学业有成、父母福禄长寿等，这一切都是我们自己的修行所得，要明白、要珍惜、要分享。

实体门店的经营者务必常常自问：我是谁？为了谁而努力？这是提醒自己不

要长时间待在舒适圈，因为那样做容易使自己失去进取心。我们应该大胆跳出舒适圈，挑战自我，这样会让我们的人生更加充实，使自己成长得更快、更好。与此同时，我们的成长将为社会创造更多的价值，即实现了人生的真正意义。

　　本书充分融汇了我的人生经历和内心感悟，从个人的视角进行分享，自感错漏之处颇多，恳请各位读者批评指正。同时也希望本书能对实体门店的投资者、经营者、管理者、从业者以及怀揣梦想的人们有一定的启发和促进作用，我愿足矣！

张克军

2023 年 1 月 29 日

于广东佛山

特别鸣谢

方海勇 先生
广州广海纺织有限公司　　　　董事长
广东省潮商会新塘纺织商会　　副会长

陈国安 先生
帝至品牌　　　　　　　　　　创始人
帝至国际集团董事会　　　　　主席
帝至会（国际）俱乐部　　　　创始主席

邹林宏 先生
广州和顺集团　　　　　　　　首席执行官
和愈家（广州）健康集团　　　董事长

沈林 先生
浙江华智英才教育集团　　　　董事长
禾创房车旅行　　　　　　　　合伙人

邹雨轩 女士
广西茗桂轩文旅发展有限公司　董事长
广西女企业家协会　　　　　　理事

张晋升 先生
暨南大学出版社　　　　　　　社长/党总支书记

张慧华 女士
暨南大学出版社　　　　　　　行政办公室主任

曾鑫华 女士
暨南大学出版社　　　　　　　编辑室主任

张馨予 女士
暨南大学出版社　　　　　　　编辑